Boros Im Leben Gott erfahren

WV

Ladislaus Boros

Im Leben Gott erfahren

Walter-Verlag Olten und Freiburg im Breisgau

2. Auflage 1976

Gesamtherstellung in den Werkstätten
des Walter-Verlags
Printed in Switzerland

ISBN 3-530-09509-5

INHALT

Einführung

Diese Schrift entstand als Hilfe für jene Menschen, die meinen, dass sie mit den sogenannten «Gottesbeweisen» nichts anfangen können. Ihre Zahl ist sehr gross. Dies nicht nur, weil der heutige Mensch solchen Beweisen gegenüber kritisch ist, sondern auch aus einer dem Gottesbeweis innewohnenden Schwierigkeit heraus. Tatsächlich ist jeder Beweis stets kritisierbar, weil der Begriffsapparat, mit Hilfe dessen man einen Beweis aufbaut, oft überholt ist. Dabei sucht der menschliche Geist jenes nach aussen zu übersetzen, was er selbst in sich trägt. Der menschliche Geist ist der eindrücklichste Beweis Gottes.
Oft geht es bei der Frage nach Gott gar nicht um einen Beweis, sondern eher um ein Gespür. Es scheint, als hätte unsere Zeit dieses Gespür für Gott verloren. Käme es wieder, so könnten die Beweise sehr schnell und klarer erscheinen und jenes zeigen, was sie in der Tat sind, was sie von innen her beseelt. Da dem heute noch nicht so ist, müssen wir nach Auswegen suchen, um Gottes Geheimnis wieder in unser eigenes Leben heimzuholen.
In meinem Buch «Der anwesende Gott» versuchte ich, von der Lebenserfahrung unserer Zeit aus Wege zu Gott zu bahnen. Damals wies ich darauf hin, dass «Wege zu Gott bahnen nicht notwendigerweise Gottesbeweise erarbeiten» heisst. Der «Weg» ist eine logisch und syllogistisch kaum

aufschlüsselbare Wirklichkeit, also eigentlich kein Beweis. Er besagt Ausgang, Anstrengung, Hindernis, Suchen, Finden und Heimkehr. Wege zu Gott sind demnach nicht so sehr Gedankenübungen als persönliche «Einübungen», die persönliches Nachvollziehen verlangen und erst in einem solchen Nachvollzug verstanden werden. Sie werden eigentlich erst zu «Wegen», indem man sie persönlich, einsam, Entscheidungen treffend durchwandert.

Das gleiche gilt von der nun vorgelegten Schrift. In ihr möchte ich zeigen, wie grosse Menschen Gott erfahren haben, auf welchen verschiedenen Wegen sie Gott begegnet sind. Ich hoffe, dass man von diesem Buch das aussagen wird, was Henri de Lubac in seinem unvergesslichen «Vom Erkennen Gottes» sagte: «Gott des Intellekts und Gott des Gewissens – Gott der übernatürlichen Offenbarung und Gott der Vernunft – Gott der Natur und Gott der Geschichte – Gott des Seins und Gott des Wertes – Gott der Philosophen und Gott des Mystikers – Gott der Seele und Gott der Welt – Gott der gesellschaftlichen Überlieferung und Gott der einsamen Meditation – wie viele Gegensätze und welche Einheit! Du einziger Gott mit vielen Antlitzen! Du einziges Ziel mit vielen Zugängen! Du ganz mein Gott! Du Gott aller! Kein Zugang zu dir ist versperrt. Auf keinen habe ich das Recht, den Bann zu legen.»

Vor allem für jene wurde dieses Buch geschrieben, die an der Abwesenheit Gottes leiden, die unsicher geworden sind. Auch für jene, die sich von der christlichen Verkündigung nur wenig angesprochen fühlen. Vielleicht fand ich eine Möglichkeit, diesen Menschen etwas zu sagen, was sie so oft vermissen. Für jene möchte ich nicht sprechen, die selbstsicher sind und auf jede Frage eine glatte Antwort haben. Offenbar haben sie das gefunden, was ihnen zukommt. Sie möchte ich keineswegs beunruhigen. Aber die Beunruhigten irgendwie zur Ruhe zu bringen, genau das ist mein Ziel mit dieser Schrift.

Einige Erfahrungen Gottes, die ich bereits in meinen anderen Büchern (vor allem in «Denken in der Begegnung» und «Der gute Mensch und sein Gott») angedeutet habe, wollte ich auch in diesem Buch nicht unerwähnt lassen. Manche meiner Leser werden in diesem Buch einige (wenige) bereits vertraute Gestalten wiederfinden, allerdings in neuer Formulierung und unter neuem Gesichtspunkt. Die überwiegende Mehrheit ist aber neu erarbeitet.

Es wäre noch ein weites Feld zu bearbeiten. Doch diese fünfzig Beiträge sollen genug sein. Einige für mich sehr wichtige Gestalten habe ich nicht erwähnt. Vielleicht werde ich einen zweiten Band nachkommen lassen, falls die Leser diese Schrift als annehmbar beurteilen. Nur eines wollte ich hier erreichen: Den Freunden in Not hilfreich zu sein und sie einladen, Gedanken bedeutender Menschen zu Gott hin nachzuvollziehen. Wenn mir dies gelungen ist, bin ich zufrieden.

Cham, Frühjahr 1976 *Ladislaus Boros*

Hoffnung

GOTT DER GEDULD

Über einen Mann möchte ich nun berichten, der vielleicht mehr als alle anderen Denker die Grundeigenschaft des lebendigen Gottes hervorzuheben wusste: die Geduld. Sein Name ist Eirenaios von Lyon. Sein Denken heute nachzuvollziehen, ist sehr befruchtend. Obwohl er im zweiten Jahrhundert lebte, zeigen seine Gedanken eine erstaunliche Ähnlichkeit mit jenen von Pierre Teilhard de Chardin. Eirenaios von Lyon kämpfte gegen eine gefährliche Häresie, gegen die Gnosis. Sie war die «Religion» der Reinen und Selbstgerechten, jener, die Gott auf die Sonnenseite der Welt verbannt haben. Christus war für sie ein reines Lichtwesen. Keine Schwachheit hatte an Christus teil. Mit Sündern, die den Einbruch der Gottesherrschaft in die Welt verhindern, hatte Christus nichts zu tun. Solche Menschen sollen verdammt, ausgeschieden werden, damit die Schöpfung wie mit Engelsflügeln aus eigener Kraft zu Gott emporsteigen kann. Ein sich erniedrigender, verurteilter und sterbender Gott ist kein Gott für diese Reinen, ist – nach den Gnostikern – Erfindung sündhafter Ohnmacht der Unwissenden und Unbelehrbaren. Gegen diese Selbstgerechten hat sich Eirenaios von Lyon im zweiten Jahrhundert aufgelehnt.

Eirenaios von Lyon wurde um das Jahr 115 in Kleinasien geboren. Nach der Bedeutung seines Namens, Eirenaios, sollte er ein Friedensmann sein und Gottes Allherrschaft und Barmherzigkeit bis zum Blut seines Märtyrertums verteidigen. Er wurde damit zum Vater jenes Glaubens, den wir heute besitzen, der uns in den Widrigkeiten des Alltags aufrechthält. Er war Schüler des heiligen Polykarpos, der seinerseits seinen Glauben vom heiligen Evangelisten Johannes empfing. Von seinem Leben wissen wir recht wenig. Sein Schicksal verschlug ihn aus Kleinasien nach Gallien. Wahrscheinlich geht die Missionierung grosser Teile Ostgalliens auf ihn zurück. Als Bischof von Lyon bekämpfte er mit Wort und Schrift die gnostische Irrlehre. Über die Einzelheiten seines Lebens fehlt genauere Kenntnis. Seine Schrift «Elenchos kai anatrope tes pseudonomou gnoseos» (Entlarvung und Widerlegung der falschen Gnosis), gewöhnlich als «Adversus haereses» zitiert, enthält fünf Bücher in griechischer Sprache und ist für uns in einer getreuen lateinischen Übersetzung erhalten. Wichtige griechische und armenische Fragmente existieren, vor allem aus dem vierten und fünften Buch. Das Werk wurde – mit Unterbrechung – etwa zwischen 180 und 190 vollendet. Man kann die Bedeutung dieses Werkes für uns und die Zukunft der Christenheit kaum überschätzen. Worin bestand nun der von Eirenaios bewirkte Umbruch im christlichen Glauben? Warum wähle ich ihn als Vorbild der denkerischen Geduld?

Eirenaios' Glaube ist eine Botschaft von einem guten Gott. Der Mensch, so wie ihn Gott sich vorgestellt hat, existiert nach Eirenaios heute noch nicht. Die Schöpfung ist noch nicht zu Ende. Sie erreicht ihre endgültige Vollendung erst, indem der Mensch den ihm zugedachten Wesensraum, den Himmel, betritt. Diese Schöpfungsauffassung las Eirenaios aus dem biblischen Bericht heraus: Der Mensch ist erschaffen «nach dem Bild Gottes» und auf die «Gleichgestalt von Gott» hin. Die Menschengeschichte ist ein einziger Aufstieg (heute würden wir von «Evolution» sprechen) von einem ursprünglichen Seinsbestand her auf den Endpunkt, auf die Vergöttlichung in Gott zu.

Mit diesem Gedanken hat sich Eirenaios kühn in die Gefahrenzonen menschlichen Denkens begeben, um das Menschsein in seiner ganzen Spannung zu erfassen. Dass diese ganze Zusammenschau, diese schöpferische Synthese – ohne Vorbild und ohne irgendeinen Ansatz in der vorhergehenden Theologie, rein dem Genius von Eirenaios entsprungen – zwischen Heilsgeschichte und Schöpfung, zwischen Erschaffung des Menschen, seiner Entfaltung, seiner oft so dunklen Geschichte und seiner absoluten Zukunft in aller Redlichkeit versucht wurde, darin besteht für mich die einmalige und geistesgeschichtlich entscheidende Leistung dieses in seinem Optimismus unerschütterlichen Theologen des zweiten Jahrhunderts. Im Ansatz finde ich hier jene Schau der Welt, die später etwa durch Bergson, Blondel und Teilhard de Chardin weiterentwickelt wurde.

Selbst dem Tod gab Eirenaios eine tröstliche Auslegung. Tod entstand in biblischer Sicht, indem Gott den Menschen vom Baum des immerwährenden Lebens entfernte, ihn aus dem Paradies vertrieb. Diese «Austreibung» war aber für Eirenaios keine Strafe, sondern eine Tat der Erbarmung Gottes: «Gott entfernte den Menschen aus Erbarmen vom Baum des Lebens, damit der Mensch nicht für immer Sünder bleibe und die Sünde nicht unsterblich sei und das Übel nicht unendlich und unheilbar. Deshalb setzte er der Übertretung einen Damm, indem er den Tod zwischen sich und den Menschen legte. Er setzte somit der Sünde ein Ende durch die Auflösung des Fleisches in der Erde, damit der

Mensch endlich aufhöre, sündig zu sein und sterbend anfange, für Gott zu leben.» Dies ist ein unerhörter Ansatz biblischer Theologie.
Gott offenbart seine Geheimnisse nur allmählich, nach und nach, und führt den Menschen nur schrittweise in sein eigenes Leben ein. Somit gibt es – nach Eirenaios – auch für unsere Gotteserkenntnis eine echte, vom Unvollkommenen zum Vollendeten voranschreitende Geschichte: «Von Anfang an sprach Gott durch den Sohn von sich selbst. Er hat aber alles der Menschengeschichte angepasst und mit dem Menschen in Zusammenhang gebracht. Und so traf Gott zum Nutzen des Menschen seine Anordnungen und verteilte seine Gnade, indem er sich dem Menschen nach und nach offenbarte.»
Diese Pädagogik der Gotteserkenntnis wird niemals aufhören, nicht einmal im Himmel: «So gehört es sich: Gott muss über alles hinaus der Grössere bleiben. Nicht nur in dieser, sondern auch in der künftigen Welt. Gott bleibt immer derjenige, der sich mitteilt, und der Mensch immer derjenige, der empfängt. Sagt doch der Apostel, dass, wenn alles übrige untergeht, drei Dinge noch verharren: Glaube, Hoffnung und Liebe. Denn: Unerschütterlich bleibt unser Hinstreben zu unserem Lehrer hin. Immerdar, in Ewigkeit dürfen wir darauf hoffen, etwas mehr von Gott geschenkt zu erhalten, von ihm zu lernen, weil Gott der Gute ist und unerschöpflichen Reichtum besitzt, eine Herrschaft ohne Ende und Unbegrenztes, das er uns mitteilen kann.»
Der Mensch – und nicht nur der heutige – leidet oft unter dem Eindruck der Abwesenheit Gottes. Er sieht oft keinen Zusammenhang zwischen seiner Lebenserfahrung und seinem Christusglauben. Diesem Menschen sagt Eirenaios von Lyon in der heiligen Unbekümmertheit seiner Hoff-

nung: Alles, was zu Gott hinaufsteigt, ja alles, was an Leben überhaupt zunimmt, konvergiert zu einer Vollendung. Dadurch, in dieser Sicht, bricht in der Welt, in der massiven Wirklichkeit des Alltags eine neue Tiefe auf. Die Welt – um uns herum und in uns – wird zu einem «heiligen Ort». Gott verdichtet sich in unserem Dasein zu einem Drang ins Unendliche. Das ist die Vision von einer nicht abgeschlossenen Welt, einem offenen, auf eine ewige Vollendung hin aufgebrochenen Universum, das sich in uns Menschen in einen Himmel umwandelt. Wir leben in einer Welt, die dazu bestimmt ist, auf Gott hin durchsichtig zu werden. Gleichsam als Zusammenfassung seines Denkens könnten wir den grossen Satz von Eirenaios hinstellen: Gloria Dei vivens homo (Gottes Ruhm ist der lebendige Mensch).

Es gehören Mut und Seelengrösse dazu, vom Menschen so zu denken, im eigenen Herzen einer alles überwindenden Hoffnung Raum zu geben; entschlossen zu sein, zu glauben, dass unsere oft so dunkle Welt, unsere Erfahrungen, all das, was sich mit uns ereignet und was uns widerfährt, nicht «gottfremd» ist; dass im Sein der Welt ein geheimnisvoller Sinn waltet, eine Dynamik, die in die Vollendung weist: Gottes Geduld.

DER HELFENDE MENSCH UND SEIN GOTT

Die tätige Güte ist der Ort der Erfahrung Gottes. Das Wagnis des Helfens erlebte die Menschheit seit je als einen «Einbruch» der absoluten Güte in die Dunkelheit der Welt. Sie umgab die Gebärde menschlichen Helfens mit dem Heiligenschein des Wunderbaren. Diese «Wundergeschichten» sind Verdeutlichungen eines tieferen, eigentlicheren Vorgangs, einer wesentlicheren Einsicht: Das menschliche Dasein ist in der Güte Gottes immer schon aufgehoben, nirgends einem absoluten «Draussen» preisgegeben. Diese Ahnung ist das Grundwunder unseres Lebens, das schlechthin Unerwartete und alle Hoffnungen Überbietende.

Die Schicksalsgestalt des helfenden Menschen wird in der Bibel im Leben des Propheten Elisäus verdichtet. Seltsam schillernd ist das Schicksal dieses Mannes, wie es im sogenannten Elisäus-Zyklus des Zweiten Buches der Könige (Kap. 2–13) geschildert wird. Ein einziger Abschnitt hebt sich mit seiner Geschlossenheit von allen anderen Schilderungen ab. Im vierten Kapitel, gleichsam eingekeilt in die Beschreibung von Chaos, Hass und Vergeltung, erscheint ein von allen Wirrnissen abgehobener Elisäus als Verkörperung menschlicher Güte. Diese Güte erfährt ihre Verdichtung in fünf «stillen» Wundern, die geradesogut im Evangelium stehen könnten. Eine Stelle des Verweilens und des Betrachtens über den guten Menschen.

Der Krug einer Witwe: Die Frau eines der «Prophetenjünger» suchte bei Elisäus Hilfe in einer ausweglosen Situation. «Dein Knecht, mein Mann, ist gestorben. Du weisst doch, dass dein Knecht ein Verehrer Jahwes war. Nun kommt der Gläubiger, um sich meine beiden Jungen als Sklaven zu holen.» Die Frau hat nichts mehr im Hause als einen Krug mit Öl. Elisäus sagt ihr, sie soll von ihren Nachbarn leere Gefässe («aber nicht wenige») borgen. Sie sperrte sich daraufhin mit den zwei Söhnen in ihr Haus ein und füllte nacheinander die leeren Gefässe aus dem einzigen Krug, bis kein leeres Gefäss mehr da war, verkaufte das Öl, bezahlte ihre Schuld, und von dem, was übrigblieb, lebte sie samt ihren Söhnen (2 Kön 4,1–7). Der Sinn dieser Erzählung ist wohl: Die beengte und bedrohte menschliche Existenz ist auf eine Überfülle hin entworfen.

Das unfruchtbare Paar: Auf seinen Wanderungen kehrte Elisäus immer wieder bei einer Familie ein, die ihn gastfreundlich aufnahm und ihn reichlich bewirtete. Eine gute Atmosphäre und eine stille Zuneigung umgab den oft sehr müden Propheten in diesem Haus. Da konnte er sich zurückziehen, sooft er vorbeikam. Eine geheime Traurigkeit lag aber über diesem guten Ehepaar. Sie hatten keinen Sohn. «Da sagte der Prophet beim Weggehen zur Frau: ‹Übers Jahr um diese Zeit wirst du einen Sohn liebkosen.› Sie erwiderte: ‹Ach nein, mein Herr, mache deiner Magd nichts vor!› Und die Frau ward guter Hoffnung. Sie gebar einen Sohn um die Zeit, die Elisäus ihr genannt hatte» (2 Kg 4,8–17). Die Unfruchtbarkeit der Ehe steht hier als Symbol der Vergeblichkeit des ganzen Lebens. In diese Vergeblichkeit hinein erwirkt nun Gottes Nähe die Fruchtbarkeit. Gottes Liebe enthält eine geheimnisvolle Zuneigung zum Unglücklichen, dem die Erfüllung versagt bleibt. Sie sieht das Hilflose als bedeutend, das von der Welt Weggeworfene als berufen an.

Die Erweckung eines Knaben: Die Eltern waren nun glücklich, einem munteren und lebenslustigen Knaben Dasein gegeben zu haben. Aber: Eines Tages lief der Knabe hinaus aufs Feld zu seinem Vater, der mit den Schnittern arbeitete. Plötzlich sagte er zum Vater: «Mein Kopf! Mein Kopf!» Der Vater nahm ihn und trug ihn zur Mutter und machte sich wieder an die Arbeit. Bis zum Mittag lag der Knabe auf dem Schoss der Mutter, dann starb er. Die erste Regung der Frau war: Elisäus wird helfen. Elisäus ging selber zum Knaben, schloss die Tür und warf sich verzweifelt auf das Kind und betete. «Da nieste der Knabe und schlug seine Augen auf.» Elisäus liess die Frau herbeikommen und sagte: «Nimm deinen Sohn.» «Sie trat heran, warf sich ihm zu Füssen und verneigte sich bis zum Boden. Dann nahm sie ihren Sohn und ging hinaus» (2 Kg 4,18–37). Eine Botschaft von einem Gott, der kein Wohlgefallen am Tode hat, von einem Gott, der nicht nur lebt und lebendig ist, sondern dessen Wesen Leben bedeutet, ein Leben, von dem alles Sterbliche an uns verschlungen wird.

Die vergiftete Speise: Elisäus weilte einmal während einer Hungersnot unter den «Prophetenjüngern». Er befahl seinem Diener: «Setze den grossen Topf auf und koche uns ein Gericht.» Dieser ging hinaus und pflückte von wilden Ranken eine Frucht, die er zerschnitt und in den grossen Kochtopf gab zum Gericht. Als man aber den Männern das Gericht ausschöpfte zum Essen, da schrien sie: «Mann Gottes! Der Tod ist im Topf!» Da befahl Elisäus, dass sie ihm ein wenig Mehl bringen sollten. Er mischte es in den Topf und sagte: «Schöpft es den Leuten zum Essen.» Da war nichts Schädliches mehr im Topf (2 Kg 4,38–41). Eine schmunzelnd erzählte Geschichte. Die wilde oder bittere Gurke galt damals als ein äusserst wirkungsvolles Purgativum. Nur in grossen Mengen wirkt sie giftig. Gott lässt uns in diesem Symbolereignis verstehen, dass er nicht zulässt, dass Menschen einander vergiften. Da mag ein wirklich guter Mensch in eine verworrene Situation hineintreten, mit seinem ruhigen und abgeklärten Wesen, mit seiner heiteren Klarsichtigkeit, und plötzlich löst sich der Bann. Die Nichtigkeit der Ursachen wird sichtbar. Man versteht nicht mehr recht, wie man sich in eine solche Verworrenheit hat hineintreiben lassen können.

Die Brotvermehrung: «Es kam ein Mann aus Baal-Schalischa und brachte dem Gottesmann Erstlingsbrot, zwanzig Ger-

stenbrote und Schrotkorn in seinem Sack. Der (Gottesmann) befahl: ‹Gib es den Leuten zu essen!› Der Diener entgegnete: ‹Wie soll ich das hundert Mann vorsetzen?› Er aber sagte: ‹Gib es den Leuten zu essen. Denn so spricht Jahwe: Ihr werdet essen und noch übriglassen!› Da setzte er es ihnen vor, und sie assen und liessen noch übrig, wie Jahwe es gesagt hatte» (2 Kg 4,42–44). Hinter diesem Ereignis können wir einen Gott der Umwandlung erschauen: Einen Gott, der nicht unvermittelt in unser Leben «einbricht», sondern das bereits Vorhandene achtet, annimmt und vermehrend verwandelt. Gott überwindet die menschliche Not so, dass der Notleidende davon nichts oder fast nichts merkt. Das unbemerkte Geben ist wohl die höchste Angleichung des Menschen an Gottes ewige Güte, die Vornehmheit Gottes scheint auf in menschlicher Selbstlosigkeit.
In einem Menschen, der uns in stiller Zurückhaltung, ohne sich zu betonen, eine helfende Hand reicht, in dessen Nähe wir eine Überfülle der Zuneigung verspüren, der gewillt ist, mit uns in der Hilflosigkeit zu verharren, der uns zu neuer Lebendigkeit erweckt, dessen Wesen für uns Zeugnis der Wahrheit ist und der (schliesslich) diese seine Hilfe uns nicht aufzwingt, sondern aus uns selbst herauswachsen lässt – in einem solchen Menschen ereignet sich Anwesenheit Gottes in der Welt. Und dies selbst dann, wenn dieser Mensch uns nicht von Gott spricht, oder vielleicht selber Gott gar nicht kennt und beim grossen Erwachen jenem Gott, dessen zeugnishaftes Ebenbild er durch sein Helfen wurde, verlegen antworten muss: «Herr, wann habe ich das dir getan?» (Mt 25,37–40). Wäre dann vielleicht eine echte Definition menschlichen Daseins: Der Mensch ist jenes Wesen, das in seiner helfenden Nähe zum zeugnishaften Abbild Gottes in der Welt werden kann?

GOTT DER HOFFNUNG

Spricht man heute zu den Menschen mit begründeten Argumenten über die Hoffnung, kann man ihrer Aufmerksamkeit sicher sein. Vielleicht reden die Christen und die christlichen Denker zu wenig oder zu blutleer über jenes, das dem Christentum wesenseigen ist, über die Freude, die Hoffnung und das Träumen. Seltsamerweise muss ein marxistischer und atheistischer Philosoph, Ernst Bloch, kommen, um unsere kleinen Wünsche in eine ganzheitlich-kosmische Perspektive zu stellen und dadurch die Hoffnung als die eigentliche Triebkraft der Welt zu begreifen. Dies gibt uns Christen genügend Stoff zur Gewissenserforschung.

Ernst Bloch wurde am 8. Juli 1885 in Ludwigshafen am Rhein geboren. Sein Studium der Philosophie, Physik und Musik führte ihn nach München und Würzburg. Als freier Schriftsteller lebte er in München, Berlin, Paris und in Italien. 1933 emigrierte er nach Zürich, Paris und Prag; 1938 nach den USA. Nachdem man ihn 1948 aus den Vereinigten Staaten in die DDR geholt und dort zum Professor der Philosophie gemacht hatte, wurde er 1956 als Revisionist und Idealist verdammt, zwangsemeritiert, zunächst zum Schweigen verurteilt und schliesslich zur Emigration aus dem «sozialistischen Paradies» genötigt. Seither hat der von Ernst Bloch lebenslang beargwöhnte und kritisierte Westen ihm zu weiterer Publizität und spätem Erfolg verholfen. Seine Zwangsemeritierung im März 1957 wurde von den DDR-Behörden mit derselben Anklage begründet, welche die Athener einst gegen Sokrates erhoben: «Wegen seines verderblichen Einflusses auf die Studentenschaft.» Aus dem reichhaltigen Schaffen Ernst Blochs seien hier nur sein 1657seitiges Buch «Das Prinzip Hoffnung» (1959),

«Spuren» (1959), «Tübinger Einleitung in die Philosophie I» (1962) und «Tübinger Einleitung in die Philosophie II» (1964) angeführt.

Eine kurze Leseprobe aus der «Tübinger Einleitung in die Philosophie II»: «In der Bibel beginnt, von den Propheten herab, ein Verjüngungsstrom ganz eigener Art. Das Neue ist dieses, dass keine Auferstehungsgötter aus uralter Zeit nachgeahmt werden, sondern dass die Auferstehung und das Leben, als völliges Novum der Geschichte, jetzt erst entsprungen sein sollen. Erst der gestorben-lebendige Jesus öffnete seinen Gläubigen die Erneuerung des inneren Menschen, von Tag zu Tag (2 Kor 4,16), fundierte den Christen die Worte vom neuen Himmel und der neuen Erde (Is 26). Erst der vorher nie erschienene Stern, der den Magiern den Weg gezeigt hatte zu einem vordem noch nie gesehenen Ereignis, beleuchtete die Vision des Apokalyptikers vom neuen Jerusalem und das total umwälzende Wort seines Stadthaupts: Siehe, ich mache alles neu (Offb 21,5). Das neue Leben nahm fürs christliche Bewusstsein in der Geschichte seinen datierten Anfang. Um am Ende der Geschichte die Erneuerung dermassen ganz zu beginnen, dass kein Stein auf dem anderen bleibt. Auf diese Weise veränderte sich auch der Begriff der Schöpfung, mindestens im Sinn einer zweiten Schöpfung.»

Das erstaunliche Werk Ernst Blochs «Das Prinzip Hoffnung» ist eine Enzyklopädie menschlicher Daseinsregungen, soweit sie der Zukunft zugewandt sind, angefangen von den kleinen Tagträumen, von Jahrmarktsrummel, Kolportage und Verkleidung, über all die Utopien und Wunschbilder, die sich die Menschen seit eh und je in Politik, Wissenschaft, Kunst und Philosophie zurechtgelegt haben, bis hin zu den Offenbarungen des höchsten Augenblicks. Alle grossen Philosophen sind insofern gross, als sie uns erlauben, aufgrund der von ihnen aufgestellten Prinzipien ihr eigenes System zu überschreiten. Dies ist auch bei Ernst Bloch der Fall. Das von ihm entworfene Ziel der Hoffnung ist dermassen erhaben, dass es schliesslich jeden innerweltlichen Deutungsversuch sprengt. Bloch selber sprach den Satz aus: «Also gibt das Dunkel der Nähe auch den letzten Grund für die Melancholie der Erfüllung: kein irdisches Paradies bleibt beim Eintritt ohne den Schatten, den der Eintritt noch wirft.» Also kann das Paradies, in dem das Dasein «schattenlos und gänzlich lichterfüllt» wird, kein irdisches sein. Der Grund dafür ist bei Ernst Bloch das «Dunkel der Nähe».

Ist das Dasein durchwegs bei sich, ganz nahe zu sich selbst, so ist es dunkel. Und trotzdem bleibt für Bloch das letzte Ziel der Hoffnung die vollkommen schattenlose Selbstidentität, die lichterfüllte Selbstnähe. Darin ist ein grundsätzlicher Widerspruch enthalten, der erst aufgehoben werden kann, wenn wir ein Seinsprinzip annehmen, das dem Menschen ermöglicht, von sich selbst «fern» zu sein, sich in einer ganzheitlichen Selbsthingabe zu verlassen, aber so, dass diese Selbstferne einem grundsätzlichen Selbstwerden, einer Selbstnähe gleichkommt. Das Seinsprinzip, dem gegenüber eine solche Selbsthingabe möglich ist, ohne dass die Hingabe in Selbstentfremdung umschlägt, heisst Gott. Und der Zustand der Selbstwerdung in ganzheitlicher Selbsthingabe heisst Himmel. Eine Hoffnung, wie sie uns Ernst Bloch schildert, die in einer seinsmässigen Vorwegnahme der lichterfüllten Selbstnähe besteht, und die doch zur Grundstruktur eines Bewusstseins gehört, das die Selbstnähe von sich aus nur als Dunkelheit besitzt, fordert, ja beweist die Existenz Gottes.

Die ganze Philosophie Ernst Blochs, mit ihren schönen, reichhaltigen und feinen Analysen all dessen, was in uns essen, trinken, lieben, überwältigen, sich ausleben und sich erfüllen will, kann also heimgeholt, oder besser, christlich übersteigert werden. Der Marxist hat also, ohne es selber zu wissen, uns gezeigt, wie der Himmel ein dynamisches Aufbauprinzip unserer Welt ist, wie die ahnungshafte Vorwegnahme der endgültigen Gemeinschaft mit Gott im menschlichen Bewusstsein überall am Werk ist. Der Mensch träumt ständig vom Himmel. Indem und insofern er so träumt, ist er ein Mensch. Ernst Blochs Schriften zeigen jenen Seinsstoff auf, aus dem Gott unsere wahre Heimat, das himmlische Jerusalem aufbaut. So erscheint der Himmel als immer schon hineingesenkt in die menschliche Geschichte und ins menschliche Bewusstsein: als dasjenige, das die menschliche Bewusstseinsregung und die Bewegung der Geschichte erst möglich macht, das immer und überall schon jetzt vorscheinhaft da ist und worin noch niemand war.

Ernst Bloch hat die bisher gänzlich unbewältigte, auch von den Christen nicht bewältigte Aufgabe auf sich genommen, die menschliche Hoffnung in ihrer lebensgestaltenden und geschichtsschaffenden Dynamik zu erfassen und sie auf ihr letztes Ziel hin zu befragen. Dass er die Erfüllung unserer Hoffnung schliesslich marxistisch einengt, mindert seinen Verdienst nicht um das geringste, den gewaltigen Hoffnungsdynamismus des Daseins bis in seine einfachsten, ja banalsten Äusserungen erschlossen zu haben. Uns Christen sind alle Träume der Menschheit wesensverwandt. Wir fühlen uns jeglicher Hoffnung solidarisch. Deshalb spüren wir beim Lesen seiner Werke: Hier spricht ein Bruder, der es mit dem Dasein gut meint.

Sofern eine heutige Rede der Christen von dem «Gott der Hoffnung» (Röm 15,13) nicht auf eine Weltauslegung verzichten kann, wird sie auf die begriffene Hoffnung Blochs eingehen müssen. Blochs Hoffnung fasst sich in dem Satz zusammen, dem ersten Satz seiner «Spuren»: «Ich bin. Aber ich habe mich nicht. Darum werden wir erst.» Eine solche Hoffnung in sich zu tragen, mag für viele die Stelle der Gottbegegnung sein, selbst wenn jener, der sie aussprach, sich immer noch als Atheist bekennt. Karl Rahner könnte unseren Ernst Bloch etwa als einen «sich missverstehenden christlichen Nichtchristen» bezeichnen.

GOTT DES HERZENS

Wenn man von den Denkern des hohen Mittelalters spricht, meint man in erster Linie die grossen aristotelischen Intellektualisten: Albertus Magnus, Thomas von Aquin, Duns Scotus. Aber neben jener Linie läuft eine andere, verborgenere, die augustinisch-platonische. Weniger scharf im Denken, dafür aber von tieferer Fülle des Herzens: Philosophie und Theologie, deren Schwerpunkt in der Liebe liegt. Eine Tradition, aus der sich vor allem das mystische Leben nährt. Ein ganz grosser Vertreter dieser Richtung war Bonaventura. Über ihn möchte ich berichten, da vor allem unser «Gott des Herzens» einmal in den Vordergrund gestellt werden soll.

Der heilige Johannes Fidanza, genannt Bonaventura, war ein persönlicher Freund des Thomas von Aquin. Er wurde 1217 zu Bagnoregio in der Toscana geboren. Den Namen «Bonaventura» (glückliches Geschick) gab ihm, der Legende zufolge, Franz von Assisi, als er dem erkrankten Kinde die Gesundheit wiederschenkte. Mit sechsundzwanzig Jahren trat er in den Franziskanerorden ein. In den Jahren 1243–1245 studierte er in Paris als Schüler des Alexander von Hales. 1248 wurde er Baccalarius biblicus, Dozent, wie wir sagen würden, und las über die Sentenzen des Petrus Lombardus, das heisst systematische Theologie. 1267 übernahm er den offiziellen Lehrstuhl des Ordens an der Universität und lehrte dort gleichzeitig mit Thomas von Aquin. Im selben Jahr wurde er Generalmagister des Ordens, als dritter nach dem heiligen Franz von Assisi. 1274 starb er in Lyon während des dort tagenden Konzils.

Es sei mir erlaubt, hier die Grundzüge des Denkens von Bonaventura kurz darzustellen. Aus dieser Skizze wird – so hoffe ich – die Grösse und die Einmaligkeit seines Denkens hervorgehen. Damit aber der Leser dieser Darstellung folgen kann, möchte ich sie in vier Punkte gliedern.

Geheimnis der menschlichen Erkenntnis. Bonaventura fordert, dass Erkenntnis sich «sub specie aeterni» vollzieht, in einer Absolutheitsgestalt. Dies besagt, dass der Mensch die Ideen der Dinge erkennen sollte. Die Ideen sind Inbegriffe des Endlichen, sein Urbild und Massstab. Demnach ist die Erkenntnis ein Lichtvorgang, die Einstrahlung der ewigen Ideen in den Geist. Da aber die ewige Idee in Gott ist, bedeutet die richtige Erkenntnis einen Kontakt mit Gott. Das Einstrahlen der Wahrheit von Gott her ist immer die Auslösung innerer Bewegung, ein Ergriffenwerden durch Wert und Schönheit. Der Erkenntnisvorgang ist ein «Warm-Werden», eine Liebe. Er ist immer auch eine Liebesbegegnung. Wir sehen bereits aus dieser knappen Darstellung, welch explosive Gedanken Bonaventura der ganzen menschlichen Erkenntnis zugrundelegt.

Rangordnungen des Seins. Die Erkenntnisgegenstände haben nicht nur ihre Richtigkeit, sondern auch ihre Würde. Die Würde haftet an ihrem Wesen. So sind sie auch nicht gleich, sondern verschieden in ihrer Würde. Es gibt Rangordnungen. Sie öffnen sich nicht ohne weiteres, sondern nur dann und so weit, als der, der vor sie tritt, so ist, wie sie es fordern und den Stand einnimmt, der ihnen entspricht. Dann aber genügt zum rechten Erkennen blosse Aufmerksamkeit, logische Sauberkeit und Anstrengung noch nicht, sondern es werden Voraussetzungen in der lebendigen Haltung, im Tun, ja im Sein gefordert. Jedem Gegenstand ist eine Erkenntnishaltung zugeordnet, die mit ihm auf der gleichen Rangordnung steht. Die letzte Konsequenz davon drückt sich in dem Satz aus: Nur der Heilige erkennt den heiligen Gott.

Hierarchie des Zeitlichen. Es gibt in der Welt eine Ordnung der Würde. Und zwar handelt es sich nach Bonaventura um eine durchaus unzweckhafte Ordnung. Sie zielt nicht auf ein Maximum von Materialbeherrschung, von Nutzhaftigkeit. Vielmehr ist sie eine Ordnung, deren Sinn im Dasein selbst, in der Grossartigkeit, Fülle und Schönheit des Daseins liegt. Die Ordnung der Dinge ist zeithaft. Sie ist ein grossartiges, abrollendes Drama; eine kunstvolle Periodik des sich verwirklichenden Geschehens, in dem jedes Element, jede Phase, die übergreifenden Phasengefüge und das Ganze selbst symbolhaft-repräsentativen (Wesen und Sinn verwirklichenden) Charakter haben. Dieses Denken ist also durchaus «nutzlos». Es hat die Haltung des Künstlers, oder des Grandseigneurs, für welche die wahren Werte Schönheit und Hoheit sind.

Bewegung der Dinge. Aus dem Göttlichen geht die Mannigfaltigkeit des Endlichen hervor. Zuerst das Vollkommene, dann das Nächstvollkommene, und so fort. In Wellenstössen gleichsam, die dann als Stufen des Seienden stehenbleiben, und so die Ordnung der Welt bilden. Dann aber erwacht der Drang nach Umkehr, das Rückverlangen nach dem Ursprung, und das Mannigfaltige sucht in die Einheit heimzukehren. Ein kosmischer Eros, der in der geistigen Bewegung des Menschen, in Erkenntnis und Liebe, seine eigentliche Befreiung erfährt. Die Dinge werden für den Menschen wirklich zu Stufen des Aufstiegs. Zunächst Stufen der Erkenntnis, dann aber auch Stufen der gesamten Geistesbewegung. Existentiell vollzogen ist all das ein «Itinerarium mentis in Deum», ein Aufstieg der Seele in Gott hinein. Dieser Aufstieg ist zugleich Überwindung, denn jedesmal gilt es, Anhänglichkeit und Gebundenheit an Tieferes zu überwinden, sobald in der liebenden Erkenntnis das Höhere gewonnen werden soll. So geht eine Bewegung durch die ganze Welt und auch durch den Menschen. Eine innerliche, lautlose, mystische Bewegung von unwiderstehlicher Kraft.

Bonaventuras Vorstellung von der Welt ist von unendlicher Schönheit. Die ganze Bewegung des Seins geht aus liebender, schöpferischer, sich selbst offenbarender göttlicher Herrlichkeitsfülle aus und kehrt in der Liebe des Geschaffenen heim, ebenjene Stufen des Ausgangs zu Stufen der Rückkehr machend. Dazu ein Text von Bonaventura: «Erwäge, dass in der beschaulichen Seele das gesamte Weltall samt allen himmlischen Geistern sich einschreibt, deren jeder seinerseits das Weltall in sich abgezeichnet trägt, und schliesslich schreibt sich in ihr auch der überwesentliche Strahl, das Gotteswort, ein, der sowohl das Weltall wie sämtliche Geister in sich enthält. So walten in der beschaulichen Seele wundersame Lichter und eine wundersame

Schönheit. Dergestalt also bildet das Weltall, das von zuoberst bis zuunterst, von Anfang bis Ende schön ist, sich abzeichnend in der Seele einen Spiegel, und jeder Geist ist ein Spiegel, und so entsteht in der Seele eine wundersame Vielzahligkeit, eine höchste Ordnung, ein höchstes Verhältnismass. Schön ist ebenfalls das Geisterall. Und sooft in der Seele dergestalt die Ordnung des Weltalls und die der seligen Geister und die des überwesentlichen Strahls aufleuchtet, ebensooft ereignet sich in ihr ein wundersames Aufleuchten.»

Das Lesen-Können in der Natur, in den Blumen und Vögeln, im ganzen erscheinenden Sein hat, nach Bonaventura, seine Wurzel in Gott. Den Dingen haftet das Moment des Berückenden und Verzaubernden an. Dieses ist der Ausdruck göttlicher Wesenheit in ihnen. Sie wahrzunehmen, sie immer tiefer ins Herz zu holen, das ist der Aufstieg der Seele in Gott hinein.

Mag uns heute all das als ein wenig hoch erscheinen, der moderne Mensch besitzt dennoch einen sehr ausgeprägten Sinn für solche Gedanken. Wäre es nicht an der Zeit, den heutigen Menschen von einer schönen Welt zu sprechen, ihnen den Glanz der Dinge nahezubringen, damit sie wieder anfangen, durch die Schöpfung hindurch Gottes Herrlichkeit innezuwerden?

GOTT DER SEHNSUCHT

Der moderne Mensch ist oft gespalten zwischen der Masslosigkeit seiner Hoffnung und der Begrenztheit irdischer Verwirklichung. Deshalb kann er nirgends zur Beruhigung kommen. Die Dynamik auf das Menschlich-Unerreichbare hin scheint zur Definition des heutigen Menschen zu gehören. In ihm lebt nicht bloss eine «ideelle» Sehnsucht, sondern eine ganzheitliche, sowohl die Seele als auch den Leib betreffende. Vielleicht wird er sich einem der grössten Theologen des Mittelalters, Thomas von Aquin, besonders verwandt fühlen und von ihm die Sehnsucht als «Gotteserfahrung» lernen.

Thomas von Aquin gab einmal seiner Sehnsucht in einem Gebet Ausdruck: «Gib meinem Leib, Fülle des Geschenkes du: Schönheit der Helle, Bereitschaft der Beweglichkeit, Fähigkeit der Feinheit, Kraft der Leidlosigkeit.» In diesen wenigen Sätzen wird das ausgesprochen, was in der innersten Sehnsucht von uns allen lebendig ist. Von dem hier entworfenen und von Gott (sein Name ist bei Thomas von Aquin: «Fülle des Geschenkes») erbetenen Zustand der Welt träumen alle Menschen insgeheim, ob sie um Gott wissen oder nicht. Versuchen wir, diesen Seinsentwurf der Sehnsucht bei Thomas von Aquin gedanklich ein wenig auseinanderzufalten.

Die Bitte der Sehnsucht wird von Thomas von Aquin in bezug auf den Leib ausgesprochen. Nach Thomas von Aquin ist der Mensch ein einheitliches Wesen. Materie und Geist sind in ihm wesenhaft vereint. Der Mensch setzt sich nicht gleichsam aus zwei «Dingen» zusammen (aus Materie und Geist), sondern ist ein einziges Wesen: Aus den zweien entsteht ein drittes, das keines von den beiden ist. Erst durch diese Lehre des Thomas von Aquin über die «Leib-Seele-Einheit» vermögen wir anzugeben, weshalb er die Bitte auf den Leib konzentriert: Durch diese Beziehung des Leibes zur Seele kann die Materie wirklich hineingehen in die unendliche Offenheit des Geistes.

Wenn wir das Geheimnis unseres Erschaffenseins im Geiste des Thomas von Aquin noch mehr ergründen wollen, müssen wir es tun, indem wir das Geheimnis der Geheimnisse, den ewigen Vorgang der Heiligen Dreifaltigkeit bedenken. Gott ist dreifaltig. Er ist ein «Vorgang». Er ist jener Vorgang, worin Gott (der Vater) sich selbst personal gegenübersteht und diesen Gegenüberstehenden (den Sohn) so liebt, dass diese seine Liebe selbst jemand ist (der Heilige Geist). Durch unser blosses Erschaffensein sind wir bereits mit diesem ewigen Vorgang der Dreifaltigkeit verbunden. Alles Geschaffene steht in einer inneren Verbindung mit der zweiten göttlichen Person, mit dem Sohn. Der Sohn ist der vollkommene Selbstausdruck des Vaters, ein Bild, in dem der Vater sich völlig erkennt. In dieser persongewordenen Selbsterkenntnis des Vaters gründet die Möglichkeit der Schöpfung überhaupt, das heisst die Möglichkeit eines endlichen Abbildes Gottes. Alles Erschaffene *ist,* indem und insofern es die Züge der zweiten göttlichen Person trägt.

Nach dieser notgedrungen schemenhaften Skizze der Gedanken des Thomas von Aquin über unsere Leiblichkeit fragen wir uns, was all das für unsere Frömmigkeit im Alltag bedeutet. Drei Anhaltspunkte dafür seien hier angedeutet:

Zuerst bedeuten diese Gedanken grundsätzlich, dass wir *in einer heiligen Welt leben,* dass wir also in unsere Haltung die ganze Welt miteinbeziehen müssten. Dies verlangt von uns, dass wir innerlich erfahren sollen, wie in jedem Leben, in jedem Licht, in jeder Wahrheit Gott selbst aufleuchtet. Eine grosse Achtung für jegliches Geschöpf, eine Aufmerksamkeit für jedes Wesen, ein absichtsloses Gutmeinen mit der Schöpfung selbst in ihren unscheinbarsten Vertretern, eine Offenheit für jegliche Wahrheit, woher sie auch kommen mag, wird da von uns gefordert.

Zweitens verlangen diese Einsichten von uns, dass wir *das Menschsein als heilig zu erfahren suchen* und uns den Menschen gegenüber entsprechend verhalten sollen. Dass wir also zunächst uns selbst annehmen, mit all unseren Grenzen und Verheissungen, mit unserer Müdigkeit, mit unserem Versagen, mit den Wünschen, die unsere Grenzen unaufhörlich aufbrechen, mit den Möglichkeiten, die wir in uns spüren, mit unseren Sehnsüchten, die unsere Horizonte sprengen. Dass wir also zunächst grundsätzlich einverstanden seien, überhaupt zu sein. Dann aber auch einverstanden mit dem, was wir geworden sind. Das Heute, das uns konkret aufgetragene Dasein ist der Standort, von dem wir aus der Welt zu Gott zu gelangen haben. Dies ist heute durchaus nicht selbstverständlich. Schliesslich aber auch: Dass wir den anderen Menschen in heiliger Ehrfurcht begegnen, sie in ihrer Eigenart anerkennen, ihre Privatsphäre achten, eine vornehme Zurückhaltung vor der ehrlich vertretenen Meinung eines jeden Menschen üben, die Kleinen und Wehrlosen verteidigen, vor den Hilflosen innehalten, niemanden richten, die Absichten zurückdrängen, Güte und Dankbarkeit üben, ja dass wir einfach menschlich höflich seien mit all dem, was dazu gehört im Mitempfinden und Bedenken fremden Lebens, seiner Zustände und Stimmungen, seiner jeweiligen Situation und Besonderheit.

Schliesslich bedeuten diese Gedanken, dass *wir uns nicht zufrieden geben* mit dem Schon-Verwirklichten, mit unserer erreichten Situation in der Welt. Dass wir also von uns selbst, von unseren Errungenschaften, von unseren Überzeugungen, von unseren Systemen, ja auch von unserem Begriff «Gott» nicht allzuviel halten. Vor allem, dass wir Gott immer grösser denken müssen und ihn nicht einsperren in den Rahmen fester Formulierungen, dass wir also nicht meinen, Gott «eingefangen» zu haben. Wir dürfen mit unserem Leben nicht knausrig sein, sondern müssen uns von unserer Liebe hinaustragen lassen über jegliche Erfüllung hinweg, selbst über die Erfüllung all unserer Sehnsüchte und Träume.

Dieser von Sehnsüchten beherrschte Mann, Thomas von Aquin, war in seiner alltäglichen Haltung sehr bescheiden, sogar heiter-gelassen. Die Heiligsprechungsakten berichten über ein seltsames Ereignis: Ein junger Laienbruder kam ins Kloster nach Paris. Der Prior beauftragte ihn mit dem Einkaufen und sagte ihm, er sollte den ersten Bruder, dem er begegnen würde, mit sich nehmen. Thomas von Aquin hatte die Gewohnheit, bei einer schwierigen Frage im Kreuzgang des Klosters auf und ab zu gehen. Der Bruder kam, sah Thomas und sagte ihm sofort: Guter Bruder, der Prior befiehlt, dass du mit mir kommst. Den ganzen Tag schleppte Thomas den Einkaufssack hinter dem Laienbruder her. Umsonst warteten die Schreiber und auch umsonst der Vorlesungssaal. In der ganzen Stadt lachten die Menschen, dass die Dominikaner den berühmten Professor einen Sack tragen liessen. Als sie heimkamen und die Brüder auf sie zustürzten, antwortete Thomas gelassen: «Jede Religion vollendet sich im Gehorsam.» Dennoch war er, wenn es drauf ankam, auch «unbescheiden.» Es steht in den Heiligssprechungsakten: Thomas von Aquin hatte gerade einen Teil der Theologischen Summa über das Leid und die Auferstehung Christi beendet. Da erschien Christus selbst: «Thomas, du hast von mir gut geschrieben. Was willst du von mir als Lohn haben?» Thomas von Aquin antwortete: «Nichts anderes als dich selbst, Herr.»

Unsere Geschöpflichkeit verpflichtet uns zur Masslosigkeit der Sehnsucht. Dies zu erleben ist bereits ein Nachvollzug Gottes, eine echte Möglichkeit der Erfahrung des Absoluten. Wer in der Haltung der Sehnsucht lebt, darf von sich sagen, dass er einen Gott hat, und zwar einen, der ein wirklich «grosser Herr» ist.

GOTT DES IMMER NEUEN ANFANGS

Gott fängt immer neu an. Diese Grundwahrheit des inneren Lebens möchte ich mit einem Bericht erschliessen, mit einer traurigen, zugleich aber trostvollen Geschichte. Vor ungefähr 300 Jahren hat die Jesuitenmission in Japan furchtbare Verfolgung auszuhalten gehabt. Es waren schreckliche Zeiten für die junge Kirche Japans. Die Christen haben sich in die entlegensten Täler zurückgezogen. Aber auch dort fanden sie die kaiserlichen Soldaten. Die Christen mussten entweder ihren Glauben leugnen, oder sterben.

Ihr Tod war schauerlich. Sie wurden mit dem Kopf nach unten an einen Galgen aufgehängt und in eine mit Jauche gefüllte Grube niedergelassen. Um die Qual zu verlängern, schnürte man vorher die Körper der Gefangenen eng ein. Dadurch wurde der Blutkreislauf erschwert. Andere wurden langsam in den Schwefelquellen des Unjen verbrüht. Viele hatten ihren Glauben aufgegeben, um diesen Qualen zu entkommen. Andere sind ziemlich rasch gestorben. Wiederum andere haben die verschiedenen Folterprozeduren tagelang ausgehalten, bevor sie starben. Man verehrt sie heute als heilige Märtyrer.

In Europa lebte in jener Zeit ein junger Jesuit, Christoph Ferreira, ein Mann mit grossen Führungsfähigkeiten. Die Jesuitenoberen hatten sich entschlossen, ihn nach Japan zu schicken, um die Mission neu zu beleben, den Widerstand zu organisieren, die verfolgten Christen zu trösten und sie zum Ausharren zu ermutigen. Ferreira war mit dem Plan einverstanden. Er segelte, mit allen Vollmachten ausgestattet, nach Japan. Schon in Europa wurde er zum Missionsoberen ernannt. Als Handelsmann verkleidet erreichte er Japan unbehelligt.

Gleich setzte er sich ans Werk und verstand es schon nach wenigen Wochen, den verzweifelten Christen Mut einzuflössen. Er organisierte die japanische Mission neu, gründete Tee- und Dichtergesellschaften. Auch andere Tarnorganisationen entstanden, in denen die Christen, ohne Aufsehen zu erregen, zusammenkamen. Man zelebrierte gemeinsam die heilige Messe, empfing Belehrung und tröstete einander. Am 18. Oktober 1633 entdeckte die Polizei, was diese Tarnorganisationen in Wirklichkeit waren. Man verhaftete Ferreira während einer heiligen Messe und viele Christen mit ihm. In diesem Augenblick wollte niemand seinen Glauben verleugnen, und so begann die furchtbare Tortur. Alle Christen, die an diesem Tag verhaftet wurden, blieben standhaft. Alle, mit einer einzigen Ausnahme, und diese war der Missionsobere, Christoph Ferreira. Gerade er, den man nach Japan geschickt hatte, um die Christen zum Ausharren zu ermutigen.

Sein Beispiel brachte Hunderte dazu, den Glauben zu verleugnen. Und das war noch nicht alles. Die Christen erschienen vor der Tortur vor einem kaiserlichen Gerichtshof, der sie verurteilte oder die Ableugnung des Glaubens entgegennahm. Ferreira war es nicht genug, dass er sich das Leben durch den Abfall vom Glauben erkauft hatte, er liess sich als Dolmetscher für die Christenprozesse anwerben. Der Obere der Jesuiten wurde zum Apostaten. Ferreira hat all das jahrzehntelang mitgemacht. Er hat seine Brüder und Schwestern zur Verleugnung des Glaubens aufgefordert und ihrer Hinrichtung beigewohnt. So ging es fast täglich, jahrelang, jahrzehntelang.

Nach neunzehn Jahren, 1652, stand der alte Mann – er war inzwischen 74 Jahre alt geworden – bei einer Gerichtsverhandlung auf und sagte (seine Worte kennen wir nicht genau, aber sie werden wohl etwa so gelautet haben): «Ich kann das nicht mehr ertragen. Ich will lieber sterben. Tötet auch mich. Ich bin ein Christ.» Man verhaftete ihn auf der Stelle. Man hat ihn tagelang gefoltert. Er blieb jedoch diesmal standhaft und starb den Märtyrertod. Der Greis vollbrachte, was dem jungen Mann nicht gelang. Sein Name steht heute im Verzeichnis der hundertelf japanischen Blutzeugen aus der Gesellschaft Jesu.

Diese Geschichte war für mich immer eine Quelle des Trostes. Was auch je mit uns geschieht, was wir auch immer gegen Gott und den Mitmenschen getan haben und täglich noch tun, selbst wenn wir das machen würden, was Christoph Ferreira getan hat, es ist nie zu spät. Gott fängt immer neu an. Im geistigen und geistlichen Leben fängt die Welt immer in diesem Augenblick an. Diese Grundgesetzlichkeit christlichen Lebens ist derart bedeutend, dass wir über sie eingehender nachdenken müssten. Sie bringt uns neuen Elan im Leben.

Ist es uns schon einmal aufgefallen, dass die Wege Gottes mit den Menschen in der Bibel bei einem uralten Mann, Abraham, und bei dessen alter Frau beginnen, die beim Gedanken, ein Kind zu bekommen, laut herauslacht? Haben wir schon daran gedacht, dass es eigentlich im Alten Testament kaum eine kindliche Gestalt gibt, sondern lauter weise, erfahrene und tüchtige Männer? All diese Wege Gottes im «alten» Testament münden bei einem Kind, in welchem Gott sich auf Erden darstellt. Bei einem Kind, das dann als Jüngling – denn weiter hat Jesus Christus es nicht gebracht – die Kinder geliebt und sie uns als Vorbild hingestellt hat. Und Christus starb als Jüngling. Dass Gott selbst jung sein kann, das ist die erste und grundsätzliche Offenbarung des Neuen Bundes. Gott selber ist jung. Er ist das Ewig-Junge. Er kennt keine Gewöhnung. Er ist ewig am Entspringen: Ewig am Zeugen und Sichschenken als Vater; ewig am Hervorgehen und liebend Antworten als Sohn; ewig kreisende junge Liebe von Schenken und Empfangen als Heiliger Geist.

So sollte der Mensch Gottes Gnade nicht nach dem eigenen Herzen bemessen. Gott baut alles, selbst die Zurückweisung, in eine noch grössere Liebeshinwendung ein. Gott lässt sich durch nichts hindern. In diesem Geist zu leben bedeutet, von Gott ergriffene Menschen zu sein. Echte Christen können körperlich altern, man kennt sie aber am jungen Herzen aus allen Menschen heraus. Nur der Sünder ist alt. Jeder Sünder kennt den Überdruss am Leben. Der Überdruss ist aber ein Zeichen des Altseins.

Dann muss der Mensch, der sich mit Gott eingelassen hat, ständig im Anfang leben? Das ist nicht leicht. Das Leben des mit Gott verbundenen Menschen ist gerade deshalb nicht einfach, weil es ein Leben ständigen Neubeginns ist. Alle Werke Gottes in uns sind wie Rosen, deren Blütenblätter von innen her schnell und endlos nachwachsen. Wie viele Blätter wir auch von aussen wegpflücken, es kommen immer neue Blätter. In das Innere der Knospe kommen wir nicht. Genauer gesagt: In das Innere der Knospe kommen wir erst im Tode. Das wird dann in unserem Leben, nach endlosen Anfängen, der herrlichste, der allerwichtigste Anfang sein. Mit diesem endgültigen Anfang beginnt für uns ein Leben ständiger Neuheit und immerwährender Jugend.

Ich habe hier die Struktur des Lebens mit Gott als ständige Wandlung, als immer neue Jugend entworfen. Jugend in sich zu erleben, selbst wenn man körperlich schon alt ist, kann zur Erfahrung Gottes im eigenen Leben führen.

Freude

GOTT DER FREUDE

Als ich kürzlich über das Geheimnis der christlichen Freude nachdachte, fiel mir auf, wie rasch der Mensch mit seinem Vorrat an Worten zu Ende ist, wenn es gilt, über die Freude zu sprechen. Die Ausdrücke versagen. Die Rede klingt hohl und künstlich. Höchstens in der Musik erträgt man etwas länger den Ausdruck hoher Freude. Aber auch dort erfährt man ihn als rasche Krönung und schnellen Abschluss eines schweren und mühevollen Ringens. Wie beredt dagegen ist der Mensch in der Schilderung von Leid, Schmerz und Unglück! Nähme man diese Themen aus der Literatur weg, so bliebe kaum mehr etwas übrig. Es ist, als ob der Mensch sich in den Abgründen des Leids ganz anders zu Hause fühlte als in den Bereichen der Freude. Leid und Not scheinen unmittelbar unserem Dasein zu entspringen. Je höher und feiner eine Kreatur sich entwickelt, um so empfindlicher und feinfühliger wird sie für das Leid. Der Mensch muss lernen, ja als Tugend «einüben», Freude zu haben. Auch in dieser Frage gibt uns ein Heiliger, dessen Leben von unerhörter Intensität die ganze Welt beleuchtete, einen sehr guten Rat: Franz von Assisi. In der «Blütenlegende», diesem franziskanischen Loblied der göttlichen Freude, heisst es: «Endlich ergriff Bruder Leo das Wort und sprach: ‹Vater, ich bitte dich in Gottes Namen, so sag mir, worin die vollkommene Freude liegt.› Der heilige Franziskus erwiderte ihm: ‹Wenn wir ganz durchnässt, vom Regen und von Kälte durchschauert, von Strassenkot schmutzig und von Hunger gepeinigt, zum Klösterchen Santa Maria degli Angeli gelangten, und wenn wir dann an der Pforte läuteten und der Pförtner käme und spräche: Wer seid ihr? – Und wenn er auf unser Wort: Wir sind zwei deiner Brüder, uns anführe und spräche: Was? Zwei Landstreicher seid ihr und streift in der Welt herum und nehmt den Armen ihre Almosen weg, und er würde uns nicht aufmachen, sondern liesse uns stehen in Schnee, Wasser, Frost und Hunger bis in die Nacht hinein, wir aber würden all die Unbilden und Beleidigungen ruhig und ohne Murren ertragen, und würden in Demut und Liebe denken, der Pförtner kenne uns wirklich gut, und Gott würde ihm solche Worte auf die Zunge gelegt haben: Da, Bruder Leo, schreibe es, liegt die vollkommene Freude... Und gesetzt, wir würden bei so übler Behandlung, mit hungrigem Magen, mit Rücksicht auf den Einbruch der Nacht, noch einmal klopfen und inständig unter Tränen bitten und rufen, man möchte uns doch auftun, und jener geriete in Wut und käme mit dem Knüppel und packte uns an der Kapuze und schlüge uns, dass wir nur so in Dreck und Schnee herumtaumelten, und versetzte uns Streich über Streich, wenn wir all die Unbill und Schläge ertrügen, im Gedanken, dass wir die Leiden Christi, des Hochbenedeiten, mit aller Geduld ertragen und auf uns nehmen sollen, o Bruder Leo, schreibe es, da liegt die vollkommene Freude.›»

Weshalb aber? Wir sollten über die unwiderstehliche Komik der Situation hinausdenken und darüber nachsinnen, was der Heilige mit seinem Humor uns beibringen wollte. In etwa sagte er: Wenn es dir wirklich schlecht geht, wenn du gar keinen Grund mehr zum Lachen hast, dann ist die

Zeit da, christliche Freude zu haben. Das christliche Lachen ist kein «biologischer Vorgang». Freilich können wir auch «biologisch» lachen, weil wir Menschen sind. Der Unterschied aber zwischen Christen und Heiden sollte darin liegen, dass der eine noch Freude haben kann, wo der andere am Ende seiner Weisheit ist.

Was das Christentum von uns an Selbstlosigkeit und Hingabe verlangt, ist nur Vorbedingung dafür, dass wir in jeder Situation des Lebens Freude empfinden können. Selbst dann, wenn wir nach menschlichen Massstäben traurig sein sollten. Eine solche, gegen alle Anfechtungen und Schwierigkeiten abgesicherte Freude in sich zu tragen, sie sogar der Welt zu zeigen, ist ein Zeugnis dafür, dass es in unserer Welt noch etwas gibt, das selbst dann noch beglücken kann, wenn uns alles bedrückt. Hingabe an Gott ist die unverwüstliche und unverlierbare Freude. Wenn wir uns an uns selbst klammern, dann bedrückt uns alles, was dieses Selbst irgendwie angreift: Krankheit, Leid, Armut, Unehre, Misserfolg und Tod. Hat man sich aber Gott überantwortet, so wird all das irgendwie zum «Schauplatz der Belustigung». Was da vor sich geht, ist im letzten Grund unwichtig. Wir sind für ewig erlöst, gerettet, eingegangen in die Freude Christi. Ist ein solches Leben nicht ein Hinweis, dass Gott in unserer Welt gegenwärtig ist? Ist ein solches Leben nicht ein Leben des Gebetes? Wenn ein Christ meint, nicht mehr beten zu können, dann soll er wenigstens Freude haben. Damit beweist er der Welt, dass Gott Macht hat über sein Herz. Und das wird sein christlichstes Gebet sein.

Ein grundsätzlicher Optimismus, der Geschmack am Glück, gehört zum Lebenselement des Christseins. Die Freude ist nicht ein «Produkt» oder eine «Begleiterscheinung» des Christentums. Sie bestimmt die ganze Wirklichkeit des Christen: als Hoffnung, als der Ton, auf den alles gestimmt ist, als die Morgenröte eines erwarteten Tages. Der Christ sollte die Düsternis aus seinem Herzen beseitigen. Sie taugt nichts. Sie geht am Eigentlichen vorbei. Christsein bedeutet auch freudige Gelöstheit in allen Situationen des Lebens, selbst in den schwierigsten, zeugnishaft zu verwirklichen. Im christlichen Leben gilt der auf den ersten Blick so unsinnige Satz: Der Weg der Freude geht durch die Entsagung. Leiden und Entsagung aber als Letztes anzupreisen, wäre töricht. Es ist schon Leid genug in der Welt. In der Hingabe an Gott kann aber der Mensch selbst in einer fast nicht mehr ertragbaren Not glücklich sein, vorausgesetzt, dass er nicht das eigene Glück sucht.

Was bedeutet diese stille Freude für die christliche Existenz? Der neue, in Christus gegründete Mensch sollte versuchen, am Los der anderen teilzuhaben. Das Entscheidende der christlichen Existenz heisst: Sich-aufgeben-Wollen. Alles andere, sei es noch so gross, ist zweitrangig. Nur die innere Bereitschaft zur Selbsthingabe, die Offenheit eines liebenden Herzens zählt. Ein solcher Mensch von stiller Freude wird vielleicht nicht viel «fertigbringen». Im Grunde ist es ihm gleichgültig, ob ihm im Leben viel oder wenig «gelingt». Er sucht auch nicht weit, denn er weiss, dass das Eigentliche das Nächste ist, genauer gesagt, der Nächste. Seine eigene Existenz, selbst wenn sie gelegentlich nur aus einer inneren Leere zu bestehen scheint, hat für ihn einen tieferen Sinn. Sie ist eine besondere Gnade Gottes für die andern. Freilich fragt er sich gelegentlich: Wohin führt mich dieser unbegreifliche Gott! Wohin gehe ich? Was suche ich überhaupt in dieser Welt? Im Grunde weiss er aber: Am Ende jeder Anstrengung wird ihm seine Freude als das Kostbarste übrigbleiben.

Ich möchte diese Gedanken mit einer kleinen Bemerkung über etwas schliessen, das oft in der geistlichen Literatur gar nicht oder nur am Rande erwähnt wird, über den christlichen Humor. Der innerste Kern des Humors liegt meiner Ansicht nach in der Kraft des Religiösen. Der Humor sieht das Irdische und Menschliche in seiner Unzulänglichkeit vor Gott. Aber er sieht es im Spiegel der Liebe Gottes, ohne freilich deshalb von Gott reden zu müssen. Er spricht aus der Resignation der Erkenntnis, dass alles Irdische unvollkommen ist. Aber diese Resignation selbst ist wiederum als etwas Menschliches aufgehoben in der Gewissheit, dass alles Endliche von der Gnade Gottes umfangen ist. So ist der Humor Frömmigkeit und Liebe zur Welt gerade dort, wo sich ihre Unzulänglichkeit und Torheit erweist. Der Mensch mit Humor liebt die Welt, trotz ihrer Unvollkommenheit, ja gerade in ihr. Liebe ist immer ein «Ja» zu dem, was ist, und eine echte Freude darüber, dass es ist. So ist die Weltliebe des Humors zugleich auch Weltfreude, die Dankbarkeit Gott gegenüber, in dieser unvollkommenen Welt leben zu dürfen.

GOTT DES FRIEDENS

Friede ist ein Wort, das heute viele Menschen bewegt. Ist die Haltung des Friedens ein Ort der Gotterfahrung? Diese Frage möchte ich beantworten, indem ich den Begründer des abendländischen Mönchtums, Benedikt von Nursia, meinerseits befrage. Zuerst wäre aber eine Vorfrage zu klären nach der Verschiedenheit der Orden in der Kirche. Was bewegt die Kirche dazu, verschiedene Orden mit verschiedener Eigenart ins Leben zu rufen?

Vom Evangelium her finden wir keine Antwort auf dieses Problem. Wohl sind die religiösen Orden immer eine Antwort der Kirche auf eine ganz bestimmte Frage der Geschichte. Freilich gibt es Orden, die nicht in diesem eben angegebenen Sinne eine genau umrissene heilsgeschichtliche Sendung haben. Manche Orden – zum Beispiel die kontemplativen – sind ganz dem Innern des christlichen Lebens zugewandt. Manche erfüllen anderseits Aufgaben, die zu jeder Zeit aktuell sind, weil sie einfach der Grundsituation unseres Lebens in der «heilsgeschichtlichen Zwischenzeit» entsprechen: So zum Beispiel die Unwissenden zu erziehen, die Kranken zu pflegen, sich um die Gefangenen, Gefallenen und Sterbenden in christlicher Weise zu kümmern.

Darüber hinaus gibt es aber jene Orden, die eine Antwort der Kirche, ja in letzter Analyse eine Antwort des Heiligen Geistes auf eine Weltstunde, eine Weltgefahr oder eine Weltchance in sich tragen durften. Sicherlich gibt es deren vier: Die Benediktiner, die Franziskaner, die Dominikaner und die Jesuiten. Von diesen möchte ich behaupten, dass sie in das Wesen der Kirche eingegangen sind. Sie tragen alle jenes Heilswort des Heiligen Geistes für die Geschichte in sich, das nicht zeitlos ist, sondern genau für die Zeit ihrer Sendung die Richtung für die Menschen in der Kirche und Welt anzeigt.

Die Benediktiner schufen christliche Geschichte, indem sie anfingen, in brüderlicher Gemeinschaft ihr ganzes Leben an einem einzigen Ort zu verbringen. Zum Wesen des Benediktinerordens gehört das, was man «stabilitas loci», die Beständigkeit des Ortes nennt. In jener Zeit (es war das sechste Jahrhundert) schien die ganze Welt in Bewegung geraten zu sein. Wir müssen uns nur die Situation in der er-

sten Hälfte des sechsten Jahrhunderts vorstellen. Die Germanenstämme betrieben die Wanderung im grossen Stil. Die Heereszüge hatten den Charakter von Naturkatastrophen. Ganze Völker haben sich umgesiedelt. Die Spätantike ist unstabil geworden, äusserlich zerrüttet, innerlich inhaltslos. In diese Situation rief Benedikt von Nursia «Halt!» Schluss mit der Völkerwanderung!
Er rief dieses sein «Halt» nicht polemisch, sondern ganz nach der Methode der Heiligen, die nicht viel reden, sondern tun und sind. Wie Benedikt sagte «Schluss mit dem Herumziehen», so sagte er auch gleichzeitig «Legt die Schwerter nieder». Somit ist der «Friede» ein Angelpunkt der gesamten benediktinischen Spiritualität. Darin lag ein Appell an das ganze Abendland: an die Christen, denen das Reich und die Macht zugefallen war, und die sich als Römer und Germanen, als Kaiser, Könige, Heerführer, Beamte, Offiziere, Krieger und Legionäre des Schwertes unbefangen und kräftig bedienten. In diese Welt der Brutalität rief Benedikt hinein: Friede! Legt die Waffen nieder!
Die Voraussetzung für beides, für die Sesshaftigkeit und die Waffenlosigkeit, war das dritte Element des benediktinischen Lebens: Die Bruderschaft der Arbeit und des Gebets. «Ora et labora» wurde hier die Grundformel unseres Abendlandes. Das Gebet wurde zur gemeinschaftlichen Feier. Wenn wir heute noch in der Festliturgie der Kirche Nahrung und Kraft finden, so schulden wir Benedikt von Nursia Dank. Neben dem Gebet stand, ganz durchdrungen von ihm, die Arbeit, die gemeinsame, brüderliche Arbeit am Boden. Die Hochschätzung der Handarbeit, ja ihre sakrale Wertung, die bis heute im Abendland nicht ausgestorben ist, kommt von Benedikt her. Wenn nun in den nächsten Jahrhunderten der Ausbeutung, Sklaverei und der

Raub- und Eroberungszüge sich doch ein christliches Mittelalter aufbauen liess, ein Existenzraum, in dem Christen brüderlich miteinander leben konnten, so geschah das auf Grund der von den Benediktinern vorgelebten Daseinsweise. So wurde der Heilige Benedikt der «Vater eines heiligen Abendlandes».

Von Benedikt selber wissen wir recht wenig. Er wurde um 480 bei Nursia in Umbrien geboren. Gestorben ist er in Monte Cassino um das Jahr 547. Er war Abt des von ihm gegründeten Stammklosters der Benediktiner Monte Cassino bei Neapel. Durch die von ihm verfasste Benediktinerregel ist Benedikt der Begründer des abendländischen Mönchtums. Die früheste Lebensbeschreibung Benedikts stammt von Papst Gregor dem Grossen, der aber zwei Menschenalter später lebte. Kein einziger Zeitgenosse hielt es für notwendig, auch nur den Namen Benedikts in einem Dokument festzuhalten. Es ist seltsam, dass Gregor der Grosse fast nur Wundergeschichten von Benedikt berichtet. Benedikt war ein verschleiertes Wesen, von dem man recht wenig weiss. Auch für seine Schüler war Benedikt der Mann, den sie sich nicht restlos erklären konnten. Bei all seiner Menschlichkeit war er für sie unerreichbar.

Unter den «Momentaufnahmen», die Gregor der Grosse über Benedikt in seinem Werk «Dialoge» überliefert, ergriff mich die folgende ganz besonders: Eines Morgens, als die Brüder noch schliefen, erhob sich Benedikt vom nächtlichen Lager und begab sich zum Fenster. «Während er so in früher Stunde hinausblickte, sah er plötzlich, wie sich ein Licht von oben her ergoss, die ganze Finsternis der Nacht verscheuchte und so hell aufleuchtete, dass dies in der Finsternis strahlende Licht den Tag übertraf. Etwas sehr Wunderbares war mit dieser Erscheinung verbunden. Es wurde ihm nämlich, wie er später selbst erzählte, auch die ganze Welt wie in einem einzigen Sonnenstrahl vereinigt vor Augen geführt.» In jener frühen Morgenstunde überkam Benedikt eine der allerseltensten Visionen, die einem Christen geschenkt werden. «Die ganze Welt wie in einem einzigen Sonnenstrahl vereinigt» vor Augen geführt zu bekommen, das verrät einen Verzückungszustand, in welchem die Seele eine unbegreifliche Erweiterung erfährt. Nur die grössten Mystiker haben das Göttliche auf ähnliche Weise erlebt. Der angeblich so nüchterne Benedikt wurde der einzigartigen Begnadung gewürdigt, das himmlische Licht direkt zu schauen. Nach Thomas von Aquins besonnener Beurteilung durfte Benedikt Gott gleichsam von Angesicht zu Angesicht sehen, was sonst nur Abraham und Moses vergönnt war. Der Vergleich mit den beiden alttestamentlichen Männern reiht Benedikt in den höchsten Rang ein. In einem Teil das Ganze wahrzunehmen, ist die Erkenntnis der Engel. Das Unerhörte dieses Berichts ist Benedikts Charisma, im Kleinsten das Grösste zu erblicken.

Gerade aber, weil Benedikt dies zu tun vermochte, das Grösste im Kleinsten zu erblicken, war er so realistisch auf den Frieden bedacht. Er verwirklichte die Grösse seiner Sehnsucht im Kleinen des Irdisch-Machbaren. Dies ist auch die Grundregel jeglichen Tuns, das aus dem Religiösen heraus die Welt wirklich verändern will: Die Grösse hineinverbergen in die irdische Verwirklichung. Es ist die Haltung, welche versteht, die allergrösste Ruhe mitten in allergrösster Bedrohung zu bewahren. Es ist einfach eine Liebe zu einer bedrohlichen Welt. Diese Liebe heute aufzubringen, kann viele zu einer echten Gotteserfahrung bringen.

DER IMMER NEUE GOTT

Gott lässt sich durch unsere Untreue nicht entmutigen. Seine Gnade ist nach der Zeit des Abfalls genau so gross, ja, noch grösser. Wir sollen Gottes Gnade nicht nach unserem Herzen bemessen. Sein Herz ist immer grösser als unser Menschenherz. Das ist die Quelle unseres Vertrauens, aber auch unserer Unruhe: Gott fängt immer neu an. Im Alten Testament wird diese Wesenseigenschaft unserer Gotterfahrung im Buch des *Propheten Jonas* ausgedrückt. In dieser Schrift wird das Ringen des Menschen mit und um Gott in reiner Form dargestellt.

«Einst erging das Wort des Herrn an Jonas.» Ein Mensch vernimmt das Wort Gottes, das ihm befiehlt, nach Ninive, in die Hauptstadt Assyriens, zu gehen. Den Einwohnern dieser Stadt soll er predigen, dass der Gott Israels sie in wenigen Tagen ausrotten wird. Sicher ist das keine angenehme Aufgabe. Die Assyrer waren keine Freunde der Juden. Zudem: Einem Menschen, der solche Dinge verkündet, kann es ziemlich schlimm ergehen. «Jonas machte sich auf den Weg, um aus dem Angesicht des Herrn hinweg nach Tharsis zu fliehen.» Weg von Gott. Flucht nach Tharsis. Nach der damaligen jüdischen Auffassung war Tharsis das Ende der Welt. Flucht vor Gott bis zum Ende der Welt. Da aber Jonas ein durchaus konkret denkender Mann war, ein sehr praktischer Mensch, plante er seine Flucht genau. Zuerst ging er nach Joppe, einer philistinischen Hafenstadt am Mittelmeer, um dort ein Schiff nach Tharsis zu finden. Dies gelang ihm erstaunlich schnell. Er bezahlte sein Fahrgeld, stieg ein, suchte eine ruhige Ecke im Unterraum des Schiffes, legte sich hin, um sich von den Anstrengungen der bis jetzt glücklich verlaufenen Flucht vor Gott zu erholen.

Die Matrosen setzten die Segel, und auf ging's nach Tharsis. All das ging sehr leicht vonstatten, vielleicht allzu leicht. «Da liess der Herr einen starken Wind auf das Meer hinabfahren, so dass sich ein gewaltiges Unwetter erhob und das Schiff zu kentern drohte.» Die Seeleute warfen zuerst mancherlei Ausrüstungsgegenstände ins Meer, um das Schiff zu erleichtern. Was tat Jonas in der Zwischenzeit? «Er hatte sich niedergelegt und war fest eingeschlafen.» Der Kapitän fand ihn, herrschte ihn an: «Wie kannst du nur schlafen? Stehe auf, rufe deinen Gott an. Vielleicht nimmt sich dieser Gott unser an, dass wir nicht untergehen!» Die Seeleute hatten sich inzwischen jedoch etwas ausgedacht: «Wir wollen Lose werfen, um zu erfahren, durch wessen Schuld uns dieses Unglück trifft.» Und das Los fiel auf Jonas. Da ereignete sich aber etwas Merkwürdiges. Jonas erkannte auf einmal seine eigene Lage und bat die Seeleute, ihn ins Meer zu werfen. Diese trauten sich aber nicht gleich, ihn dem Meer auszuliefern. «Sie strengten sich an, das Schiff durch Rudern ans Land zu bringen, vermochten es aber nicht, weil das Meer immer mehr tobte.» Da sahen sie ein, dass es der Wille Gottes sei, Jonas dem Meeresunwetter auszuliefern und warfen ihn ins Meer. «Sogleich legte sich das Toben des Meeres.»

Die Wogen fuhren über Jonas dahin. Er wurde in die Tiefe geschleudert und wieder von den Fluten hochgehoben. In seiner Bedrängnis betete er zum Herrn und flehte ihn an in einem Gebet, das wohl im Alten Testament nicht seinesgleichen hat. Der Ausgang war schlicht: «Der Herr liess einen grossen Fisch kommen, der Jonas verschlang. Und Jonas befand sich im Bauche des Fisches drei Tage und drei Nächte lang. Hierauf gebot der Herr dem Fisch, und dieser spie Jonas ans Land.» So schliesst der erste Teil der Erzählung.

Der zweite Teil beginnt: «Nun erging das Wort des Herrn an Jonas zum zweitenmal: ‹Mache dich auf, begib dich nach der grossen Stadt Ninive und lass die Botschaft hören, die ich dir aufgetragen habe.›» Jonas hatte inzwischen von seinem Gott einiges gelernt und so heisst es: «Er machte sich auf und begab sich nach Ninive.» Dort begann er mit seiner Drohpredigt: «Noch vierzig Tage, dann ist Ninive zerstört!» Die Menschen von Ninive reagierten aber anders, als er erwartet hatte: «Da glaubten die Einwohner der Stadt an Gott.» Der König erliess eine Verordnung: «Ein jeder soll Trauerkleider anlegen und mit aller Macht zu Gott rufen und umkehren von seinem bösen Wege und von allem Unrecht ablassen, das an seinen Händen klebt.» Stilistisch war der Erlass zwar nicht ganz einwandfrei, mit recht vielen «und», aber Gott schaut auf das Herz und nicht auf die literarische Form. Genau das ereignete sich, was Jonas vorausgeahnt hatte: «Als nun Gott sah, was sie taten, tat ihm das Unheil leid, das er ihnen angedroht hatte, und er liess es nicht eintreten.»

Jonas war aus der Stadt hinausgegangen, um sich vor dem grossen Untergang in Sicherheit zu bringen. Er blieb noch einige Zeit in bequemer Ferne. Aus der gehörigen Distanz wollte er sich die Zerstörung Ninives anschauen. Östlich der Stadt liess er sich nieder, um abzuwarten, wie es Ninive ergehen würde. Da gab ihm aber der Herr zu verstehen, dass er vergebens auf die Zerstörung Ninives warte. Daraufhin wurde Jonas zornig und begann mit seinem Gott zu hadern. Sein ganzer Prophetenruf war nun dahin. Das konnte er nicht ertragen. «Ach Herr, das war es ja, was ich gedacht habe, als ich noch daheim war. Eben darum habe ich die Flucht ergriffen. Ich wusste, dass du ein gnädiger Herr bist, ein barmherziger Gott, langsam zum Zorn und reich an Güte. Du bist geneigt, dich das Unheil gereuen zu lassen. Nun Herr, nimm doch das Leben von mir. Es ist mir lieber zu sterben, als noch am Leben zu bleiben.»

Jonas ist verdrossen, und Gott lässt ihn in seinem Verdruss. Im geheimen aber bereitet Gott ihm eine merkwürdige Lehre. Während der Nacht lässt er einen Wunderbaum aufschiessen und über Jonas emporwachsen, damit er ihm Schatten biete. Jonas freut sich, als er aufwacht. Von nun an schläft er und schläft. Ein grossartiger Schläfer muss er gewesen sein, da er in den unmöglichsten Situationen – zum Beispiel auf dem tobenden Meer – seinen Schlaf fand. Er schlief während des ganzen Tages, während der Nacht und nochmals in den Tag hinein. Inzwischen schickte aber Gott Wunderwürmer, die den Wunderbaum anfrassen, so dass er verdorrte. Die Sonne stach unbarmherzig auf des Jonas Haupt. Er erwachte mit grossen Kopfschmerzen unter dem ausgedörrten Wunderbaum und wurde erst recht zornig. Da sagte Gott zu ihm: «Du fühlst dich ganz elend, weil ich dir den Wunderbaum genommen habe, als ich mich entschloss, die grosse Stadt Ninive, in der allein hundertzwanzigtausend Kinder leben, nicht zu zerstören.» Damit endet die Geschichte des Propheten Jonas.

Die Exegeten haben genau herausgestellt, dass der Verfasser des Buches Jonas keine wahre Geschichte erzählen wollte. Wenn ein Orientale etwas Grundsätzliches sagen will, gibt er keine Wesensbeschreibung oder Definition, sondern erzählt eine «Geschichte», ein Märchen oder eine Legende. In unserem Fall wäre das Grundsätzliche die zwischen Gott und dem Menschen sich ereignende Dialektik der Begegnung. Der Verfasser hätte ebensogut anfangen können: «Es war einmal, irgendwo, da hat irgendwer...» Eine der Einsichten des Buches des Propheten Jonas heisst: Im Leben mit Gott gibt es keine erledigten Angelegenheiten, keine definitiv eroberten Stellungen. Wir können Gottes Hände nicht fesseln: nicht mit unseren Sünden, nicht mit unserer Untreue, aber auch nicht mit unseren Devotionen, nicht einmal mit unserem Gebet. Es gibt keine Sicherungen gegen Gott. Das ist eine Urgegebenheit christlichen Lebens: Gott fängt immer neu an. Alles geht bei ihm nach dem grossartigen Spruch des Kirchenvaters «von Anfängen zu Anfängen durch Anfänge hindurch bis zum endgültigen Anfang». Diese Erfahrung mit Gott macht jeder, der sich auf ihn einlässt.

GOTT DES GEWISSENS

Das Gewissen ist eine der grössten Fragen der Menschheit. Die christlichen Denker erblickten in ihm die «Stimme Gottes». Mit ihm hängt auch jenes zusammen, was wir Verantwortung nennen. Dies geschieht vor allem dann, wenn das Gewissen mit den Anordnungen der Vorgesetzten in Konflikt gerät. Wie bedeutend das «mit Gott verbundene Gewissen» ist und welche Funktion der Gotterfahrung es ausübt, vermag uns das Schicksal des heiligen Thomas More darzustellen.

Zuerst kurz seine wichtigsten Lebensdaten. Thomas More wurde am 7. März 1478 in London geboren. Er wurde unter Heinrich VIII. Sprecher des Unterhauses und dann Lordkanzler. 1532 legte er seine Ämter nieder, da er als Anhänger des Papstes die staatskirchlichen Pläne des Königs nicht unterstützen konnte. 1534 verweigerte er einen Eid auf den königlichen Supremat über die englische Kirche. Darauf wurde er verhaftet und am 6. Juli 1535 in London hingerichtet. 1935 wurde er heiliggesprochen.

Hinweisen möchte ich auf die besondere Freundschaft von Thomas More mit Erasmus von Rotterdam. Die Korrespondenz zwischen diesen zwei Menschen ist sehr umfangreich und wurde beinahe bis zum Tode von More fortgesetzt. Die Ausgeglichenheit des Wesens von More mit seiner wahrhaft weisen Heiterkeit hat den so grundverschiedenen Erasmus unwiderstehlich angezogen. Wenn man wissen will, was im Geiste des Erasmus ein christlicher Humanist gewesen ist, so muss man seine Biographie von More lesen. Sie ist immer noch die beste, die existiert. Sie wurde geschrieben im Jahre 1519, als noch niemand wissen konnte, dass More die «Philosophie Christi» auch im vollen Wortsinn verkörpern werde als Hingabe des eigenen Lebens.

Was die Grundhaltung eines christlichen Humanisten ausmacht, schilderte Erasmus nach dem Bild von More folgendermassen: Freundliche, ja festliche Umgangsformen, heitere Stimmung, Einfachheit der Speise und der Lebensart, Freiheit von festem Formzwang, Begabung zur Freundschaft und zum Gespräch, Freude an der Vielfalt der Schöpfung, an der Natur, an den Tieren, Freude am Wissen und an vielseitiger Bildung, Harmonie im Familienleben, Zurückhaltung im Hofdienst und Ernst der Frömmigkeit. Freilich hätten all diese schönen Eigenschaften aus More noch keinen Heiligen gemacht. Was am 6. Juli 1535 in London geschah, war ein Martyrium. Thomas More liess sich für sein Gewissen töten. Er starb für die katholische Kirche, weil er die Suprematie des Königs über die englische Kirche nicht mit einem Eid anerkennen wollte. Zwar bezichtigte man ihn von allen Seiten der störrischen Gesinnung, weil er sich als einer der wenigen im Lande gegen den König stell-

te. Thomas More berief sich aber bei den Verhandlungen immer wieder auf sein Gewissen, das ihm verbiete, den Eid abzulegen. «Ich kann nun einmal nicht anders reden, als es mir mein Gewissen eingibt. Ich bin felsenfest überzeugt davon, dass mein Gewissen mich zur ewigen Seligkeit führen wird. Ich bin entschlossen, mich um das, was mir mein Gewissen befiehlt, zu kümmern.» Thomas More ist ein Heiliger des christlichen Gewissens.
Wer nun aber denken würde, Thomas More sei ein strenger und humorloser Heiliger gewesen, der täuscht sich. Gerade sein trockener und köstlicher (was man bei uns als «englisch» bezeichnet) Humor war daran beteiligt, dass seine Heiligkeit lange nicht anerkannt wurde von Menschen, die nicht verstehen, was Martin Buber sagen wollte mit seinem Ausspruch: «Humor ist der Milchbruder des Glaubens.» More hat einmal im Kerker zum Wächter gesagt: «Wenn ich mich hier über Wohnung und Kost beschwere, dann werfen Sie mich ruhig hinaus!» Sogar auf dem Schafott noch hob er seinen Bart auf die Seite, damit dieser nicht durchgeschnitten werde und bemerkte dazu: «Dieser hat doch keinen Hochverrat begangen.» Nach seiner Verurteilung sagte er zu seinen Richtern: «Ich werde darum recht von Herzen beten, dass wir, obwohl ihr, meine Lords, jetzt hier auf Erden meine Richter seid und mich verurteilt, dennoch später im Himmel einander alle fröhlich begegnen zu unserer ewigen Erlösung.» Thomas More besass eine ungemein lebendige Jenseitsgewissheit. Ihm war der Himmel eine Wirklichkeit, wo wir alle miteinander fröhlich sein werden. Er hoffte auf den Himmel, «wo keine Briefe mehr geschrieben werden brauchen, wo keine Mauern uns mehr trennen, wo kein Gefängniswärter unsere Gespräche belauscht.»

Der berühmte Verfasser der Schrift «Utopia» schrieb im Kerker ein ganz anderes Buch: «Dialog über Trost in Widerwärtigkeiten». Nun war die «Utopia» versunken und mit ihr auch der Humanismus. Alles war von Thomas More abgefallen. Geblieben war nur die gläubige Zuversicht auf den Herrn Jesus Christus: «Ich kümmere mich nicht mehr um die Dinge dieser Welt. Mein ganzes Studium ist nur darauf gerichtet, über das Leiden und Sterben Jesu Christi nachzudenken.»

Eine kleine Begebenheit noch, die aber für die Beurteilung des Menschen Thomas More von grosser Bedeutung ist: Als Thomas More nach der Verurteilung von den Soldaten aus dem Gerichtssaal in das Gefängnis zurückgeführt wurde, wartete auf dem Wege seine Tochter Margarete auf ihn. Sie schob die bewaffneten Männer zur Seite, warf sich vor ihrem Vater auf die Knie und bat ihn um seinen letzten, väterlichen Segen. Dann warf sie sich in die Arme ihres Vaters, küsste ihn stürmisch und klammerte sich fest an ihn. Thomas More sagte zu ihr: «Habe Geduld, Margarete, und beunruhige dich nicht. Es ist Gottes Wille. Seit langem hast du die Geheimnisse meines Herzens gekannt.» Die Soldaten erholten sich inzwischen von ihrer Überraschung und trennten den Vater von der Tochter. Sie führten Thomas More in den Kerker. Die Dabeistehenden brachen über das erschütternde Schauspiel in Tränen aus. In seiner Zelle schrieb Thomas More den letzten Brief seines Lebens an seine Tochter: «Ich habe Deine Liebe zu mir nie so geschätzt wie damals, als Du mich das letzte Mal küsstest. Ich freue mich so sehr, dass Du Dich nicht um die Konventionen der Welt kümmerst.»

Bei den menschlichen Entscheidungen muss es sich aber nicht immer um derart aufs Höchste gebrachte Taten handeln, wie bei Thomas More. Nicht in seiner Grossartigkeit war er uns Beispiel, sondern ganz einfach deshalb, weil er seinem Gewissen folgte. Im Grunde ist ja jede Mahnung des Gewissens Gottes Ruf. Denn das Gute ist nicht einfachhin das Nützliche, oder das Lebenssteigernde, oder der Fortschritt der Kultur, sondern die Heiligkeit Gottes, die den Menschen drängt, sie in sein Leben aufzunehmen. Jede Situation ist ein solcher Ruf. Sie wendet sich an uns und spricht: Tu das – tu das nicht! Immer wieder steht der Mensch davor, es mit der Wahrheit zu wagen – oder zu lügen; mit der Gerechtigkeit – oder den Vorteil zu suchen; mit der Reinheit – oder sich besudeln zu lassen; mit der Vornehmheit – oder ins Gemeine zu gleiten. Jedes Mal ruft Gott, und sein Ruf in unserem Leben heisst schlicht Gewissen.

Der heutige Mensch hat einen sehr ausgeprägten Sinn für das Gewissen. Diesen Sinn zu pflegen im Geiste des heiligen Thomas More ist nicht nur gut und lebensfördernd, sondern bringt den Menschen unmittelbar zur ewigen Quelle des Gewissens, zu Gott.

Menschlichkeit

DER VORNEHME GOTT

Diesmal möchte ich kurz über einen Menschen etwas sagen, in dem mir Gottes Vornehmheit in menschlicher Gestalt aufgeleuchtet ist, über Romano Guardini. Drei Jahre lang war er mein Professor an der Universität München. Im freundschaftlichen Umgang konnte ich ihn persönlich kennenlernen. Freilich wird mein Bericht über ihn die persönliche Begegnung nicht ersetzen, dennoch versuche ich, ein möglichst lebensnahes Bild von ihm zu entwerfen. Zuerst aber seine Lebensdaten.

Romano Guardini ist am 17. Februar 1885 in Verona geboren. Gestorben ist er in München am 1. Oktober 1968. 1923–1939 war er Professor in Breslau mit Lehrtätigkeit in Berlin, ab 1945 in Tübingen und schliesslich seit 1948 in München. Zuerst wurde er bekannt als führende Persönlichkeit der katholischen Jugendbewegung Quickborn und der Liturgischen Bewegung. Er wirkte besonders durch seine christliche Auslegung kirchlicher und weltlicher Literatur. Guardini erhielt den Friedenspreis des Deutschen Buchhandels im Jahre 1952.

Um seine denkerische Einstellung zu charakterisieren, scheint mir die «Vorbemerkung» zu seinem Buch «Freiheit, Gnade, Schicksal» ganz besonders geeignet: «Die Untersuchungen dieses Buches gehen aus dem gleichen Bestreben hervor ... das im Grunde meine ganze Arbeit bestimmt hat:

den Blick auf den Zusammenhang des christlichen Daseins zu gewinnen. Die Frühzeit des christlichen Denkens hat diesen Blick gehabt. Augustinus scheidet nicht methodisch zwischen Philosophie und Theologie, innerhalb der Philosophie zwischen Metaphysik und Psychologie, innerhalb der Theologie zwischen theoretischer Dogmatik und praktischer Lebenslehre, sondern er denkt aus dem Ganzen der christlichen Existenz heraus über dieses Ganze und dessen verschiedene Inhalte nach. Dann beginnt die Trennung ... So ist es Zeit, wieder denkend und lebend im christlichen Dasein als Ganzem Stand zu fassen, für welches das Wort gilt: ‹Alles ist euer, ihr aber seid Christi› (1 Kor 3,23). Zeit, zu sehen, dass alle Scheidungen nur methodischen Wert haben, hingegen, was es in Wahrheit gibt, die Welt ist und der Mensch in ihr, von Gott angerufen, gerichtet und erlöst. Und Zeit, aus dem Ganzen heraus das Ganze zu denken ... In keiner Weise soll unsere Formel lauten ‹zurück zu› – weder zum Mittelalter noch zur frühchristlichen Zeit. Sie kann nur heissen ‹vorwärts› – aber vorwärts über die Scheidungen hinaus zum Ganzen, aus einer Haltung, die, im Abstande von einem halben Jahrtausend und daher kritischer, ernster, zurückhaltender, wieder jener entspricht, die der abendländische Mensch einst gehabt hat. Das bedeutet für das Denken, dass wir ein Phänomen nicht nur in seinen Einzelerscheinungen, sondern auch so betrachten müssen, wie es sich durch die ganze Tiefe, Weite und Höhe des christlich verstandenen Daseins hin erstreckt, und seine Deutung aus Psychologie, Philosphie und Theologie zugleich versuchen, ohne dass eingewendet werden darf, hier würden die Grenzen überschritten, die Gebiete vermengt.»

Romano Guardini hat dieses Programm des Denkens in seinem Leben grossartig verwirklicht. Was mich bei ihm aber beeindruckte war, dass er nie mit vorgefertigten Begriffen arbeitete, sondern erst lange hinschaute, die Gegenstände zuerst in sich aufnahm und beschrieb und sie erst nachher zur Sprache brachte. Er war ein «Phänomenologe» im besten Sinne des Wortes, ein «Schauender». Einmal, nachdem ich mich lange mit dem Begründer der phänomenologischen Schule, Husserl, abgeplagt hatte, fragte ich Guardini: «Herr Professor, ich bin gerade dabei, Husserl zu lesen, aber ich verstehe recht wenig von dem, was er da sagt. Könnten Sie mir nicht kurz erklären, was Phänomenologie ist?» Er lächelte gütig und antwortete in seiner einmaligen und sehr prägnanten Art: «Mund zu und Augen auf!» Romano Guardinis Anliegen war immer wieder, ein «Bild» zu zeichnen oder eine «Gestalt» sehen zu lassen. Er wollte anderen zeigen, was er selber sah. So wurde er auch zum Deuter, zum Interpreten. Er übte die Kunst der Deutung an den einfachsten Dingen und Gesten ebenso wie am grossen Kunstwerk. Von besonderer Wichtigkeit wurde für ihn die Dichtung. Seine umfassenden Deutungen hervorragender Gestalten der abendländischen Literatur – und Geistesgeschichte – Platons, Augustins, Pascals, Hölderlins, Dostojewskijs und Rilkes bildeten dabei im gewissen Sinne nur Vorübungen für den unablässigen Versuch, die Gestalt Christi zu zeichnen.

In der konkreten Zeichnung der Gestalt Christi war Guardini besonders gross. Sein eindrucksvollstes Buch über Christus ist wohl das grossartige Werk «Der Herr», das ich immer wieder gern in die Hand nehme und das ich auch anderen warm empfehle. Bereits die Widmung dieses Buches verrät viel über die Einstellung Guardinis: «Peregrinantibus et iter agentibus» (Für jene, die wandern und unterwegs sind). Nicht aus diesem Buch, sondern aus einer kleineren

Schrift («Die menschliche Wirklichkeit des Herrn») möchte ich einen Text anführen, um zu zeigen, mit welcher Feinfühligkeit und Durchdringung Guardini die Gestalt Christi zu zeichnen wusste:

«Neben einem Text eines grossen Mystikers, oder einer der grossen Buddha-Reden erscheint die Bergpredigt fast als etwas Alltägliches. Jene Texte scheinen tiefer, stärker, schöpferischer, erhabener oder wie immer man die Ungewöhnlichkeit, in welcher doch das Wesen des Genialen liegt, ausdrücken mag – bis man merkt, dass solche Wertungen mit Ihm nichts zu schaffen haben. Seine eigentliche Bedeutung liegt überhaupt nicht in dem, was Er sagt, oder tut, oder was Ihm – als Form von Schicksal unter anderen Schicksalen – geschieht, sondern was Er ist. Seine Worte und Handlungen sind nur Funken aus etwas, was ungeheuer, jeden Ausdruck übersteigend, dahinter liegt. Dieses Sein aber wiederum nicht so gefasst, wie es sonst bedeutungsvoll ist: als grosse, oder reine, oder lebendige Persönlichkeit, sondern in einem Sinne, der sich schwer in Worte bringen lässt. Worauf es bei Jesus im Letzten ankommt, ist nicht, was Er als religiöse Natur leistet oder darstellt, sondern was durch Ihn von Gott her geschieht. Nicht was Er über Gott sagt, sondern wie Er Ihn bringt. Nicht dass Er Gott finden lehrt, sondern dass dieser durch Ihn gegenwärtig wird. Jesus steht nicht auf der Seite des religiösen Aktes, und sei es der schöpferischste und reinste, sondern auf der von dessen Gegenstand. Nicht dort, wo die Frömmigkeit, sondern wo das ist, worauf sich die Frömmigkeit richtet.»

Über zwei kleine Ereignisse möchte ich berichten, die ich selber erlebt habe, und worin die innere Vornehmheit Romano Guardinis besonders zum Ausdruck kam. Einmal im überfüllten grossen Auditorium hört Guardini mitten in einem Satz auf und sagt: «Ich weigere mich, weiter vorzulesen. Und zwar so lange, bis der Herr in der hinteren Reihe seinen Hut abgelegt hat!» Dies sprach Romano Guardini keineswegs in einem gereizten oder belehrenden Ton, sondern in der Haltung des schlichten Aufmerksammachens auf die einfache Höflichkeit und auf die Bedeutung jenes Ereignisses, das mit jeder geistigen Arbeit verbunden ist. Ein anderes Mal mitten in der Vorlesung öffnet sich die Tür. Ein Mann kommt hastig herein und steigt zu Guardini aufs Podium. Er sagt ihm ein paar Worte, worauf sich Guardini zum Auditorium wendet und sagt: «Meine Damen und Herren! Eben erhalte ich die Nachricht, dass ein Freund von mir in Not ist. Mir ist Freundschaft wichtiger als eine Vorlesung. Seien Sie mir bitte nicht böse, wenn ich nun den Vortrag unterbreche, um einem Freund zu helfen!» Und niemand fühlte sich beleidigt. Alle verstanden die Beweggründe Guardinis und auch jene Vornehmheit, welche seine Handlungsweise diktierte, aber auch was darin zum Ausdruck kam: die innere Rangordnung der Dinge und der Verpflichtungen.

Romano Guardini hat mit seiner Denkweise zahlreiche Denker der heutigen Zeit geprägt. Ich selber habe das Glück, mich zu ihnen zählen zu dürfen. Nicht, dass wir nun jenes nachsprechen, was Guardini uns gelehrt hat. Die Verwandtschaft geht viel tiefer. Am Beispiel eines Menschen haben wir erlebt, was innere Vornehmheit bedeutet, und auch, wie vornehm, welch «grosser Herr» unser Gott sein muss, wenn schon ein Mensch so viel Zurückhaltung und Würde ausstrahlen kann.

GOTT DES SUCHENDEN

Es gibt Menschen, denen am Ende ihres Lebens nur das Suchen nach Gott übrigbleibt, oder besser ausgedrückt, ihre Redlichkeit und Maskenlosigkeit vor Gott. Was beinhaltet diese restlose Suche im menschlichen Dasein? Um es zu verdeutlichen, möchte ich hier eine Begebenheit aus dem Leben des Apostels Petrus herausgreifen: Petrus als der Suchende.

Es wird uns berichtet, wie Jesus über die Wellen wandelte. Nach der Speisung der Fünftausend stieg Jesus den Berg hinan, um für sich allein zu beten. Er schickte die Jünger mit dem Boot an das andere Ufer. Das Boot wurde dann, schon weit vom Lande entfernt, von Wogen bedrängt. Es herrschte Gegenwind. Da kam Jesus, auf dem See wandelnd, auf sie zu. Als die Jünger ihn sahen, meinten sie: «Ein Gespenst.» Sie schrien vor Furcht. Sogleich redete Jesus sie an: «Mut! Ich bin es! Fürchtet euch nicht!» Da beginnt aber die eigentliche Geschichte. Petrus fasst Mut und ruft Jesus entgegen: «Herr, bist du es, so heisse mich zu dir über das Wasser kommen!» Jesus spricht: «So komm!» Petrus nimmt seinen ganzen Mut zusammen, um das Boot, darin seine Freunde, ja die ganze angehende Kirche sich befinden, zu verlassen. «Da entstieg Petrus dem Boot und schritt über das Wasser, um zu Jesus zu gelangen. Als er aber den starken Wind sah, geriet er in Angst. Da fing er an zu sinken. Er schrie: ‹Herr, rette mich!› Sogleich streckte Jesus seine Hand aus, fasste ihn und sprach zu ihm: ‹Kleingläubiger, warum hast du gezweifelt?› Als sie in das Boot gestiegen waren, legte sich der Wind» (Mt 14,22–32). In diesem Bild sind vier Elemente des menschlichen Suchens nach Gott angedeutet: das Erscheinen Gottes, das Wagnis des Menschen, die Rettung durch Gott, das Zurückschikken in die Gemeinschaft. Versuchen wir diese vier Elemente ein wenig zu erläutern, um den Sinn des menschlichen Gottsuchens herauszufinden.

Das Erscheinen Gottes. Petrus war ein Sünder. Er hat Christus dreimal verleugnet. Die Sünde ist wohl «Fernsein» und «Nicht-durchdringen-Können» zu einer wesenhaften Nähe. Sie ist etwas Freudloses, Gleichgültiges und Selbstsüchtiges. Sie ist das müde und hoffnungslose Dasein. Christus ist gekommen, um uns von all dem zu befreien. Mit allerletzter Kraft muss sich der Mensch in die Arme Gottes werfen: Hinaus aus unserer kleinen Welt, aus unserer Verzweiflung und Verstörtheit. Die Sünde seines Lebens beging Petrus, als er von Jesus sagte: «Ich kenne diesen Menschen nicht, von dem ihr redet.» Doch raffte er sich sogleich auf: «Da brach er in Tränen aus» (vgl. Mk 14,66–72). Um sein Wagnis zu verstehen, ist es gut, zu wissen, dass Petrus im Grunde seiner Seele ein «Schwächling» war. Aber gerade ihm ist Gott erschienen. Christus hat die Jünger im Boot allein gelassen. Sie gerieten so in eine verzweifelte Lage. Gegenwind trieb sie in Not. Die Wogen prallten gegen das Boot. Da erblickten sie eine über den See wandelnde Gestalt. Ihre Bedrängnis wurde dadurch nicht gemildert. Sie erkannten Jesus nicht, sondern schrien vor Furcht: «Ein Gespenst!» Es ist also möglich, dass uns Gott erscheint und wir ihn für ein «Gespenst» halten, unwirklich und ohne bleibenden Bestand. Vielleicht haben die Christen nur die eine Aufgabe in der Welt, den Menschen durch ihr Leben zu beweisen, dass es keine endgültige Verzweiflung gibt, dass der Mensch noch hoffen kann, vielleicht «gegen alle Hoffnung». Es ist wirklich schwer, daran zu glauben, dass Gott für die Sünder Mensch geworden ist, für die Bedrückten und Getretenen. Für die Menschen, die in Augenblicken der Ehrlichkeit eingestehen, dass sie verloren sind. Einen solchen Gott anzuerkennen bedeutet wirklich «Wagnis».

Das Wagnis des Menschen. Auf das Wort Jesu stieg Petrus in die Fluten. Die Tiefe des Wassers und seine Unbeständigkeit ist eine menschliche Grunderfahrung. Im Wasser leben gefährliche Wesen. Der Mensch hat Angst vor ihnen. Im Grunde bedeutet aber diese Angst, dass der Mensch nicht daran glauben kann, dass es eine restlose Liebe und eine endgültige Geborgenheit gibt. Nun steht aber Jesus vor Petrus: Ein Mensch, der sein Leben darin verwirklicht hat, dass er nur Verständnis und Güte darlebte; der vor allem darin gross war, dass er in alle Beengungen des Lebens einging. Er half den Kranken, brach das geknickte Rohr nicht, hat den glimmenden Docht nicht gelöscht. In ihm erschien die Güte und die Barmherzigkeit Gottes in unserer Mitte. Von ihm ging die Verheissung aus: «Ich habe dir eine offene Tür gegeben, die niemand mehr schliessen kann» (Offb 3,8). Kraft dieser Verheissung überwindet nun Petrus seine Angst vor den Fluten.

Die Rettung durch Gott. Petrus rief nach Jesus. Wahrscheinlich wusste er nicht so recht, wer er in Wirklichkeit sei. Erst nach der Auferstehung gingen ihm die Augen auf. Er wusste aber, dass er ohne Christus nicht leben könnte. Zu diesem Menschen sagte er: «Heisse mich zu dir über das Wasser kommen!» Ich weiss nicht mehr, wer ich bin und wer du bist. Nur das eine weiss ich mit Sicherheit, dass du mich nie verlässt. Du hast zu uns gesagt: «Wohl sollen wir mit unserem Herzen Zwiesprache halten. Aber vor Gott. Wenn uns dann unser Herz verurteilt, dann ist Gott eben grösser als unser Herz» (1 Jo 3,20). Am Ende meines Nachdenkens weiss ich doch eines: Du bist barmherzig, und ich bin ein

Sünder. Gerade meine Ohnmacht macht mich aber zu deinem Freund. Deine Treue steht über alles in meinem Leben. In deiner Güte bin ich ewig geborgen. Alles hängt nun davon ab, ob ich das Wort ausspreche: Du, mein Jesus, wer du auch immer bist, sei mir gnädig. Die Wellen und die Wogen lenken aber Petrus bald von dieser Hingabe ab. Die Angst bemächtigt sich wieder seines Wesens. Und da beginnt er zu sinken. Glücklicherweise ist aber Jesus schon ganz nahe. Petrus kann noch die Arme ausstrecken, die rettende Hand fassen, sich wieder aufrichten lassen. Er hat gezweifelt für einen Augenblick, aber sein Gott stand ihm bei.
Zurückschicken in die Gemeinschaft. Petrus hat die Macht Gottes erlebt. Er hat seine persönliche Gotteserfahrung gemacht, ausserhalb von Begriffen, Formulierungen und Systemen. Diese Erfahrung war das Innerste, aber auch das Verborgenste seines einmaligen Schicksals. Dieser Gott wollte aber auch der Gott seines Bruders werden. Es ist gleichsam eine langsame und stille Geburt des Bildes Gottes aus der Seele der Menschheit. Was wollte Jesus in uns erreichen? Wo immer der «Gott meines Lebens» erfahren, gleichsam aus der Tiefe der Seele «ausgegraben» wird, da erschaut der Mensch in seinem Dasein eine Richtung. Da weiss der Mensch, dass er nicht verlassen ist. Er weiss: Er steht bei all seinen Umwegen und Irrungen noch auf einem festen Grund. Wo immer der innerlich erfahrene Gott den Menschen mit seiner Gegenwart überwältigt, da kommt es zur Verinnerlichung und zur Vermenschlichung des Daseins. Da wird dem Menschen immer neu ein Weg eröffnet, damit er wenigstens genug Kraft für die nächsten Schritte hat. Nun versteht der Mensch: Christus hat uns nicht vom Leid erlöst, sondern von der Verzweiflung. Denn er sagte: «Ich bin bei euch alle Tage.» Gerade dies war der Sinn der

einsamen Christuserfahrung von Petrus. Sein Gott sollte eine Offenbarung Gottes für seine Brüder werden.
Ungezählte Menschen leben heute in dieser Gegenwart Gottes. Wir sollten zu jenen Bescheidenen und Demütigen gehören, in denen die Suche nach Gott zur erlebten Gottesnähe wird. Unser Gott versprach uns kein leichtes Leben. Das ist nicht der Sinn seiner Botschaft. Aber eines hat er uns versprochen, dass wir ihn, selbst in den grössten Schwierigkeiten unseres Lebens, finden können, oder wenigstens einem Menschen begegnen, der uns versteht. Um ihn zu finden, muss man ihn aber vorher suchen. Gott suchen: Vielleicht mit der letzten Kraft, vielleicht unter Verzweiflung und Angst, manchmal in Not und Mutlosigkeit. Dies hat uns Petrus mit seinem Wagnis gelehrt.

GOTT DER FREUNDSCHAFT

Aus verschiedenen Erfahrungen kann der Mensch zur Gegenwart Gottes vorstossen. Man sollte unter diesen keine Rangordnung aufstellen, doch ist es wohl erlaubt, einzelne Erlebnisse besonders hervorzuheben, mit besonderer Ehrfurcht zu nennen, weil sie unserem Herzen näher stehen als andere. So möchte ich jetzt die menschliche Freundschaft auf das ihr innewohnende Geheimnis hin befragen, mit jener Scheu, die einen Menschen ergreift, wenn es um das Wesentliche des Daseins geht. Die Erfahrung der Menschheit versucht die Urgegebenheit der Freundschaft in einem dichten, zartgezeichneten Bild darzustellen, in der Freundschaft zwischen David und Jonathan.

Da ist einerseits der edle Königssohn Jonathan. Er ist ein vorzüglicher Soldat, führt seine Krieger zu Überraschungsangriffen, wird vom Volk innig geliebt, so dass es ihn selbst gegen seinen Vater verteidigt. Er ist ehrlich seinen Freunden gegenüber, aufrichtig in der Lebensführung, schon äusserlich sehr gewinnend. Anderseits David: Ein ziemlich hässlicher Hirtenjunge von einer vitalen Furchtlosigkeit, von Gott gesegnet, um den Vater Jonathans, Saul, zu entthronen. Er ist ein Mensch von explosiver Gegensätzlichkeit, der singen, tanzen und jubeln kann, aber auch mit List und Tücke seine Ziele verfolgt. Seine Seele ist von einer Ergriffenheit durch das Heilige beherrscht. Zugleich kann er sich über Gebote gewaltsam hinwegsetzen. Vier Begegnungen schildert die Bibel zwischen diesen scheinbar so gegensätzlichen Menschen. Hineingestellt in einen Schicksalsstrom von Kämpfen, Auflehnungen, Hass, Brutalität und Begeisterung entfaltet sich vor uns eine menschliche Innigkeit, die seltsam hineingewoben ist in die Anwesenheit Gottes.

Ihre erste Begegnung (1 Sam 18,1–4) ereignet sich nach dem Sieg Davids über Goliath. Saul lässt den jungen Hirtenknaben zu sich kommen und befragt ihn. Jonathan ist anwesend und hört zu: «Als er seine Unterredung mit Saul beendet hatte, da geschah es plötzlich, dass die Seele Jonathans an die Seele Davids gefesselt wurde, und Jonathan gewann ihn lieb wie sich selbst. Saul nahm ihn an jenem Tag zu sich und liess ihn nicht mehr in sein Vaterhaus zurückkehren. Und Jonathan schloss einen Bund mit David, denn er liebte ihn wie sich selbst. Dabei zog Jonathan den Mantel aus, den er anhatte, und gab ihn David, ebenso seinen Waffenrock, sogar sein Schwert samt seinem Bogen und seinem Gürtel.» Es ist ergreifend, wie schlichte Worte den Wesensvorgang der Freundschaft auszudrücken vermögen: Das plötzliche Aufflammen einer Zuneigung, die Ergriffenheit bis ins Innerste der Seele, die neue Einheit des Schicksals, das Geschenk Jonathans als Symbol der Selbsthingabe.

Die zweite Begegnung geschieht heimlich. David ist auf der Flucht vor Saul, der ihn töten will. Eine traurige Schwere breitet sich über die beiden Freunde aus (1 Sam 20,41–42; 21,1). «Nach dem Weggang des Burschen (von Jonathan) erhob sich David hinter dem Steinhaufen, warf sich auf sein Angesicht zur Erde und verneigte sich dreimal. Dann küssten sie einander und weinten zusammen bis zum Übermass. Darauf sagte Jonathan zu David: ‹Geh in Frieden! Was wir beide uns beim Namen Jahwes geschworen haben, dessen ist Jahwe Zeuge zwischen mir und dir, zwischen meinen Nachkommen und deinen Nachkommen in Ewigkeit.› Danach machte sich David auf und ging fort, Jonathan aber kehrte in die Stadt zurück.» In der schweren Prüfung der beiden Freunde steigt die innere Gestalt, das Geheimnis der Freundschaft klar empor: Gott verbindet in der Freundschaft, und deshalb kann sie nicht untergehen. Da rührt der Mensch an etwas Heiliges. Die Zuneigung wird zur Verehrung. Sie helfen einander, soweit sie können. Sie bestätigen damit ihre Freundschaft im Mitleiden vor dem Angesicht Gottes.

Die dritte Begegnung (1 Sam 23,15–18) zwischen dem zum Bandenführer gewordenen David und dem Königssohn ist von schlichter Erhabenheit. Jonathan erkennt die Auserwählung Davids und ist entschlossen, sich zurückzustellen. Er will immer nur «der Zweite» sein. Die Demut der Freundschaft bricht hier sinnbildlich durch: «David fürchtete sich, weil Saul ausgezogen war, um ihm nach dem Leben zu trachten. David weilte zu Horscha in der Wüste

Siph. Da brach Jonathan, der Sohn Sauls, auf, begab sich zu David nach Horscha und machte ihm wieder Mut in Gott. Er sagte zu ihm: ‹Sei ohne Furcht, denn die Hände meines Vaters werden dich nicht zu fassen bekommen. Du wirst vielmehr König Israels werden, und ich werde nach dir der Zweite sein. Auch meinem Vater ist das bekannt.› Dann schlossen beide einen Bund vor Jahwe, und David blieb in Horscha, während Jonathan nach Hause zurückkehrte.»

Die vierte Begegnung (2 Sam 1,17–27) ist kein Zusammentreffen mehr, sondern die Klage Davids über Jonathans Tod, der im fürchterlichen Gemetzel bei Gilboa zusammen mit seinem Vater und seinen Brüdern fiel. In seinem Schmerz erlebt David noch einmal die Schönheit der Freundschaft Jonathans: «Ruhm Israels liegt erschlagen ... Bogen Jonathans! Nie ist er ausgewichen ... Jonathan, Geliebter, Holdseliger ... Durch deinen Tod bin ich in tiefsten Schmerzen; mir ist es weh um dich, mein Bruder! Jonathan, du warst mir über alles lieb! Ja, deine Liebe ging mir über die Liebe einer Frau zu ihrem erstgeborenen Sohn.» Die Erinnerung an die reine Liebe wird David später noch begleiten als Verbundenheit über den Tod hinaus (siehe: 2 Sam 9,1; 21,7).

Es bleibt nicht mehr viel über die Freundschaft zu sagen, was man aus diesem Schicksalsbild nicht erahnen könnte. Hier zeigt sich vielleicht noch eindrücklicher als an anderen Stellen der Gotterfahrung, wie der menschliche Geist auf ein Absolutes ausgerichtet ist, aber dieses Absolute als Menschenschicksal erlebt. Dieses Bild von Gott ist miteingeschlossen in jeglicher menschlich ehrlichen Zuneigung: Die Wirklichkeit eines Gottes, den Paulus in einer der kühnsten Aussagen seines gottergriffenen Geistes als «den Menschenfreund» benennt (Tit 3,4). Zu diesem Gott kann der Mensch wie zu einem Freund sprechen: «Wer ist ein Gott wie du, der Schuld vergibt und Frevel verzeiht, der im Zorn nicht verharrt, sondern es liebt, barmherzig zu sein? Habe wiederum Erbarmen mit uns. Zertritt unsere Missetaten, und in die Tiefe des Meeres wirf alle unsere Sünden» (Mich 7,18–19). Gott ist «Zärtlichkeit und Freundlichkeit». Dies ist die Uroffenbarung des menschlichen Herzens über Gott (Ex 34,6; Ps 103,8).

Man könnte fragen: Ist ein solches Bild von Gott und vom Menschen nicht einseitig? Werden die harten Forderungen Gottes an uns dadurch nicht abgeschwächt? Wird das Geheimnis Gottes dadurch nicht durch menschliche Empfindung noch mehr verschleiert? Wer solche Fragen stellt, scheint nicht zu wissen, wie einfordernd die Freundschaft als Hingabe ist. Nicht in den Geboten Gottes liegt seine letzte Forderung, sondern in seiner Liebe, die er in unsere Herzen gelegt hat (Röm 5,5), die uns beherrschend drängt (2 Kor 5,14), von der uns niemand trennen kann (Röm 8,35–39).

Der Mensch ist jenes Wesen, das in der Freundschaft der Menschen Gottes Gegenwart erfahren kann und darin die Freundlichkeit zeugnishaft zu verwirklichen vermag. Dies ist vielleicht die härteste, aber auch die beglückendste Forderung unseres Glaubens: Zeuge der Freundlichkeit Gottes zu sein in einer so oft hasserfüllten und deshalb so unglücklichen Welt.

GOTT MENSCHLICHER LIEBE

Menschliche Liebe kann einerseits zur Erfüllung unseres Wesens führen, sie mag anderseits auch die mächtigste Versuchung des Lebens sein. Dass aber die Liebe in ihrer menschlichen Form eine Möglichkeit der Erfahrung Gottes in sich birgt, ersehen wir am Schicksal eines der grössten Dichter des Abendlandes, am Schicksal von Dante Alighieri. Es gibt zwei Wunder des Mittelalters: Die gotischen Kathedralen Frankreichs und die «Divina Commedia» von Dante.

Die erste Idee zu Dantes grösstem Werk entsprang zweifellos dem Entschluss, seine Liebe, seine nie zum Vollzug gelangte Zuneigung zu einer Frau, Beatrice, zu verherrlichen. Dante hat der Begegnung mit ihr ein kleines Buch gewidmet: «La Vita Nuova» – Das neue Leben. «Schon beinahe zum neunten Male seit meiner Geburt hatte der Lichthimmel seinen Kreislauf vollendet, als meinen Augen die erhabene Herrin meiner Seele erschien, die Beatrice genannt wurde von denen, die nach dem passendsten Namen für sie suchten.» Beatrice starb jung und Dantes Liebe blieb für immer unerfüllt. Eine Kinderliebe, die aber die junge Seele Dantes derart beherrschte, dass sie zum Abbild der Liebe zu Gott werden konnte. Derart rein und ungetrübt war diese Liebe, dass sie die schönsten Verse, die je in unserem Abendland gedichtet wurden, hervorbringen konnte. Dante wartete lange, bis er all das ausdrücken konnte, was er für dieses kleine Geschöpf, hinter dem für ihn das Antlitz des Schöpfers aufleuchtete, empfunden hat.

Das Büchlein «La Vita Nuova» schliesst mit den Sätzen: «Nach diesem Sonett hatte ich eine Erscheinung. In ihr sah ich Dinge, die in mir die Sehnsucht hervorriefen, zu schweigen, nichts mehr über die Gesegnete zu sagen, bis ich es ihrer würdiger zu tun vermöchte. Und gefalle es dem Herrn der Güte, dass meine Seele sich erheben möge, zu sehen die Herrlichkeit, die Beatrice jetzt in Verklärung schaut, das Angesicht dessen, der gelobt sei in alle Ewigkeit.» Das Büchlein «La Vita Nuova» gehört wohl mit dem «Phaidon» Platons, mit den «Bekenntnissen» des Aurelius Augustinus und mit den «Gedanken» Pascals zusammen zu jenen Büchern, die unzerstörbare Lebenskraft in sich tragen. Was diese Schriften in den Bereich des Unvergänglichen hebt, ist die Intensität des Schauens und die Grösse des Erlebten. Dantes «Neues Leben» erzählt nur von der Begegnung mit einem Kinde. Sie war von einer Wahrheit und Glut, welche jeden, der offen ist, erfahren lassen, wie die Liebe zu einem Menschen zum Massstab echten Lebens und Schaffens werden kann.

Die Welt der «Divina Commedia» ist ein jenseitiges Universum: Hölle – Fegfeuer – Himmel. Vor etwas mehr als siebenhundert Jahren, im Mai 1265, kam Dante in Florenz zur Welt. Im September 1321 starb er im Exil, in Ravenna. Von seinem zwanzigsten Lebensjahr an schuf er ein Werk, so vielgestaltig, dass man meinen könnte, es sei nicht im Geiste ein und desselben Mannes entstanden. Am Ende des Lebens entstand die «Divina Commedia». Alles, was Dante vor der «Commedia» geschrieben hatte, ist aufgegangen im mächtigen Kosmos dieses Werkes. Dante nannte sein Gedicht einmal: «Das heilige Gedicht, an dem Himmel und Erde mitgeholfen haben.»

Die Menschen, von denen das Gedicht spricht, sind Tote. Doch erhalten sie in der Sprache des Dichters das Wort von Lebenden. Leiden, Leidenschaften und Hoffnung lebendiger Menschen durchwirken sie. Erstaunlich ist bei Dante

die künstlerische Gabe, eine mächtig hereinflutende Weltfülle zu sagen, sie zu formen und sie von allen Seiten her auf die Zentralidee des Gedichtes zuströmen zu lassen. Diese «Zentralidee» besagt in Kürze folgendes: Das menschliche Leben hat seinen Ursprung in Gott. Die Heimkehr aber ist dem Menschen anheimgestellt. Über allem Unheil des Abfalls von Gott liegt die Heilshoffnung einer Rückkehr zu Gott. Das menschliche Wesen ist geboren zum Aufstieg. Dante schildert die Nacht- und die Lichtseiten menschlicher Existenz. Das Hässliche, Gemeine und Verzerrte ist in der «Commedia» ebenso Gestalt geworden wie das Schöne, Erhabene und Verklärte. In wechselndem Kontrast von Dunkel und Hell zieht da alles vorüber, was nur denkbar ist an menschlicher Niedrigkeit und Verzweiflung, aber auch die letzte Vollendung in Gottes Sein im Himmel. Hineingewoben in ein grossartiges Zeitgemälde, wird ihm die Erinnerung an seine Jugendliebe zum Erlebnis der Güte Gottes und zur Vision der Tiefe der Gottheit als Dreifaltigkeit.
Auf dem Höhepunkt der Dichtung, im Himmel, begegnet Dante Beatrice. Sie wurde ihm durch Gott gesandt. Sie ist eine lebende Frau, die Dante geliebt hat und die ihm nun zur Rettung geschickt wird. Diese Rettung vollbringt sie aber nicht durch Leistung, sondern durch ihr Sein. Beatrices Macht ist das Stärkste in der ganzen Dichtung. Sie liegt ganz in dem, was sie ist: Schönheit, die jedoch alles voraussetzt, was christliche Erkenntnis und Liebe, Überwindung und Reife bedeuten. Das, worin sich ihre Wesensmacht sammelt, und wodurch sie den Aufstieg und die Entrükkung bewirkt, ist ihr Lächeln. Das Zarteste hat die grösste Kraft.
Dante beschreibt Beatrices Schönheit: «Wenn alles, was bisher von ihr gesprochen, in einem einzigen Lob zusam-

menkäme, so würde es diesmal doch noch nicht genügen. Die Schönheit, die ich sah, ist so erhaben, nicht über uns nur, nein, ich möchte glauben, dass nur ihr Schöpfer selbst sie ganz geniesse. An dieser Stelle geb' ich mich geschlagen, mehr als von einer Stelle seines Werkes jemals ein Dichter überwältigt wurde. Denn wie das Sonnenlicht die schwachen Augen, muss das Gedächtnis dieses süssen Lächelns mir meines Geistes Kraft von selber schwächen. Vom ersten Tag, da ich ihr Bild gesehen im Erdenleben, bis zu diesem Schauen ist meinem Sang zu folgen nicht verboten. Doch jetzt muss meine Dichtung darauf verzichten, noch weiter ihre Schönheit zu verfolgen, wie jeder Dichter vor dem letzten Ziele.»

Die Frau, die Dantes «Geist zum Himmel führte», schaut nun nach oben. Dante blickt in ihre Augen und sieht, wie sich in Beatrices Augen ein leuchtender Punkt spiegelt. Darin erkennt Dante Gott, umgeben von den Engeln und den Heiligen. Dies ist der Höhepunkt der ganzen Dichtung. Aber auch die Stelle, die den Gottbezug menschlicher Liebe am eindrücklichsten darstellt. In den Augen eines geliebten Wesens spiegelt sich Gott.

Diese «Gottoffenbarung» der Liebe verwirklicht sich im Tiefsten überall, wo ernst und ehrlich geliebt wird. Sie kommt zwar oft in der Verworrenheit menschlicher Existenz nicht klar zum Ausdruck, ist aber im tiefsten Meinen der Liebenden selber lebendig. Deshalb brauchen wir solche Vorbilder, wie Dante eines war, um uns klar darzulegen, was alles in unserer oft gebrechlichen Liebe enthalten ist. Die Liebe hat die Eigenschaft der Übersteigung. Die Hingabe an ein endlich Seiendes ist bereits ein Übersteigen des Begrenzten, zielt auf ein Unbedingtes. In seiner Liebe sucht der Mensch ein Unbedingtes jenseits alles Bedingten, den Unendlichen jenseits alles Endlichen. In seiner menschlichen Liebe sucht der Mensch Gott.

GOTT DER SYMPATHIE

In geschöpflicher Sympathie Gottes Gegenwart zu erfahren und von Gott her Sympathie zu empfinden für die Menschen, dies ist die Struktur jener Dialektik, die das Dasein eines gütig gewordenen Menschen beherrscht. Menschliche Sympathie kann eine Offenbarung Gottes sein. Dies war die ergreifende Lebensgestalt jenes glühenden und schwergeprüften Mannes, in dem sich die frühe Kirche zum Selbstverständnis durchrang, des Apostels Paulus. Gewöhnlich spricht man wenig darüber, wie Paulus menschliche Freundschaft und Sympathie empfand. Andere Charakterzüge werden bei ihm eher hervorgehoben. Als ich aber John H. Newmans wunderschöne Predigt «St. Paul's Gift of Sympathy» las, worin der grosse Kardinal Paulus den «Freund der menschlichen Natur» nennt, leuchtete mir diese innere Eigenschaft des Apostels ein. Ich suchte in seinen Briefen nach Stellen, die einen persönlichen Bezug zu den Menschen zeigen. Das Ergebnis meiner Suche lege ich hier vor.

«Gelobt sei Gott, der Vater unseres Herrn Jesus Christus, der Vater aller Erbarmung und Gott allen Trostes. Er hat uns getröstet in all unserer Trübsal, so dass wir imstande seien, jene zu trösten, die in Bedrückung sind, durch den Trost, mit dem wir von Gott getröstet werden» (2 Kor 1,3–4). Wir sehen hier, wie die Freundschaft die menschliche Seele des Paulus öffnet. Auf dem Wege nach Damaskus

wurde ihm offenbar, dass die letzte Tiefe des Menschendaseins Christus selbst ist (Apg 9,3–4). Diesem Überwältigenden, den er «Geist» nannte (2 Kor 3,17), hat er sein Leben geweiht. «Geist» bedeutet bei Paulus in diesem Zusammenhang die Wirklichkeit Christi selbst (in ihrer Fülle und Herrlichkeit). Eine unbeschreibbare Spannung entstand in seinem Leben: Einerseits wünscht er sich, «aufgelöst» zu werden in Christus, anderseits drängt ihn die gleiche Erfahrung, bei seinen Menschenbrüdern zu bleiben: «Nach beiden Seiten zieht es mich: ich habe Lust aufzubrechen, um bei Christus zu sein – das wäre ja weitaus das beste; aber im irdischen Leben zu bleiben ist um euretwillen nötiger. In diesem Vertrauen weiss ich: ich werde bleiben und auch fernerhin euch allen zur Verfügung sein zu eurem Fortschritt und zu eurer Freude im Glauben» (Phil 1,23–25). So geht Paulus hinein in die Not irdischer Beengung.
Paulus ist ein kranker Mensch, ein verletzliches Wesen, das seinen «Schatz in irdenem Gefäss» trägt (2 Kor 7,5). Von überallher ist er bedrängt, aber er klagt nicht. Ohne Rat und Weg, verzweifelt er nicht (2 Kor 4,8). Seine Rede ist stockend und ungehobelt (2 Kor 11,6). Ein Narr ist er vor den Menschen geworden (2 Kor 12,11), der sich darüber freuen kann, dass seine Kraft nicht ihm selbst gehört und der sich nur in Trübsalen rühmen kann, die ihn geduldig machen (Röm 5,3). Er erzählt davon immer wieder: «Ihr wisst, wie ich vom ersten Tage an, da ich Asien betrat, ... dem Herrn in aller Demut gedient habe, unter Tränen und Schwierigkeiten» (Apg 20,19). Oder: «Wir wollen euch nicht über die Trübsal in Unkenntnis lassen, liebe Brüder, die uns in Asien widerfahren ist, dass wir über Mass und Kraft heimgesucht wurden, so dass wir selbst am Leben verzweifelten» (2 Kor 1,8). Dies tat er aber wiederum aus Güte,

um die «Herzen der Jünger zu stärken», damit sie einsehen, dass «wir durch viel Trübsal hindurch in das Reich Gottes gelangen müssen» (Apg 14,22).
Sein Abschied von Milet zeigt, wie tief er mit seinen Brüdern verbunden war: «Er kniete nieder und betete mit ihnen. Alle weinten. Sie fielen Paulus um den Hals und küssten ihn. Am meisten waren sie über das Wort betrübt, das er gesprochen hatte, sie sollten sein Antlitz nicht mehr sehen. Dann begleiteten sie ihn zum Schiff» (Apg 20,36–37). Eine warme Freundschaft folgt ihm überall: Sein Begleiter Titus war ihm sehr teuer; sogar Diätratschläge schreibt er einem andern Freund, Timotheus, auf: «Bewahre dich rein! Inskünftig trinke nicht bloss Wasser, sondern geniesse auch etwas Wein. Es ist wegen des Magens und mit Rücksicht auf deine häufigen Erkrankungen» (1 Tim 5,23). Eine rührende Stelle fand ich in der Apostelgeschichte, wie Paulus sich um den Jüngling sorgt, der bei seinem (offenbar sehr langweiligen) Vortrag eingeschlafen und aus dem Fenster gefallen ist: «Als wir am ersten Wochentag zum Brotbrechen zusammengekommen waren, hielt Paulus, der am folgenden Tage weiterreisen wollte, eine Ansprache an sie, wobei er seine Rede bis Mitternacht ausdehnte. Zahlreiche Lampen brannten in dem Saale des Hauses, in dem wir versammelt waren. Ein junger Mann namens Eutychus sass auf der Fensterbank, und da Paulus seine Rede länger ausdehnte, sank er in Schlaf und stürzte im Schlafe vom dritten Stockwerk in die Tiefe, wo er tot aufgehoben wurde. Paulus ging hinunter, warf sich über ihn, umfasste ihn und sprach: ‹Beunruhigt euch nicht, seine Seele ist noch in ihm!› Dann kehrte er zurück, brach das Brot und genoss davon, um dann noch lange, bis zum Morgen, weiterzusprechen, und so reiste er ab. Unterdessen hatten sie den jungen Mann le-

bend zurückgeführt, und die Tröstung war gross» (Apg 20,9–12).

Paulus freut sich über den Besuch von Freunden (1 Kor 16,17) und legt Fürsprache für einen christlichen Sklaven ein (Philemonbrief). Er ist betrübt, wenn Menschen ihn verlassen, wie ein Demas (2 Tim 4,10). Er ist beglückt, wenn ein Freund ihn in Rom aufsucht (2 Tim 1,16–17). Am Ende ist er sehr allein geblieben. Nur der «geliebte Arzt» (Kol 4,14) harrt noch bei ihm aus (2 Tim 4,11): Lukas.

Immer wieder beschwört er Timotheus, ihn doch noch zu besuchen. Er fühlt sein Ende herannahen: «Ich sehne mich danach, dich zu sehen,... damit meine Freude erfüllt werde» (2 Tim 1,4). «Beeile dich, bald zu mir zu kommen» (2 Tim 4,21). «Bei deinem Kommen bringe mir auch den Mantel mit, den ich in Troas bei Karpus liess, ebenso die Bücher, vor allem die Pergamente!» (2 Tim 4,13). Göttliches und Menschliches sind hier in einer Menschenseele vermengt, in einer Haltung, worin Paulus selbst das Geheimnis der Menschwerdung Christi erblickt hat: «Die Sanftmut und die Milde Christi» (2 Kor 10,1). Sein Leben war ein ergreifendes Menschendasein.

Fragen wir nun: Warum kann die Zuneigung zu einem Menschen den Verlust all seiner Vorzüge überdauern? Vielleicht ist die Antwort: Weil in der menschlichen Zuneigung zwei Menschen bis hinab in den Grund des Seins eins geworden sind. In jeder ehrlich gelebten Freundschaft ist ein geheimnisvolles Drittes, ein Überragendes und Alle-Verluste-Überbietendes gegenwärtig: das die restlose Zuneigung zweier gebrechlicher Menschenwesen ermöglichende Sein, das Du schlechthin, Gott. Darum ist nach einem schönen Wort des Aristoteles eine Freundschaft, die einmal ein Ende nehmen könnte, nie eine echte Freund-

schaft gewesen. Diese Überlegung liesse sich gut auch auf die menschliche Sympathie ausdehnen, deren Gestalt wir in Paulus so ergreifend erschaut haben.
Nun wage ich, eine neue Definition des Menschseins zu geben: Der Mensch ist jenes Wesen, das in der Sympathie für die Mitmenschen Gottes Gegenwart erfahren kann und darin die Freundlichkeit zeugnishaft zu verwirklichen vermag. In der menschlichen Sympathie ist der Ort gegeben, wo der Mensch sich einem Absoluten öffnen darf und wo die freie Gabe der Gnade ihn zum Empfangen «eines noch unbekannten Messias» (Blondel) führen kann.

GOTT DER BARMHERZIGEN

«Barmherzigkeit» ist ein Wort, das viele nur ungern hören. Deshalb ist es heute so wichtig, jene Tiefe auszuloten, die mit dem Ausdruck Barmherzigkeit wirklich gemeint ist. «Barmherzigkeit» als Wort ist, wie alle Ausdrücke, die auf ein Letztes hinweisen, religiösen Ursprungs. Es ist deshalb sehr nützlich, auf seine Wurzel zurückzugreifen und uns zu fragen, welche menschlichen Erfahrungen sich in den verschiedenen Wortbildungen durch die Jahrtausende religiöser Geschichte verdichtet haben.
In meinem Buch «Der anwesende Gott» habe ich darauf hingewiesen, dass im Hebräischen für das Erbarmen nicht selten der Ausdruck «rahamim» gebraucht wird. Dieses Wort ist offenbar die Mehrzahl von «rehem», was Mutterschoss bedeutet. «Rahamim» besagt demnach eine Verbundenheit, die im Bereich der Mütterlichkeit gedeiht: eine Verbundenheit mit einem hilflosen Wesen, dessen Le-

ben ganz von uns abhängt. Es deutet jenes Gefühl an, das eine Mutter ihrer Leibesfrucht gegenüber empfindet, eine Liebe also, die ihrem Wesen nach zärtlich ist. Wärme, Nähe, Vertraulichkeit, Seinsgemeinschaft sind die Begriffe, die in diesem Wort mitschweben. Im Griechischen der spätjüdischen und urchristlichen Literatur wird oft für eine von innen her aufsteigende Barmherzigkeit das Bildwort «splagchna» gebraucht, das das Innere des Leibes, die Eingeweide bedeutet. In diesem Wort schillert eine ähnliche Bedeutung wie im hebräischen «rahamim». «Splagchna» meint die ganze menschliche Persönlichkeit, insofern sie im tiefsten Sinne betroffen und ergriffen ist. Bei Paulus bezeichnet dasselbe Wort die Fähigkeit des Menschen zur Liebesergriffenheit oder einfachhin den Menschen als Liebenden. Das lateinische Wort «misericordia» und seine germanische Lehnübersetzung «Barmherzigkeit» nehmen für die Bezeichnung des Erbarmens ein leicht verschiedenes Bild, das Herz. «Barmherzig» ist jener, der «ein Herz hat» für das Unglück, das Elend und die Not des andern. «Herz» als ganzmenschliches Urwort besagt die ursprünglichste und innerste Mitte einer Person, jene letzte Einheit des Wesens, aus dem sich all das entfaltet, was ein Mensch ist und tut. «Herz» ist also sowohl der Inbegriff des konkreten Menschen als auch der Ursprung seines Tuns, seiner existentiellen Grundhaltung. Es deutet die Gesinnung des Menschen an. «Barmherzig» ist demnach jener, der diese innerste Mitte seiner Person dem Elend und dem Leid des andern öffnet und der diese existentielle Offenheit als bleibende Gesinnung verwirklicht. Nach dieser ein wenig langgeratenen Einführung möchte ich mich jenem Menschen zuwenden, der die Haltung der Barmherzigkeit exemplarisch verwirklicht hat, Johannes von Gott.

Johannes von Gott war ein Portugiese. Doch verliess er sein Vaterland früh. Sein Leben spielte sich vorwiegend auf spanischem Boden ab. Die ganze Epoche (Johannes von Gott ist um 1495 in Montemor geboren und am 8. März 1550, kaum fünfundfünfzig Jahre alt, in Granada gestorben) war von einer heftigen Abenteuerlust erfüllt. Im Laufe seines Lebens nahm die Abenteuerlust des Johannes von Gott verschiedene Formen an.

Der erste Teil seines Lebens war ein «verwirktes Leben». Der eigentliche Name von Johannes lautete Ciudad. Doch lief der achtjährige Knabe von zu Hause weg. Seine Eltern waren ihm offenbar gleichgültig. Seine Mutter härmte sich über den davongelaufenen Knaben so sehr, dass sie aus Kummer wenige Wochen später starb. Der Vater wartete noch einige Monate, dann trat er als Laienbruder bei den Franziskanern ein. Zuerst verbrachte Johannes von Gott sein Leben in Spanien als Hirtenjunge. Sein Brotgeber nannte ihn «von Gott», was damals «Findelkind» bedeutete. Später kamen Truppenwerber vorbei, und Johannes wurde Soldat. Der englische Erzbischof Alban Goodier schrieb in einer Studie über Johannes von Gott: «In dem neuen Leben aber verlor er alles, was er an Glauben und Frömmigkeit besessen hatte. Alle moralischen Grundsätze warf er über Bord.» Nach einem Zwischenfall befahl ein Hauptmann, Johannes von Gott kurzerhand aufzuhängen. Nur die Fürsprache eines höheren Vorgesetzten rettete sein Leben. Wiederum wurde er Soldat, zog von Spanien nach Wien und nahm an kleinen Gefechten gegen die Türken teil.

Zeiten in Tetuan (in Nordafrika) und Gibraltar folgten, wo er sein Leben als Steinklopfer und drauffolgend als Hausierer fristete. So kam er auch nach Granada, wo er beim Eingangstor der Stadt auf einem Tisch seinen Kram feilbot. In Granada ereignete sich dann seine Bekehrung. Der berühmte Prediger (ein jüdischer Konvertit) Johannes von Avila predigte in Granada. Die Predigt schlug bei Johannes von Gott wie ein Blitz ein. Er geriet in einen seelischen Aufruhr. Die Erwachsenen packten ihn und führten ihn ins Irrenhaus. Ob Johannes von Gott eine Zeitlang ein Irrer gewesen ist, das lässt sich nicht sagen. Ich glaube aber, dass ein solches Ereignis, wie Johannes von Gott es in Granada bei der Predigt erfuhr, eine starke seelische Erschütterung hervorrufen kann. Die Abgründe des Herzens wurden da aufgewühlt. Nach einiger Zeit konnte er das Irrenhaus verlassen. Johannes dankte dem Vorsteher und ging, notdürftig bekleidet, seines Weges.

Johannes von Gott hatte im Irrenhaus gesehen, wie schrecklich man die Kranken behandelte, wie oft sie geschlagen wurden. So begann er auf eigene Faust kranke Menschen zu pflegen. All das begann so unscheinbar, dass man einen zeitlichen Beginn gar nicht nennen kann. Die Menschen gaben ihm zahlreiche Spenden. Geld, Kleidungsstücke, Brot und Fleisch händigte man ihm aus. Johannes von Gott errichtete ein Haus für die Kranken. Am Haupteingang seines Hospitals brachte er die Inschrift an: «Das Herz befehle.» Johannes war damit der Christ des Herzens geworden. Die Inschrift barg ein ganzes Lebensprogramm: die Barmherzigkeit. Vor allem suchte Johannes mit den geisteskranken Patienten umzugehen. Er wusste, dass gerade die geisteskranken Menschen der Liebe bedürfen. Im Unterschied zu der üblichen kalten Unpersönlichkeit betätigte sich Johannes von Mensch zu Mensch, fern von allen organisatorischen Überlegungen. Die Arbeit nahm zu. Johannes konnte sie nicht mehr allein bewältigen. Er fand einige

Männer, die ihm halfen und sich «Barmherzige Brüder» nannten. Man behauptet, Johannes von Gott sei der eigentliche Stifter der Barmherzigen Brüder gewesen. Nur mit Einschränkungen trifft dies zu, da er sich selbst zeitlebens als Tertiar des Franziskanerordens betrachtete. Doch kann man ihn in dem Sinn als Ordensstifter betrachten, dass er selbst den geistigen Rahmen für sein Werk absteckte (man nimmt als Ordensgründungsdatum das Jahr 1537 an). Ludwig Ruland sagt von ihm: «Die neue und rettende Tat des Johannes von Gott bestand darin, dass er seine Krankenpflege auf dem Prinzip des Bettelordens aufbaute.»
Wie sein Leben, so war auch sein Sterben einsam. Man fand ihn in kniender Stellung tot auf. Das Totengeleit des ehemaligen Hausierers glich dem eines Fürsten. Unmittelbar nach seinem Tode setzte die Verehrung ein. Zuerst wurde er vom Volk heiliggesprochen. Achtzig Jahre später hat auch die Kirche ihn seliggesprochen, und einige Zeit hernach erfolgte die feierliche Heiligsprechung. Gerne hätte ich etwas zitiert. Leider besitzen wir von ihm nur sieben, nicht sehr ergiebige Briefe, die zum Zitieren nicht geeignet sind. Deshalb soll nur seine schlichte Lebensgeschichte als Ermunterung dienen, Gottes Feuer in die Welt hineinzutragen, auch dann, wenn wir unser Leben grösstenteils verwirkt haben. Darin werden wir selbst Gottes Gnade und seine Gegenwart erfahren. Wer den Menschen hilft, wer versucht, selbstlos und barmherzig zu sein, der erfährt bereits Gott in seinen Handlungen der Barmherzigkeit.

GOTT DER RITTERLICHKEIT

«Ritterlichkeit» ist eine Bezeichnung, die zwar aus dem Mittelalter stammt, aber heute noch einen guten Klang hat. In welcher Weise «Ritterlichkeit» zum Ort der Erfahrung Gottes werden kann, möchte ich an der Gestalt des Bernhard von Clairvaux darstellen. Bernhard ist ein viel zu grosser und vielgestaltiger Heiliger, als dass ich hier in Kürze alle Einzelheiten über ihn zusammentragen könnte. Der Leser mag das in eigener Lektüre nachholen. Ich möchte hier nur einen einzigen Zug hervorheben, seine Ritterlichkeit.

Bernhard von Clairvaux entstammte einem burgundischen Adelsgeschlecht. Er wurde im Jahre 1091 in Fontaines geboren. Gestorben ist er in Clairvaux am 20. August 1153. Zuerst wurde er (im Jahre 1112) Mönch von Cîteaux. 1115 gründete er das Tochterkloster Clairvaux, dessen erster Abt er war. Bernhard von Clairvaux brachte seinen Orden zu hoher Blüte. Zahlreiche Niederlassungen wurden gegründet. So heissen auch die Zisterzienser oft Bernhardiner. Auf kirchliche und politische Machthaber übte Bernhard grossen Einfluss aus. Seine Kreuzzugspredigten regten den 2. Kreuzzug (1147/49) an. Die mittelalterliche Christus-Mystik und Marienverehrung wurden von seiner Kontemplation bestimmt. Gegenüber Abaelard wachte er streng über die Reinheit des katholischen Glaubens.

Diese kurze Lebensschilderung vermag nicht jenes Gewaltige anzudeuten, warum seine Zeit das «Jahrhundert des Bernhard von Clairvaux» genannt wurde. Bernhard war ein grosser Büsser, ein gewaltiger Kontemplant und ein Mann, der die mächtigste Geschichtswirkung ausübte. Auch heute leben unter den Christen Grundzüge der Frömmigkeit, die sich auf Bernhard zurückführen lassen: seine innige und alles durchdringende Liebe zu Gott, seine zarte Verehrung der Gottesmutter, seine Nächstenliebe, die ihn zum Anwalt der Armen machte, seine Kreuzesmystik, die für ihn, wie für jeden Christen, der Weg zu Gott ist. Etwas Wesentliches kam noch hinzu: Sein ganzes Dasein wurde vom Glanz der Ritterlichkeit durchstrahlt.

Die Legende erzählt, die Frauen Burgunds hätten getrauert, als er mit seinen vier Brüdern und einer Schar von Freunden die Welt verliess und nach Cîteaux ging. Eine leuchtende Schönheitskraft muss in ihm gewesen sein, oder, sagen wir besser: das, was im Rittertum auf die Schönheit antwortete. In ihm hat sich der Minnedienst seiner Zeit ins Geistliche verwandelt, wie das wieder, in neuer und doch verwandter Weise, ein halbes Jahrhundert später durch Franz von Assisi geschah. Bernhard war alles andere als ein zärtlicher und lyrischer Mensch. Eher kann man ihm den Vorwurf machen, er habe das geistige Schwert zu scharf geführt. Wir brauchen bloss an seinen Kampf gegen Abaelard zu denken. Dennoch lebte der Geist der Schönheit in ihm. Ich möchte hier zunächst einen Text aus seiner klösterlichen Predigttätigkeit, aus der «Auslegung des Hohen Liedes» zitieren. Er bespricht darin jenes Hin und Her, jenes Kommen und Gehen (des Wortes) des «Bräutigams der Seele», das eine der seltsamsten Erfahrungen der Mystik ist: «Wenn es nun auch öfter zu mir kam, ich merkte nicht ein einziges Mal, wie es eintrat. Ich merkte, wenn es da war, ich kann mich erinnern, dass es da gewesen ist, zuweilen konnte ich auch vorausfühlen, dass es käme, merken konnte ich seine Ankunft nie, auch nicht einmal sein Weggehen. Wie kam es zu mir? Durch das Auge trat es gewiss nicht ein, denn es hat ja nichts von Farbe an sich. Aber auch nicht durch das Ohr, denn es ist kein Ton. Aber auch nicht durch die Nase, weil es nicht in die Luft eingeht, sondern in den Geist. Auf welchem Wege also kam der Seelenbräutigam her? Oder kam er vielleicht gar nicht herein, weil er gar nicht von aussen herkam? Er ist ja nicht ein Ding der Aussenwelt. Auf der andern Seite kam er auch nicht von innen heraus zu mir, weil er gut ist, während in mir, wie ich weiss, nichts Gutes ist. Ich steige in Gedanken über mich empor, aber siehe, noch höher hinauf ragt das Wort. Grübelnd und forschend steige ich unter mich hinab, trotzdem, es befindet sich in noch tieferen Tiefen. Wenn ich nach aussen schaute, so erfuhr ich, dass es noch ausserhalb allem war, was ausser mir ist, schaute ich aber nach innen, so war es noch innerlicher. Du fragst, woran ich seine Gegenwart erkenne? Alsbald nach seiner Einkehr in mein Inneres weckte es meine schlummernde Seele auf. Es bewegte, erweichte und verwundete mein Herz. Denn dieses war hart und steinern. So kehrte denn das Wort als Bräutigam manchmal bei mir ein. Aber niemals hat es seinen Eintritt durch irgendwelche Anzeichen kundgetan, weder durch Wort noch Gestalt noch Schritt. Kurz: Durch keinerlei Bewegungen ward mir sein Eintritt offenbar, durch keinen meiner Schritte glitt es in mein Inneres. Einzig aus der Bewegtheit meines Herzens erkannte ich, wie ich sagte, seine göttliche Gegenwart.»

Diese feine, vornehm-ritterliche Haltung der Kontemplation, diese Zurückhaltung in der Schilderung der kaum bemerkten Vorgänge der Seele konnte bei Bernhard umschlagen in die Glut der Verkündigung. Anlässlich des so unrühmlich gescheiterten zweiten Kreuzzuges trug Bernhard von Clairvaux die Hauptlast der Kreuzzugspredigt. In diesen Predigten wurde er zur prophetischen Gestalt, der seine Zeitgenossen nicht zu widerstehen vermochten. Einem Meteor gleich stürzte er in ihre Sphäre, blendete sie mit seiner Leuchtkraft, und doch begriffen sie ihn kaum. Gleich Hypnotisierten kamen Fürsten seinem Befehl nach, und Bischöfe gehorchten ihm. Seine Reisen glichen wahren Triumphzügen, die Menschen standen Spalier, die Glocken läuteten, und das Volk fühlte sich in seinen Freudenbezeugungen an die grössten Tage auf Erden erinnert. Die Menge raste förmlich bei seiner Erscheinung, was sich jeweils in tosendem Beifall äusserte. Die Verehrung, die ihm die Masse entgegenbrachte, grenzte an Vergöttlichung. Eine beispiellose Mächtigkeit ging von diesem bleichen Mönch aus. Der abgezehrte, alle Freuden des Daseins verschmähende, aber vom heiligen Feuer glühende Bernhard machte auf die mittelalterlichen Menschen, die ganz im Banne der Ritterlichkeit standen, einen unvergesslichen Eindruck. Trotzdem blieb Bernhard von Clairvaux demütig.

Zu dieser Demut hat er auch dem Papst dringend geraten. An seinem Lebensabend verfasste er das Buch «Über die Betrachtung». Es war an Eugen III. gerichtet, der als erster Zisterziensermönch auf dem päpstlichen Thron sass und sein ehemaliger Schüler war. Das Buch ist Bernhards Schwanengesang. Erstaunlich ist es, wie unerschrocken Bernhard dem Papst ins Gewissen redete. Unvorstellbar ist die Kühnheit seiner Sprache bei den heutigen Katholiken. «Wir können nicht leugnen, dass Ihr zu einer hohen Stelle erhoben seid. Ich glaube aber doch nicht, um zu herrschen. Auch wir mögen erkennen, dass keine Herrschaft uns übertragen worden ist. Über das Irdische zu richten, sind Könige und Fürsten eingesetzt. Warum greift Ihr also in die Grenzen einer fremden Gewalt ein? Nicht dass Ihr dessen nicht wert seid, sondern dass es Eurer unwürdig ist, solchen Dingen obzuliegen, da Ihr mit Höherem beschäftigt seid.

Es gibt kein Eisen und kein Gift, das ich so sehr für Dich fürchte als die Leidenschaft zu herrschen.» Bernhard von Clairvaux fühlte sich wirklich als «Ritter ohne Furcht und Tadel», der auch den Mächtigen gegenüber nichts zu befürchten und nichts zu verheimlichen hatte.
Wir leben heute in einer anderen Welt. Andere Handlungen und andere Probleme sind uns auferlegt. Das Christentum hat sich auch geändert. Aber jene Haltung, die Bernhard von Clairvaux verkörperte, seine unerschrockene Ritterlichkeit, könnte uns helfen, auch heute das Schicksal unserer Welt in die waltenden Hände Gottes zu legen.

Angst

GOTT DER SCHWERMUT

Die Schwermut kann auch eine Möglichkeit der Gotterfahrung sein. Um dies darzustellen, möchte ich einige Sätze aus den autobiographischen Schriften eines Mannes zitieren, der selber tief in der Schwermut gestanden hat. Sie war nicht nur eine Macht in ihm, die in sein Denken und Handeln einwirkte, sondern auch etwas, das ihm als Ausgangspunkt seiner sittlichen Aufgabe diente. Ich möchte hier von Sören Kierkegaard, dem grossen dänischen Philosophen und Theologen, sprechen. Wohl selten ist eine Persönlichkeit komplizierter gewesen als die seine. Tiefes philosophisches und theologisches Denken, Kritik, Spekulation, dichterische Darstellung, psychologische Analyse, lebendige religiöse Anrede, Satire und Angriff und stets neue Selbstwiedergabe – alles das ist in seinem schriftstellerischen Leben in eines gewoben. So ist es gerechtfertigt, nach einem Punkt zu suchen, von dem aus dieses vielverschlungene Ganze erfasst werden könnte.

Diesen zentralen Punkt bei Sören Kierkegaard erblicke ich in der Schwermut, genauer gesagt, in der erfahrenen und überwundenen Schwermut. Die eigentliche Schwermut tritt für Kierkegaard nur dann ein, wenn ein tiefer Durchbruch von Geist, von Person, von Selbst geschehen müsste, der Mensch aber dazu nicht die Kraft findet. Dies ist das Erlebnis eines Menschen, der mit sich selbst nicht fertig wird. Wie kann diese Situation überwunden werden? Doch zuvor möchte ich einen kurzen Abschnitt aus seinen Tagebüchern zitieren.

«Das ganze Dasein ängstigt mich, von der kleinsten Mücke bis zu den Geheimnissen der Menschwerdung; ganz ist es mir unerklärlich, am meisten ich selbst; das ganze Dasein ist mir verpestet, am meisten ich selbst. Gross ist mein Leid, grenzenlos; keiner kennt es, ausser Gott im Himmel, und er will mich nicht trösten, ausser Gott im Himmel, und er will sich nicht erbarmen. Ich befand mich schon ungewöhnlich wohl, als ich eines Morgens vom Bett aufstand. Der Körper hatte seine irdische Schwere verloren; ja, es war, als hätte ich überhaupt keinen Körper mehr. Jede Stimmung tönte in meiner Seele wie melodische Resonanz. Das ganze Dasein war wie verliebt in mich. Wie gesagt, punkt ein Uhr war ich auf dem Höchsten, wo ich das Allerhöchste ahnte. Da fängt plötzlich in meinem linken Auge etwas zu jucken an. Was es war, ob ein Haar der Wimper, ob ein Fäserchen oder ein Staubkorn, ich weiss es nicht; das aber weiss ich, dass ich im selben Augenblick hinabstürzte in einen Abgrund der Verzweiflung. Mein Leben hat begonnen mit einer entsetzlichen Schwermut, in der frühesten Kindheit schon verstört in seinem tiefsten Grund, einer Schwermut, die mich eine Zeitlang in Sünde stürzte. Dass dieses Grundelend meines Wesens gehoben werden könnte, durfte ich nicht glauben. So ergriff ich das Ewige, selig vergewissert, dass Gott doch die Liebe ist, wenn ich auch mein ganzes Leben so leiden sollte. Ja, selig vergewissert.»

Denken wir über diesen erstaunlichen Text ein wenig nach. Da wird ein Wesenszug menschlicher Existenz hervorgehoben, die Schwermut. Sie ist, wenn ich richtig sehe, nichts anderes als die Erfahrung der Grösse des Daseins und die gleichzeitige Erfahrung der Unzulänglichkeit, diese Grösse zu verwirklichen. Das kleinste Ereignis (wie etwa ein Augenjucken) kann das menschliche Leben aus den Bahnen werfen. Menschen, die so «begabt» sind, erfahren die «Kluft», einen Bruch nach zwei Seiten. Eigentlich ist Schwermut nur Heimweh. Sie ist die Not der Geburt des Absoluten in einer endlichen Existenz. Sie ist die Beunruhigung des Menschen, der in der Nachbarschaft des Absoluten, das er überall in seiner kleinen Existenz erfährt, leben muss. Beseligung und Bedrohung zugleich. Wie gesagt, er lebt in einem Bruch nach zwei Seiten hin. Sein Weg in die Alltäglichkeit ist dadurch gebrochen, dass er unter der Verantwortung einer Erfahrung des Absoluten und Absolut-Verehrungswürdigen steht. Und sein Weg zum Absoluten ist dadurch gebrochen, dass er sich als wesenhaft unvollkommen erfährt.

Es ist einfach, von dieser Schwermut zu sprechen. Viel schwieriger ist es, sie auszuhalten. Die Schwermut, die Erfahrung der Schwere, der Bedeutsamkeit des Lebens kann viele Dinge entwerten, viele Gestalten und Geltungen aushöhlen, kann vieles wesenlos machen und den Menschen in die Leere und den Überdruss treiben. Anderseits hat der schwermütige Mensch die tiefste Beziehung zur Fülle des Daseins. Er vermag die helle Farbigkeit der Welt zu sehen und den vollen Klang der Welt zu hören. Der Schwermütige ist jener, aus dessen Wesen das Übermass der Lebensflut bricht und der die Unbändigkeit allen Daseins zu erfahren weiss. Seine Existenz ist «überendlich», das heisst «strebend-unendlich». Gerade in der Seinsbereicherung fühlt er die eigene Unerfüllbarkeit, eine tiefe Leere, eine Seinsöde und darin wiederum Sehnsucht.

Die Unruhe und Ungestilltheit der eigenen Existenz ist

aber für ihn der Beweis des Anderen, ja, des Absolut-Anderen. So stehen wir vor der Paradoxie, dass der schwermütige Mensch nur er selbst sein, nur dann zu seinem eigenen Wesen zurückfinden kann, indem er über sich hinauslebt, indem er erfährt, dass seine Erfülltheit gerade in der Unerfülltheit liegt. Da die eigene Befriedigung, die restlose Stillung der Sehnsucht unmöglich ist, entstehen Wehmut und wiederum Sehnsucht, Heimweh mit dem Bewusstsein, dass der Mensch von sich aus das Eigentliche gar nicht erfüllen kann. Und dennoch muss er es erfüllen. Da kommt ihm die Gewissheit, dass er mit der Gnade von jenem «rechnen» kann und rechnen muss, der die Liebe und die Barmherzigkeit ist, mit Gott. Seine ganze Existenz scheint ein Hinweis zu sein auf einen Gott, der ihn mit Liebe und Barmherzigkeit umfängt.

Solche Menschen, selbst in ihrer Schwermut, sind Gott zugewandt. Gerade in dieser Gottzugewandtheit können diese Menschen Kraft und Leben in die Welt hinein spenden. Sie selber sind vielleicht unglücklich, aber sie können dabei auch ganz schlicht, ja kindlich einfach sein. Sie sind von einem eigenartig belebenden, heilenden und heiligenden Geist. Sie leben in einem Zustand, der in der alten Theologie mit einem wundersamen Wort als «fruitio Dei», als «Geniessen Gottes» bezeichnet wurde. Sie leben in ihm, vielleicht ohne es zu wissen, oft vielleicht selber unglücklich, vielleicht ohne sich darüber Rechenschaft zu geben.

Ist in einer solchen Existenz noch Freude möglich? Ich meine, ja! Die Heiligen sprechen, ja jubeln und singen vor überströmender Freude mitten in den schrecklichsten Bedrängnissen. Franz von Assisi musste zwei Hölzer aufraffen und auf ihnen wie mit Geige und Bogen spielen, musste tanzen und singen. Und Franz Xaver warf vor lauter Freude wie ein spielendes Kind einen Apfel in die Luft und fing ihn wieder auf, während er, von allem entblösst und vom Misserfolg bedrängt durch die winterlich eisigen Gefilde Japans schritt. Freude erfahren wir nur im Sichverschenken. Hat man sich demütig Gott hingegeben – konkret gesagt, sich im Dienst von Schwester und Bruder verausgabt –, hat man sein eigenes Selbst dem Nächsten überantwortet, so wird all das, was wir selbst erleiden, sogar unsere Schwermut, ja gerade sie, nichtig und unwichtig. Besser ausgedrückt: nichtig und unwichtig für uns selbst, aber bedeutend und überragend für die Welt, als Erfahrung Gottes.

GOTT DER TRAURIGKEIT

Gott hat tausend und abertausend Bilder von sich in die menschliche Seele eingeprägt. Eines von ihnen ist die Traurigkeit. Ein lebendiges Beispiel dafür ist das Leben und Werk Reinhold Schneiders. Walter Nigg schreibt über ihn: «Der Maler Ewald Vetter porträtierte Reinhold Schneider; er stellte den Dichter dar, wie er mit beiden Händen sein Antlitz bedeckte. Das Gemälde entspricht nicht den üblichen Vorstellungen, da man das Gesicht von Reinhold Schneider nicht zu sehen bekommt, das uns doch vor allem interessiert hätte. Wer sich über die Physiognomie Reinhold Schneiders klarwerden möchte, kommt nicht auf seine Rechnung. Trotzdem hat Vetter mit seinem ungewöhnlichen Bild Reinhold Schneider im wesentlichen erfasst. Das Gemälde zeigt den Schmerz und den von der Verzweiflung geschüttelten Menschen, der sein tränenüberströmtes Antlitz in seinen Händen verbirgt. Das Porträt weist auf den seelisch aufgewühlten und bedrängten Dichter viel elementarer hin als alle Fotos zusammen, die oft gar nicht der Wahrheit entsprechen.»

Ich möchte hier nur einige Passagen aus Reinhold Schneiders «Winter in Wien» zitieren, weil sie mir besonders eindrücklich seine ganze seelische Lage schildern. Sein Aufenthalt in Wien (5. November 1957 bis 6. März 1958) wurde zu einer religiösen Krise unerhörten Ausmasses. Dieser Aufenthalt ist nur verständlich vor dem Hintergrund eines bereits von Krankheit angegriffenen Lebensgefühls. «Ich bin zu einem Menschen geworden, der dem Leeren begegnet ist. Wollte ich, was sich in mir während dieses Winters ereignet, im Gespräch mit dem Phänomen Wien pathetisch ausdrücken, so müsste ich von einem inneren Unfall sprechen, vom Einbruch der dunklen Wasser in einen leergewordenen Raum, einem Einbruch also von unten her. Man blickt nicht ungestraft in sich selbst, in den Menschen. Wir stellen uns der Zeit ohne Trost. Im dichten Nebel machen sich die Briefträger, beladen wie die Packesel, missmutig in eine neue Woche auf. Die Botschaften des Unglücks wiegen schwerer als die des Glücks. Ich weiss, dass Christus auferstanden ist. Aber meine Lebenskraft ist so sehr gesunken, dass sie über das Grab nicht hinauszugreifen vermag. Ich kann mir einen Gott nicht denken, der so unbarmherzig wäre, einen todmüden Schläfer unter seinen Füssen, einen Kranken, der endlich eingeschlafen ist, aufzuwecken.»

Ich will mich hüten, solche dunkle Erfahrungen rasch beiseite zu schieben oder schnelle Antworten auf sie zu suchen. Hinter ihnen steht jener, von dem es bei Isaias heisst: «Jahwe hat über mich ausgegossen den Geist des Taumels, der in mir aufgewühlt alle Ängste und Zweifel.» Sie sind zwar in unserem Dasein Verdichtungsstellen äusserster Gefahr, doch sollten wir nicht vergessen, welche Gesetze die Gnade in unserem Dasein regieren. «Es ist eine Tatsache der Erfahrung», sagte Ignatius von Loyola – ein Heiliger von charismatischem Sinn für die Deutung unseres Lebens –, «dass gerade dort, wo die heftigsten Widerstände auftreten, die grösste Frucht zu erhoffen ist.» Mit diesem Grundsatz wandelte er nur die Grundeinsicht der Paulinischen Theologie ab: «Aber wo die Sünde ins Grosse steigt, da ist die Gnade zur desto stärkeren Macht gediehen.» Das Starke, Neue und Mächtige zeigt sich des öfteren zunächst durch die bedrohliche Erfahrung des Dunkels, der Traurigkeit, ja gelegentlich der Verzweiflung.

Oft erfahren wir Gott nur so: Gott erscheint uns als der Anfang, der aber immer wieder früher ist. Er erscheint uns als der Letzte, der niemals kommt. Er schiebt seine Geschöpfe vor sich her. Wir graben durch die Welt, um ihn zu finden. Alles aber, was wir berühren, zerfällt sofort. Wir möchten in unserem Leib einen Punkt finden, der die Seele, den von Gott eingehauchten Geist, enthält, berührt, ergreift, formt und belebt. Wir finden diesen Punkt nicht. Immer nur körperliche Dinge finden wir, obwohl wir wissen, dass wir eine Seele haben. Selbst unsere Liebe! Selbst wenn wir in unsere abgründigste Liebe hinabsteigen, ist sie doch nur ein enges Kämmerlein, leer, und Gott finden wir auch dort nicht. Gott hat uns Propheten geschickt, die aber nur Menschenworte redeten. Gott selbst stand immer nur hinter seinem Werk, fern und scheinbar abweisend. Selbst unser Herr Christus! Wenn wir ihn berührten, war er nur Menschenleib. Selbst wenn wir ihn hörten, war es nur Menschenwort. Die heutige Zerstörung des Weltbildes verdunkelt das Antlitz Gottes. Wir Christen hätten heute die missionarische Aufgabe, in den Menschen den Sinn für die Heiligkeit des

Weltalls zu erwecken. Dass die Theologie die Antwort auf diese Not unseres Daseins weitgehend schuldig geblieben ist, kann ich nur bestätigen. Wer uns heute ein Weltall zeigen könnte, in dem das Bild Gottes richtig steht, das gleichsam das uns zugewandte Antlitz eines liebenden Gottes wäre, vollbrächte damit eine glaubensrettende Tat. Aber wo sind die Argumente?

Hier empfinde ich eine Richtungsweisung, die Gott uns durch das Leiden Reinhold Schneiders geben will. Es genügt noch nicht, eine christliche Deutung der Welt zu entwerfen. Man sollte auch dem heutigen Menschen existentiell zeigen, wie der auferstandene Christus – vielleicht trotz aller Evidenz – bereits heute, konkret in unserem Leben, überall gegenwärtig ist. Es müsste sogar wesentlich mehr getan werden. Dieses Mehr wäre zuerst: in unserem Leben darzustellen, dass ein Glaube an Gott in der heutigen Welt noch möglich ist. Und dann zweitens: eine Theologie zu erarbeiten, die dem heutigen Menschen darlegt, dass das All und die Menschenexistenz bereits in Gott eingetaucht sind, wie die letzte Vollendung schon in unserem Leben als konkret erfassbare Wirklichkeit, als lebensgestaltende und nachvollziehbare Kraft unter uns weilt.

Freilich weiss ich genau, dass dies einem traurigen und verzweifelten Menschen nicht genügen wird. Man kann einen Menschen nicht individuell «bekehren» und «erlösen», indem man ihm eine Lehre predigt. Man müsste viel mehr tun. Aber wie? Vielleicht etwa indem wir ihm im persönlichen Gespräch, als Freund, beizubringen suchen, dass der Gott, an dem er so verzweifelt ist, ihm wirklich nahesteht. Vielleicht nicht so nahe, dass er ihm die Traurigkeit und die Verzweiflung nimmt, sondern viel näher als derjenige, der gerade in der Traurigkeit und in der Verzweiflung zu finden wäre. Dabei müsste man ihm sehr zurückhaltend von einem Herrn Jesus Christus sprechen, dessen Leben, Lehre und Schicksal mit dem Aufschrei endet: «Mein Gott, mein Gott, warum hast du mich verlassen?»

Darüber sprechen, ganz leise vielleicht, wie in diesem Schrei der Verlassenheit Jesus allen Menschen seine Nähe schenkte. Dass er sich von dem verlassen fühlte, mit dem er sich als wesenhaft eins erklärt hatte. Dies hat er getan, damit er mit uns eins sein kann. Er ging hinein in die letzte Traurigkeit des Menschseins. Jesus nahm Partei: die Partei der Einsamen, derer, die scheinbar gar keine Hoffnung mehr haben. Nach diesem Wort Jesu sind die sogenannten «Gottlosen» nicht unsere Feinde, sondern jene, die das erleben, was Jesus am Kreuz durchlitten hat. Jesus kann nun allen Menschen sagen: Ich habe das auch mitgemacht und gerade darin erfahren, dass Gott uns «noch näher» ist. Er ist gelegentlich dermassen nahe, dass wir ihn nicht mehr sehen können. Jesus hat in seiner Todesnot noch einmal und diesmal endgültig ja gesagt zu allem, was wir Menschen sind, also auch zu unserer äussersten Traurigkeit. Somit wurde er für uns das «Ja unseres Lebens».

Wenn ein Trauriger und Verzweifelter dies begreift (es wird für ihn nicht leicht sein), dann hat er seinen Gott gefunden, den Gott der Traurigkeit, der aber für ihn jener Gott ist, den er anbeten kann, den er durch seine Existenz zu erfahren vermag. Dann hat ein Mensch den Gott seines Lebens gefunden.

Es wäre ungerecht, zu sagen, die Erlebnisse der Bedrohung überwögen im menschlichen Leben. Aber gelegentlich enthüllt sich vor uns die Armseligkeit des Daseins. Mit nackten Händen stehen wir vor dem Grauen. Selbst in solchen Zuständen ist aber die Erfahrung Gottes möglich. Ich möchte sogar behaupten, dass sie die auserwählten Momente Gottes sind. Der Mensch ist jenes Wesen, das in einer allseitigen Bedrohung die Wirklichkeit eines absoluten Du zu erfahren vermag.

Eines der mächtigsten Symbole für diese Tatsache ist das Schicksalsbild des Propheten Elias. In knappen Zügen sei es hier geschildert. Aus einer schweigenden Unbekanntheit tritt Elias plötzlich hervor. Eine Feuergestalt geht da in die Wirrnisse der Zeit hinein. Woher er seine Macht hat, warum er so geworden ist, erfahren wir nicht. Nur eines, dass er von ungeheurer Lebendigkeit erfüllt war und sich vom Eifer verzehren liess. Sein Sprechen hub immer wieder an: «Jahwe lebt!» Er warf sich hinein in den Kampf gegen die Mächtigen, die in der Herrlichkeit ihrer Siege und ihres Wohlstandes in verhärtetem Stolz lebten, die Kleinen und die Wehrlosen unterdrückten. Seinen eigentlichen Kampf führte er aber gegen jenes «Nichts», worin die Propheten das Wesen des Götzendienstes erkannt haben. Götze ist der reine Schein, die hohle Äusserlichkeit, hinter der eine Leere klafft. In blitzeschleudernden Reden und Taten bekämpfte Elias dieses Nichts.

Wenn der Geist über ihn kam, konnte er rennen, reden, Machtworte sprechen, bis zum Äussersten Widerstand leisten, drohen und sich auf die Seite der Bedrückten stellen. Es gab zwar auch stille Stunden in seinem Leben, etwa die ruhige Weile der Zurückgezogenheit am Bache Kerith. Die Raben brachten ihm Brot am Morgen und Fleisch am Abend, er trank vom klaren Wasser des Baches. Er erfuhr die zarte Zuneigung einer gebrochenen Frau, der er das Teuerste ihres Lebens zurückgab. Aber diese heilige Lebendigkeit in ihm war bedroht. Angst befiel ihn, der Geist war auf einmal nicht mehr da, nur äusserste Einsamkeit umgab ihn. Der Bach seines Lebens war vertrocknet. Da flüchtete er vor dem drohenden Nichts, hinaus aus aller Menschennähe, hinein in die wüste Einsamkeit, in die Ödnis des Daseins. Nicht einmal sein Diener konnte ihm bei diesem Rennen in die Wüste folgen. Alle Grossartigkeit fiel auf einmal von ihm ab. Äusserlich und innerlich hat er sich ausgebrannt.

Nun wünscht er sich den Tod, vielleicht sucht er ihn sogar, indem er mit allerletzter Kraft in die verzehrende Wüste hineinschreitet. Dann fällt er hin, in einen ohnmächtigen Schlaf, wacht auf, schläft weiter im kläglichen Schatten eines Wüstenstrauches. Da wird ihm klar: Die Flucht vor der Bedrohung war eine Sehnsucht nach Leben, nach Stille, nach Endgültigkeit. Diese letzte Sehnsucht (versinnbildlicht in der Gestalt des Engels) richtet ihn wieder auf und lässt ihn weiterrennen zum Berge Horeb, zu Gott. Er findet Zuflucht in einer Höhle des heiligen Berges.

In der Dunkelheit zwischen den Felsen befragt er seine Seele: Was suchst du überhaupt, du Alleingebliebener unter den Propheten? Was suchst du überhaupt noch im Leben? Elias hat sich glühend ereifert für den lebendigen Gott und ist dabei ein weltabgeschiedener Flüchtling geworden. Auf einmal merkt er etwas Sonderbares: Ein gewaltiges Gewitter lässt den Berg erzittern, Felsbrocken rollen hinunter. Das war mein Leben, aber es war nicht Gott. Blitze schlagen ein, der Berg erglüht im Feuer. Das war mein Leben, aber es war nicht Gott. Alles bebt unter der Gewalt des Sturmes. Dieses Beben war mein Leben, aber es war nicht Gott. Und dann – auf einmal – ist alles vorbei, wie Berggewitter plötzlich abbrechen können. Die Wolken lichten sich, der Wind lässt nach. Elias tritt aus der Dunkelheit der Höhle hinaus und hört das leise Säuseln eines Windhauchs, spürt es auf seinem Angesicht. Da geschieht es: Das war immer schon die Sehnsucht meines Herzens. Das war jenes, was ich immer schon war, aber nie wirklich geworden bin: Stille, Ruhe, leise Berührung, zurückhaltendes Sein. Da bedeckt Elias sein Antlitz, verhüllt es mit seinem Mantel, denn so nahe ist ihm das Geheimnis, dass er nur mehr in blinder Hingabe vor ihm stehen kann. Jetzt begreift Elias, dass ihm nichts mehr geblieben ist als die Stille, als das schweigende Gegenüber. Um den Geist in seinem Volke aufrechtzuerhalten, steigt er noch vom Berg hinunter, um einen Menschen zu finden, der sein Prophetenschicksal weiterträgt. Er findet Elisäus, der ihm nachfolgt und ihn nicht allein lassen will, bis er das Geheimnis seiner Stille langsam zu verstehen beginnt. Rastlos wandern die beiden von einem Ort zum andern. Die Menschen sind bestürzt, sie ahnen das Geheimnis seiner Ruhe und Entrückung. Elias hat vor dem erahnten Gott sein Antlitz verhüllt, also das Letzte nicht gewagt. Seine Kraft reichte nicht aus, um Gott ins Angesicht zu schauen. Schliesslich ergreift ihn die Ahnung: Man müsste, man sollte sich dem Allerletzten stellen. Das Allerhöchste kann nicht tödlich sein für den Menschen. Der Mensch, so wie er ist, muss es ertragen können. Elisäus sagt überall den Freunden um Elias, sie sollen schweigen.

Wo das Letzte eines Schicksals sich erfüllt, muss es von menschlicher Stille verehrt werden. So wandern sie schweigend in die Wüste hinein. Auf einmal sind sie durch eine neue Feuererscheinung voneinander getrennt, und Elias wird im Feuerwagen von glühenden Rossen weggerissen, hinein in sein ewiges Schicksal. Nur sein Prophetenmantel bleibt auf dem Wüstensand liegen. Mit ebensolcher Plötzlichkeit, wie er aus der Unbekanntheit in die Welt der Menschen hineintrat, entschwindet Elias ins Zeichenhafte.

Wir dürfen dieses Schicksalsbild, seine Einheit und Geschlossenheit, seine Zeichenkraft, nicht durch weitere Deutung zerstören. So, wie die Geschichte hier erzählt wurde, war sie schon Deutung genug. Wir sind aber in der Lage, die hier angepeilte Urevidenz zu formulieren. Der Mensch ist bedroht, nicht nur von äusseren Mächten und Ereignissen, sondern noch mehr durch sein Menschsein. In dieser allseitigen Bedrohung wird er auf das Wesentliche seines Schicksals zurückgeführt. Darin wird ihm aber gleichzeitig die eigene Unzerstörbarkeit bewusst. Je mehr der Mensch in dieses Geheimnis hineinschreitet, um so stärker wird das befriedete Sein. Diesem Wachstum in das Befriedetsein ist keine Grenze zu setzen, da der Befriedende selbst sich als wachsendes Geschenk und unerschöpfliche Gewährung enthüllt. Dem Menschenschicksal steht eine ewig wachsende Sehnsucht in ständiger Erfüllung bevor. Man müsste diese hier mühsam zusammengetragenen Elemente schliesslich in einer Einheit zusammenschauen, um die Tiefe der angedeuteten Urevidenz zu ahnen, der die menschliche Sprache den Namen Unsterblichkeit als richtungweisendes Zielwort gegeben hat: aus der allseitigen Bedrohung erwachsende Einsicht des Gnadenhaften, aber in seiner Gnadenhaftigkeit im eigenen Dasein von vornherein einbeschlossenes ewiges Leben mit Leib und Seele.

Wer seiner eigenen Bedrohung – die wohl zum grössten Teil

darin besteht, das Leid des Bruders mitzutragen – ausweicht, versperrt sich selbst den Weg zu jener übermässigen Freude, die im Jubelruf ausbrechen kann: «Wir haben den Gesalbten gefunden» (Jo 1,41)! Und umgekehrt auch: Jedes Aushalten und Durchtragen und Durchschweigen menschlichen Bedrohtseins kann zum Ausgangspunkt eines Aufbruchs zum Gott unseres Lebens werden.

Auflehnung

GOTT DER BESCHEIDUNG

Wenn ich im folgenden über «Bescheidung» spreche, meine ich keineswegs «Bescheidenheit». Unter Bescheidung verstehe ich vielmehr ein «Sich-hinein-Fügen» in ein unvermeidliches Schicksal. Dies mag gut zusammengehen mit innerer Auflehnung, oft sogar mit Verzweiflung. Dass eine solche Tat auch eine Stelle der Gottbegegnung sein kann, möchte ich anhand eines Textes von Marie Noël erklären. Marie Noël – Schriftstellername von Marie Rouget – hinterliess uns verschiedene Bücher meist poetischen Inhalts. Als wichtigstes erachte ich ihre «Notes Intimes». Davon gibt es eine Auswahl unter dem Titel «Erfahrungen mit Gott». Diese «Notes Intimes» erstrecken sich über ungefähr vierzig Jahre und lesen sich, als wären sie genau das, wofür sie Abbé Bremond hielt: «Aufzeichnungen aus der Hölle». Die Dichterin wurde am 16. Februar 1883 als Tochter eines Professors der Philosophie in Auxerre geboren. In ihrem Leben geschah fast nichts, jedenfalls nichts, was äusserlich bemerkenswert wäre. Es war ein unscheinbares Leben, erfüllt mit der Verwaltung einiger fast baufälliger Mietshäuser und mit der Betreuung der alten, pflegebedürftigen Glieder ihrer Verwandtschaft. «Fast alle Leute meines Alters und meines Milieus sind gereist, haben Länder und Städte gesehen, sind Menschen begegnet, haben Theater und Museen besucht, wunderbare Musik gehört, von der ich immer nur

träume: Salzburg – Mozart – Figaros Hochzeit – Zauberflöte. Aber ich verbrachte, als ich jung war, Sonntag um Sonntag im Jungfrauenverein, und jetzt, da ich alt geworden bin, besuche ich schon seit vielen Jahren zusammen mit meiner Mutter an allen Sonntagen meine Tante. In einem guten, rechtschaffenen Hause der Provinz lebe ich zurückgezogen, durch Pflichten eng eingeklemmt, von alten Leuten nicht aus den Augen gelassen, von allem und sogar meiner Umgebung beraubt. Als Raum habe ich nur Gott gehabt. In ihm habe ich meine Freiheit gewonnen, meine grossen Wege. Ich habe meinen Bergen und meinen Abgründen die Stirn geboten. Ich bin gereist wie die anderen und bin mehr als irgendein anderer meinen Abenteuern ausgesetzt gewesen. Dieser mein Gott ist aber manchmal schrecklich. Auch ich, mein Gott, habe mich über dich zu beklagen. Du bist nicht behutsam mit mir umgegangen. Du bist nicht davor zurückgeschreckt, mich leiden zu lassen. Du bist ein harter Meister gewesen. Hast du mich verlassen? Du auch? Hast du mich getäuscht, dass dein Herz, an dem ich schlief, keineswegs ein Herz sei, keineswegs ein Ort der Zuflucht? Du bist für mich unbekannt gewesen, zu gross, zu dunkel. Und dennoch durch die Jahre und die Schwierigkeiten unserer Verbindung sind wir, du und ich, ohne Scheidung geblieben. Du treu und ich treu. Du hast dir alles von mir gefallen lassen. Ich habe alles von dir angenommen, und wir haben unseren ewigen Bund bewahrt.»
Das sind Erfahrungen durchlittener Gottesnähe. Der Mensch muss auch einmal Gott so erfahren können. Diese Erlebnisse zeigen uns die Dialektik des Heiligen: Je näher Gott der Seele tritt, desto ferner wird seine Gestalt. Es «musste» jemand kommen, der Gott ganz «ausgehalten» hat, um uns eine menschliche Gottesnähe zu schenken. Die

christliche Frömmigkeit ist nur in einem «christologischen Raum» lebbar. Auf dem menschlichen Antlitz Jesu Christi mildert die Gottheit ihr Schreckliches und wird zur Freundlichkeit und Anmut. Christus ist «unser Retter vor Gott». Übrigens weisen alle anderen Einsichten Marie Noëls in eine Richtung: Unser geistliches Leben soll in einer Frömmigkeit zu Christus münden. Der Mensch erträgt Gott nur in Jesus Christus.

Wenn man auf Marie Noëls Gedanken, die ja aus tiefster Erfahrung stammen, hört, erkennt man die Forderung Christi an unsere Existenz: Wir sollten dem Individuellen, dem Charismatischen in der Kirche mehr Raum, mehr Bewegungsfreiheit, ja überhaupt mehr Freiheit lassen. Gott offenbart sich dem einzelnen dort, und so, wie er es will. Der Heilige Geist wirkt, und zwar für die Gesamtkirche, auch durch eine unmittelbare Erleuchtung der einzelnen Existenzen. Diese Führung Gottes ist unberechenbar, unorganisierbar und unerzwingbar. So ist die der Kirche vom Geist Gottes eingestiftete dynamische Unruhe ebenso wesentlich und gehört genauso zur Kirche wie das Amt. Erwecken wir aber durch unsere praktische Handlungsweise nicht den Eindruck, dass wir das Charismatisch-Individuelle gleichsam aus dem kirchlichen Raum verdrängen möchten? Was sich nicht organisieren lässt, scheint uns von vornherein verdächtig zu sein. Eine solche Haltung ist nicht nur für die Kirche gefährlich, sie verhindert darüber hinaus die freie Wirkung des Heiligen Geistes. Sie ist demnach antikirchlich und gottfeindlich, ja eine Form – wenn ich diesen Ausdruck gebrauchen darf – des «innerkirchlichen Atheismus».

Wenn man die Wanderung Marie Noëls überblickt, so erkennt man einen Leidensweg. Sie selbst schrieb: «Mein

Gott, wir haben gelitten, der eine durch den anderen. Du an meiner Kleinheit, meiner Schwäche, meiner Unvollkommenheit, meinen Fehlern. Ich an deiner Grösse. All das hat aber jetzt keine Bedeutung mehr. Die einzige Frage, die bleibt, ist: Welches wird das erste Wort der Ewigkeit sein?»

Dass es heute noch solche eindeutig im Bereich der Mystik beheimatete Erfahrungen mit Gott gibt, mag viele überraschen, aber nur solche, die dem mystischen Phänomen eine Seltenheit und Ausserordentlichkeit zuschreiben, die es in Wirklichkeit nicht gibt. Mir scheint die Mystik für das christliche Leben, ja für das Leben überhaupt eine unentbehrliche Voraussetzung zu sein. Deshalb sollte man sich fragen, ob man, aus Ängstlichkeit oder aus falscher Einschätzung der Tatsachen, nicht viele Seelen von dem Weg der Mystik zurückhält.

Darüber hinaus: Diese Notizen zeigen, dass es gerade dem Christen nicht erlaubt ist, in Gott nur den nahen Herrn, den Liebenswürdigen zu sehen, und dass es berechtigt ist, in ihm auch das erschütternde Geheimnis der Ferne zu schauen, und zwar einer Ferne, die uns ständig zurückweist. Die Einsamkeit im Glauben kann oft furchtbar sein. Vielleicht müsste man die Liebe Gottes heute ganz neu erfahren: ihre Souveränität und Ursprünglichkeit, ihre Unabhängigkeit von der Welt, ihr Geheimnis. Von diesem Ursprünglichen des «Gott ist nahe und ferne zugleich» wird, wie mir scheint, die christliche Haltung der Zukunft geprägt sein. Wenn unsere Existenz in die Nähe des Absoluten gerät, gelangt sie gleichzeitig in die Nähe der höchsten Möglichkeiten und der äussersten Gefahren.

Von einer letzten Einordnung und Bescheidung möchte ich noch reden, die Marie Noël ausgehalten hat und die sie vielleicht zur Erfahrung Gottes geführt hat: «Herr, du hast

mich, wie der Gatte die junge Gattin, in das Haus geführt, das sie nicht kennt und wo die Schwiegermutter regiert. Du hast mich, um mit dir zu leben, in das Haus der Mutter Kirche geleitet. Die junge Frau muss mit der Schwiegermutter leben, und das Gesetz der Schwiegermutter ist oft härter als das des Gatten. Die Schwiegermutter befiehlt manchmal mehr, als sie sollte. Sie missbraucht ihr Alter, ihre Erfahrung, ihre Autorität, den Respekt, den sie einflösst. Und die kleine Schwiegertochter fürchtet sie. Sie wagt nicht, nach ihrer Art zu atmen neben ihr. Aber um der Liebe zu ihrem Gatten willen unterwirft sie sich still. So, mein Herr und mein Gott, wage ich bei der Mutter Kirche kaum, selbst zu sein. Ich habe Angst. Ich fürchte ihre menschlichen Hände, die hart und fest sind. Aber um deiner Liebe willen, Herr, werde ich alles tun, was sie will.»
Ich muss wohl nicht betonen, welche Grösse sich hinter diesem einfachen Text verbirgt. Ja, welche Überwindung es Marie Noël kostete, bis sie sich zu solcher Einsicht durchringen konnte. Vielleicht wäre auch heute für viele Christen dasselbe Verhalten richtig, obschon es auf den schwersten Weg zur Erfahrung Gottes führt.

DER RATLOSE MENSCH UND SEIN GOTT

Viele Menschen leben heute in der Ratlosigkeit. Ich habe mich oft gefragt, ob nicht gerade eine solche Ratlosigkeit zum Ausgangspunkt der Gotterfahrung werden kann. In meinem eigenen Dasein war ich selber seit jeher von einer fast unüberwindbaren Unschlüssigkeit bestimmt. Auch in meinem denkerischen Leben wollte ich die Welt nicht «verbessern» oder andere belehren. Es ging mir nie – von einzelnen kläglichen Versuchen abgesehen – um ein System der Wahrheit, sondern um etwas grundsätzlich anderes: Um das Wahrsein und Wahrbleiben, um das Sich-Auswahrheiten meines eigenen Lebens. Dabei war mir ein Mann, den immer noch viele Christen ablehnen, besonders nahe: Friedrich Nietzsche. Sein Leben ist meinen Lesern weitgehend bekannt. In der Schweiz, in Sils-Maria, schrieb er einen grossen Teil von seinem «Also sprach Zarathustra», einem Werk von unerhörter Kraft und dichterischem Ausdruck. Einen kurzen Text möchte ich hier aus diesem Buch zitieren, und zwar aus dem vierten Teil, «Der Zauberer»:

«Und marterst mich, Narr, der du bist,
Zermarterst meinen Stolz?
Gib Liebe mir – wer wärmt mich noch?
Wer liebt mich noch? – gib heisse Hände,
Gib Herzens-Kohlenbecken,
Gib mir, dem Einsamsten,
Den Tod, ach! Siebenfaches Eis
Nach Feinden selber,
Nach Feinden schmachten lehrt,
Gib, ja ergib,
Grausamster Feind,
Mir – dich! –
Da floh er selber,
Mein letzter einziger Genoss,
Mein grosser Feind,
Mein Unbekannter,
Mein Henker-Gott! –
– Nein! Komm zurück,
Mit allen deinen Martern!
Zum Letzten aller Einsamen,

O komm zurück!
All meine Tränenbäche laufen
Zu dir den Lauf!
Und meine letzte Herzensflamme –
Dir glüht sie auf!
O komm zurück,
Mein unbekannter Gott! Mein Schmerz! Mein letztes –
Glück!»

Dies ist der Abschluss eines seltsamen Berichtes. Trotz allem, trotz Auflehnung und Widerstreben, sagt der Mensch «Ja» und ruft «Komm zurück!». Alle «Tränenbäche» des Menschen fliessen zum Unbekannten, zu Gott. Die «letzte Herzensflamme» glüht ihm entgegen. Aber darüber hinaus erahnt er bereits, dass Gott sein «letztes Glück» ist. Ich möchte nun diesen Text gar nicht als Grundlage der Deutung von Nietzsches Werk nehmen, sondern nur aufzeigen, dass selbst ein Mensch äusserster Ratlosigkeit und oft von bösen Gedanken, Anwandlungen haben konnte, in denen er sich ganz nahe Gott fühlte, ihm begegnet ist. Dabei möchte ich eine seltsame Frage stellen. Nietzsche spricht am Ende zu Gott: «Mein Schmerz! Mein letztes Glück!» Ist es möglich, Gott zugleich als Schmerz und als Glück zu erfahren? Diese Frage zu beantworten ist für uns alle sehr wichtig, da wir gewöhnlich Gott gegenüber zwischen diesen zwei Extremen hin- und hergerissen sind. Um die Möglichkeit einer solchen Erfahrung von Gott aufzuzeigen, möchte ich hier zwei Gedankengänge anführen.

Erstens: Von Christus her. Christus lebte in der «Anschauung des Vaters». Es gibt Theologen, die behaupten, diese Anschauung sei eine «beseligende» gewesen. Ich glaube aber, dass diese Annahme falsch ist. Wie könnte ich dann Christi Einsamkeit und Gottverlassenheit, seine Agonie und seinen Blutschweiss erklären? Gerade indem Christus den Vater angeschaut hat, seine Nähe erfuhr und zugleich auch erfahren musste, dass er dem Leid und der Not, der Zusammenhangslosigkeit unserer Welt ausgeliefert war, wurde sein Leid so echt, ja so unermesslich. Gottes Nähe zu erleben und zugleich der Not ausgeliefert zu sein, das war das Leiden Christi. Es war also keine «beseligende Anschauung» des Vaters, sondern eine schmerzhafte, das Leid erhöhende Anschauung, die sich in Christus ereignete. Er fühlte sich Gott radikal nahe und zugleich von ihm ganzheitlich getrennt.

Zweitens: Von unserem Leben her. Auch unser eigenes Leben bleibt ohne die Sehnsucht unverständlich. Ernst Bloch hat diese Struktur menschlicher Existenzen in seinem Buch «Das Prinzip Hoffnung» klar herausgestellt. Maréchal und Blondel haben sie geradezu zur Grundlage ihres Philosophierens gemacht. Sie sagten: Erst indem der Mensch auf etwas aus menschlichen Kräften Unerreichbares – mit seinem einzig wahren Namen benannt, auf Gott – vorausgreift, entsteht in ihm überhaupt Bewusstsein, Wissen und Wollen. Die Herausforderung muss wahrhaft so gross sein, so unerreichbar, wenn die Wirklichkeit wenigstens einen kleinen Teil von dem leisten soll, was ihr zugrunde gelegt ist. Ohne Sehnsucht verkümmert das menschliche Dasein. Und ohne Sehnsucht nach Christus verkümmert das christliche Leben.

Für diesen Text muss ich und darf ich als Christ Friedrich Nietzsche, den die heilige Theresia von Lisieux ihren «kleinen, kranken Bruder» nannte, dankbar sein. Vielleicht dürfte ich dabei noch meinen Lesern etwas ganz Persönliches sagen. Dass in unserem Leben Gegensätzliches und Getrenntes – Liebe und Hass, Freude und Trauer, Lebendigkeit und Tod, Entschlossenheit und Ungewissheit und anderes mehr – so nahe «nebeneinander» existieren, dieses Erlebnis streckte mein Dasein oft zu Boden. Hand in Hand mit diesem Erlebnis ging eine grosse Vereinsamung in meinem Leben vor sich. Doch muss ich zugeben, dass diese Erfahrung nicht nur enge, sondern auch beengende Perspektive ist. Und doch waren es gerade solche Erfahrungen, die mich zu den anderen Menschen führten in der Haltung der Begegnungsbereitschaft und des Suchens in innerer Not. Gerade ein solches Suchen kann uns aber zur Erfahrung Gottes bringen. Indem wir nämlich Menschen finden, die uns anhören, die uns, ohne uns zu belehren, zur Erkenntnis helfen möchten, dass es in unserer Welt noch etwas gibt, das höher als Freundschaft wäre, nämlich selbstloses Wohlwollen. Deshalb habe ich von den Priestern immer gefordert, die Menschen nicht zu bedrängen, ihnen nicht ihre Anschauungen aufzuzwingen, sondern ihnen zunächst einmal vorbehaltlos zuzuhören. Dadurch führt man sie viel schneller und auf dem geraden Weg zu Gott, vielleicht zu einem Gott, der nicht in die Kategorien unserer Theologie passt, der aber Gott für gerade diesen Menschen ist. Dem Ratlosen einen guten Rat geben, das kann manchmal heissen, ihn in seiner Ratlosigkeit belassen. Dies in der Gewissheit, dass die selbe Ratlosigkeit für ihn eine Stelle der Begegnung mit Gott sein kann.

GOTT DER MITTE

Hier möchte ich von der Gotterfahrung eines Mannes berichten, der damals sehr viel Ärgernis erregt hat, einzig aus dem Grunde, weil er nach beiden Seiten hin nur Frieden stiften wollte: sein Name ist Erasmus von Rotterdam. Er war ein Mensch des Friedens und gerade darin ein Mensch der Mitte. In seiner Schrift «Klage des Friedens» schrieb er einmal über das «Vaterunser des Soldaten». Es ist die Sprache eines Mannes, der vom Frieden derart durchglüht ist, dass er sogar eine recht unfriedliche Sprache zu gebrauchen wagt:

«Wie kann ein Soldat in den Feldgottesdiensten das Vaterunser beten? Unverschämter Maulheld! Du wagst es, Gott als Vater anzurufen, während du deinem Bruder das Messer an die Kehle setzest? Geheiligt werde dein Name. Wie könnte Gottes Name tiefer in den Kot gezerrt werden, als durch gegenseitige Schlägereien? Zu uns komme dein Reich. So betest du und willst gleichzeitig mit Strömen von Blut deine Gewaltherrschaft aufrichten? Dein Wille geschehe im Himmel wie auf Erden. Gott will den Frieden; triffst du aber nicht Vorkehrungen für den Krieg? Du bittest unser aller Vater um das tägliche Brot; sengst und brennst du aber nicht trotzdem die Saaten deiner Brüder nieder, weil du lieber elend zugrunde gehen willst, als dass sie davon einen Nutzen hätten? Wie getraust du zu beten: Vergib uns unsere Schuld, während du dich zum Brudermord anschickst? Du willst durch dein Gebet die Gefahr der Versuchung von dir fernhalten; suchst du aber nicht unter eigener Lebensgefahr deinen Bruder ins Garn zu locken? Verlangst du nicht vom Übel befreit zu werden, auf dessen Gewährung hin du selber gegen den Bruder die schmählichsten Anschläge ausheckst?»

Gerade hier möchte ich in den Geist von Erasmus tiefer eindringen. Er war kein Pazifist im heutigen Sinne des Wortes. Er war viel mehr! Er war ein Vermittler des, wenn ich es so ausdrücken darf, «Gesprächs der Feinde». Dazu braucht man Geduld. Dies hat Erasmus erkannt: Geduld ist alles. Es bedarf immer wieder sehr langer Zeiträume, bis ein «Gespräch der Feinde» zustande kommt. Man darf von den Menschen nicht verlangen, dass sie über Nacht Geschmack gewinnen an einer offenen Gesellschaft, am Anderssein der Partner und der Gegner. Erasmus wusste wohl, wie unendlich schwierig ein Gespräch ist, wie es ihm vorschwebte. Im Vertrauen auf die Macht des Geistes bildete sich in ihm aber ein Optimismus, die Grundkraft des offenen erasmianischen Humanismus. Optimismus ist nach ihm die Tugend der Frommen, die sich, beseelt von einem unüberwindlichen Vertrauen, in das tägliche Scheitern begeben: in das Zerschlagenwerden des eben begonnenen Gesprächs, ja selbst in das Zerschlagenwerden der eigenen Existenz. Sein Gespräch – zum Beispiel – zwischen Rom und den Reformatoren war zum Scheitern verurteilt. Er wurde von Rom einerseits und von den Reformatoren andererseits zu Rate gezogen und konnte leider bei den beiden keinen Erfolg verbuchen. Hadrian VI. richtete im Januar 1523 ein dringliches Schreiben an ihn und bat ihn um Ratschlag in der Frage, wie er im heranziehenden Sturm sich verhalten solle. Erasmus schrieb dem Papst «in aller Eile» einen Brief, der mit den Worten endete: «Nun wird Deine Heiligkeit mich fragen: Was muss geändert werden? Um über diese Frage zu beraten, soll man aus den einzelnen Gegenden unbescholtene, würdige, beliebte und leidenschaftslose Männer berufen, nach deren Urteil...» Hier bricht der Brief mitten im Satz ab. Wir können aus diesem abgebrochenen Satz schon ersehen, welche Reform der Kirche und auch welche Handlungsweise Roms Erasmus vorschwebten. Noch im Jahre 1523 schrieb Erasmus einem Freund: «Ich habe dem Papst meinen Rat geschrieben. Nun ziehe ich mich aus dem Streit zurück und gehe zu ruhigeren Dingen über. Indem ich Paraphrasen (Erklärungen zur Bibel) schreibe, glaube ich, mein Bestes zu leisten, und niemand wird dabei verletzt.»

Sehr tragisch endet auch Erasmus' am Anfang durchaus positiv zu wertende Freundschaft mit Luther. Bedeutend erscheint mir sein Brief in dieser Angelegenheit: «Ich bete zu unserem Herrn Christus, er möge den Stil und die Seele Luthers ein wenig beruhigen, damit er der evangelischen Frömmigkeit von Nutzen sei. Unter seinen Gegnern sehe ich mehrere, die die Welt mehr lieben als Christus. Sicherlich gibt es Sünden auf beiden Seiten. Ich wünsche, dass sich Luther eine Zeitlang von diesen Kämpfen zurückzieht, damit er, ohne Leidenschaften, für das Evangelium arbeiten könne. Jetzt ist er ganz Hass gegen mich, was auch ihm sehr schadet. Nicht jede Wahrheit ist gut zu sagen, vor allem nicht zu jeder Zeit. Aber die Art und Weise, wie man sie sagt, ist bedeutend.» Eine geheimnisvolle Tragik liegt in dieser Situation: Erasmus wird von beiden Seiten als Feind angesehen, obwohl er vielleicht der einzige gewesen wäre, der sie hätte zusammenführen können.

Überall in den Werken von Erasmus, vor allem in seinen Briefen, finde ich die Haltung: aktiv zwischen den Fronten bleiben und ausharren in der Vermittlung. Erasmus wollte immer in der Nähe der Grenzen leben, die er im Notfall binnen weniger Stunden überschreiten konnte. Im Grunde war es ein Flüchtlingsleben gewesen. Er wollte nirgends endgültig Wurzel fassen, vielleicht mit Ausnahme von England, das freilich durch seine geographische Lage etwas «Abgetrenntes» und «Zwischen-den-Parteien-Stehendes» war. Nie zuvor stand Europa eine solche Elite gebildeter und bildungsbeflissener Menschen zur Verfügung. Die Universitäten, die grossen Verleger, die Buchdrucker und ihre Mitarbeiter sammelten hochqualifizierte Gelehrte. In einem grösseren Europa, in einer weiträumigeren Kirche hätten sie alle Platz gehabt. Die Geister und die Gemüter waren aber nicht reif, das Wohltuende der Friedensstifter zu erkennen. Alle diese «Männer der dritten Kraft», die zwischen den Fronten stehen, die Männer der grossen Versöhnung, werden erst in ihrem Scheitern siegen. Überanstrengt und überfordert sterben sie alle. Ihrem leiblichen Tod folgt meistens die Indizierung, nachdem die Denunziation, der Hass und der Hohn sie noch alle bei Lebzeiten erreicht haben. Aus ihrem Samen lebt aber heute noch Europa.

Wenn ich versucht habe, Erasmus in seiner geschichtlichen Existenz zu schildern – obwohl ich nur einen ganz kleinen Teil aus der Lebensgeschichte des Erasmus erwähnt habe, aber vielleicht jenen, den man häufig übersah – soll noch gezeigt werden, wie Erasmus in seiner Bemühung, Frieden zu stiften, zu Gott gefunden hat. Aus seiner Ausweglosigkeit flüchtete er zu Christus, zu dem einen Menschen, der von sich sagen durfte, dass er unser «Weg» sei. Das war seine letzte und tiefste Weisheit, die Philosophie Christi: «Zuerst muss man wissen, was Christus gelehrt hat, danach muss man es leben: Denn ich glaube nicht, dass ein Christ sich dann Christ zu sein dünkt, wenn er spitzfindig alle scholastischen Probleme diskutiert, sondern wenn er Christi Lehre und Leben hält und darstellt. Wenn einer fommen Sinnes philosophiert, mehr betend als argumentierend, mehr bedacht auf Erneuerung als auf intellektuelle Geistesrüstung, der wird erfahren, dass bei Christus alles enthalten ist, was zum Glück des Menschen gehört. Die Evangelien zeigen dir einen Herrn, wie er redet und heilt, stirbt und aufersteht, und endlich machen sie ihn dir so gegenwärtig, dass du ihn weniger sehen würdest, wenn du ihn vor Augen hättest».

Solche Gotterfahrung der Friedfertigen ist nicht leicht. Wir müssen eines ganz klar vor Augen halten: Diese Männer der dritten Kraft waren nicht erfolgreich. Sie wurden zwischen zwei Mühlsteinen aufgerieben. Sie waren zwar bekannt und auch geehrt, ihre geistige Grösse wird aber erst heute, in einer Zeit der äussersten Auseinandersetzungen, richtig erkannt. Damit aber vielleicht auch ihr Gott, der auch unser Gott sein sollte.

Verwunderung

DER ABENTEUER-GOTT

In den «religiösen Märchen», die wir Legenden nennen, steigt aus dem Unbewussten der Seele ein Bild ihrer eigenen Wirklichkeit auf. Sie enthalten eine Intuition, bei der jeder Mensch, selbst der einfachste, unwillkürlich von der Evidenz des Wesens dieser Seele ergriffen wird. Sie enthalten eine innere Wahrheit, eine universale Gestalt des Menschseins überhaupt. Sie sind auch nicht geschichtsgebunden. Die historischen Angaben sind in ihnen vollkommen belanglos und in den meisten Fällen auch falsch. Sie beschreiben ja nicht «eine» Geschichte, sondern «die» Seelengeschichte des Menschen. Ich habe mir vorgenommen, anhand von fünf der schönsten Legenden des Christentums fünf Gestalten der Gottbegegnung zu zeichnen. Zuerst die Begegnung mit Gott im Abenteuer.

Als erste Legende habe ich eine sogenannte «Wandererzählung» ausgewählt. Man berichtet die gleiche Geschichte über das Leben von mehreren teils erdichteten, teils historischen Heiligen. Von der Legende des Heiligen *Placidas* gibt es eine sehr alte orientalische Vorlage, dann zwei griechische Fassungen, davon abgeleitet eine grössere und eine kleinere lateinische Version, beide aus dem zehnten Jahrhundert, die ihrerseits wiederum Vorlagen zu Erzählungen in Volkssprachen geworden sind. Ihre letzte Abwandlung erfuhr die Legende im elften Jahrhundert, als sie auf den

Heiligen Hubertus, Graf von Aquitanien, später Bischof von Tongern, übertragen wurde. Aufgrund dieser Legende wurde Hubertus im Spätmittelalter zum Patron der Jäger und Förster. Ich versuche die Legende in einer ihrer ursprünglichsten Fassungen nachzuerzählen, als die Legende des Heiligen Placidas.

Der römische Heerführer Placidas, Held vieler Schlachten und junges Idol vieler Veteranen, erwachte an einem Frühlingsmorgen und spürte die milde Luft der Erde, den Duft des Waldes und den Geruch des Wildes, das sich dort verbarg. Kein sorgenvoller Gedanke belastete Placidas an diesem Tag. Er war der berühmteste Heerführer Trajans. Es war Frieden. Es war Frühling, und vor seinem Lager erstreckte sich meilenweit der grosse, wildreiche Wald. Placidas nahm voller Freude sein Jagdhorn, blies es und kleidete sich rasch an. Einige seiner Kameraden hatten das Horn gehört und beeilten sich, dem Heerführer zu folgen. Es war eine fröhliche, laute und lachende Gesellschaft, die über die Ebene in den dunklen Wald hineinritt. Heisere Männerrufe, lautes Hundegebell, die reinen Töne der Hörner und der schwere Aufschlag der Hufe auf dem weichen Boden zerrissen die Stille des anbrechenden Tages.

Plötzlich brach ein Hirsch hervor, und die Jagd begann. Pferde und Hunde stürmten voller Jagdlust voran. Rufe ertönten hinter Placidas. Vor ihm flohen Vögel aus den Zweigen, und allerlei Pelztiere eilten über das Moos. Placidas blickte sich nicht mehr um. Seine eigene Meute rannte vor ihm her, preschte durch das Gebüsch und durch die reissenden Bäche. Placidas zwängte sich ihnen nach. Nur selten sah er das verfolgte Wild. Es verschwand immerfort vor seinen Augen. Aber Placidas konnte sich auf die Nasen seiner Hunde verlassen. Wie lange er so, Augen und Ohr und je-

den Sinn angespannt, dahingeritten war, vermochte er nicht zu sagen. Stille umgab ihn. Er fühlte auf einmal, dass er ganz allein war.
Er hörte weder die Rufe seiner Freunde, noch drang ein Laut von der Meute, den Pferden und den Jagdhörnern an sein Ohr. Kein Tierauge erglühte im Unterholz. Kein Flügelschlag bewegte die Zweige über seinem Kopf. Placidas war abseits von Mensch und Tier im tiefsten Wald. Doch oft schon hatte er seine Freunde verloren, den Hirsch allein getötet und das Geweih heimgebracht. Aber heute war das Gebiet, in dem er ritt, ein anderes. Die Wege waren ihm unbekannt. Er brach in ein einsames Tal ein, das von grauen Steinblöcken übersät war. Unmittelbar vor sich erblickte er seine Beute.
Es war der mächtigste Hirsch, den er je gesehen hatte. Ohne Hast oder Furcht bewegte er sich zwischen den Steinen. Placidas Pferd ging leise in seine Richtung, und auch die Hunde liefen still dahin, die Nase auf der Erde, und hielten an. Denn der Hirsch war stehengeblieben und wandte seinen Blick dem Jäger zu. Er stand bewegungslos wie ein Baum. Plötzlich erglühte seine ganze Gestalt, und zwischen seinem mächtigen Geweih erschien leuchtend ein Kreuz. Eine Stimme ertönte: «Ich bin Jesus, den du suchst, ohne es zu wissen!»
Die Hunde hatten ihre Köpfe zwischen den Pfoten, das Pferd neigte seinen Kopf und Placidas stieg ab. Er kniete nieder und warf sich mit dem Gesicht auf die steinige Erde. Als er aufschaute, war der heilige Hirsch verschwunden, und niemand sah ihn je wieder. Placidas bestieg sein Pferd und ritt zurück. Die Jagd, das Abenteuer war für ihn vorüber. Er liess sich taufen, erhielt den Namen Eustasius (Der Standhafte) und erlitt kurz danach den Märtyrertod.

Soweit die Legende. Sie ist ein Bild des menschlichen Gottsuchens. In ihr wird die Begegnung mit Gott als ein Abenteuer beschrieben, als etwas Unberechenbares, alle Voraussagen und Ahnungen Widerlegendes. Gott ist ein Abenteuer. Er lockt den Menschen aus seinem gewohnten, mühsam gesicherten, behaglich eingerichteten Leben hinaus. Abseits von allen Lebewesen. Hinein in ein einsames Tal, wo einem die Wege unbekannt sind, wo er vor den Augen des Menschen für einen Moment erglüht. Und es sind auch keine Freunde in der Nähe. Allein steht der Jäger vor dem Unaussprechbaren. Ist das nicht ein erschütternd-wahres Bild dessen, was sich zwischen dem Menschen und Gott immer wieder ereignet?

Wie gelangt man vor das Antlitz Gottes? Es gibt keinen Weg, den man auf der Landkarte des Geistes eingetragen findet und dem man nur nachzugehen brauchte. Es gibt da auch keine Lehrweise, die man in einer Schule erlernen könnte, kein Verfahren und eigentlich auch keine Anweisung, kein Formular, das den Erfolg vorausberechnen liesse. Selbst die genauesten Programme von Gebetsübungen, von frommen Formeln, von getreulich erfüllten Lesungen und Betrachtungen führen nicht notwendig und wie von selbst vor Gottes Angesicht. Gott bleibt immer ein Abenteuer, von dem man nicht weiss, wie es ausgeht.

Es gibt Menschen, die lange und eifrig beten und doch noch nie vor Gott erschrocken sind bis in den Grund ihrer Seele, noch nie vor ihm in Entzücken und Jubel ausgebrochen sind, noch nie an Gott und um Gott gelitten haben. Gott gibt dem Menschen seine Gnade, wo und wann er sie ihm geben will. Rein aus Gnade, rein ohne Anlass. Der Mensch sollte versuchen, diese unergründliche, jedem Warum entzogene Freiheit Gottes lebendig zu verstehen. Er müsste sich anstrengen, jenes Radikale und ohnmächtig Machende, aber auch jenes Helle und Freudige zu spüren, das in den Worten des Römerbriefes verborgen ist: «Ich werde mich dessen erbarmen, dessen ich mich erbarme, und mit dem Mitleid haben, mit dem ich Mitleid habe. Also nicht auf das Wollen noch auf das Laufen kommt es an, sondern auf den sich erbarmenden Gott.» Nichts wird dem Menschen gegeben, was ihm etwa nach menschlichem Recht ohnehin zukäme, sondern aus Erbarmen und Mitleid gibt ihm Gott, was er ihm gibt. Das ist es, was dieses ihm widerfahrene Erbarmen echt und dieses Mitleid kräftig macht und anbetungswürdig als Grund unserer Hoffnung, dass es ganz und gar Gottes, das heisst, das schlechthin freie, unbedingte, in sich selbst beruhende und bewegte Erbarmen und Mitleid ist.

Diese Erfahrung Gottes müsste in der Erlebniswelt des heutigen Menschen immer mehr Macht gewinnen, wenn der erfahrene Gott wirklich jener sein soll, der über alle Welt erhaben ist.

DER GOTT-TRAGENDE MENSCH

In der Legende des Heiligen Placidas wurde uns das Gottsuchen als Abenteuer geschildert. Fragen wir nun: Wer ist dieser Gott, den zu suchen die Wesensbestimmung des menschlichen Daseins ausmacht? Eine andere Legende, nämlich die des Heiligen *Christophorus,* antwortet uns konkret: Er ist Jesus Christus, der auferstandene Herr. Unsere Beziehung zu ihm wird in der christlichen Legendenwelt, in jenen Wesensbildern, in denen die christliche Seele ihre eigene Wirklichkeit unreflektiert erfasst, durch das Motiv des Christustragens verdeutlicht. Seine gültigste Gestalt fand dieses Motiv in der Legende des Heiligen Christophorus, dessen Name ja «Christusträger» bedeutet.

Das Martyrium eines heiligen Christophorus ist geschichtlich gut bezeugt, allerdings ohne genaue Zeitangabe. Dem Heiligen wurde in Chalzedon im Jahre 452 eine Kirche geweiht. Das Martyrologium des Hieronymus gibt als Ort des Martyriums die Stadt Samon in Syrien an. Im zehnten Jahrhundert erfährt dann die Geschichte eine etymologische Umdichtung. Bei Walter von Speyer erscheint der Heilige bereits in seiner bekannten Christusträgergestalt. Die Legende Aurea von Jacobus a Voragine (dreizehntes Jahrhundert) stellt dann das Christusträgermotiv ganz in den Vordergrund. Gleichzeitig reichert sich die Legende mit Vorstellungen des germanischen Vasallentums an und bekommt eine eindeutig nordische Färbung. In dieser Fassung möchte ich die Legende des Heiligen Christophorus nacherzählen.

Zweihundert Jahre nach Christi Geburt lebte in Samon ein Mann, der noch nie etwas von Christus gehört hatte, und die Gestalt eines Riesen besass. Er war ein rauher, ungebildeter Bursche, aber von kindlichem Herz. Er wollte nur einem Stärkeren untertan sein. Eines Tages packte er seine Habseligkeiten zusammen und machte sich auf, um den Grösseren zu suchen. Auf seinem Weg hielt er da und dort inne und fragte nach dem mächtigsten Mann. Jeder gab ihm die gleiche Antwort: Das ist der König.

Zuletzt kam der Riese in die Stadt des Königs, und als er den Palast erreichte, stand der König da in all seiner goldenen Pracht. «Wer bist du, Fremder?» fragte der König. – Der Riese fragte ihn: «Bist du der König?» – «Der bin ich.»

– Da sagte der Riese: «Sei du mein Herr, ich bin bereit, dich überallhin zu begleiten.» In den nächsten Tagen folgte er dem König, wo immer dieser hinging. Und der König freute sich über seinen neuen Diener, denn kein anderer König konnte sich eines so starken und willigen Begleiters rühmen. Eines Tages, als sie wieder durch die Stadt gingen, hörten sie zwei Männer miteinander streiten. Der eine beschimpfte den anderen und wünschte, der Teufel solle ihn holen. Da erschrak der König und bekreuzigte sich. «Warum tust du das?» fragte der Riese. – «Es ist richtig, das zu tun, wenn dieser Name genannt wird», sagte der König. – «Der Name des Teufels?» – «Sei still», sprach der König leise, dann wich er zurück und bekreuzigte sich abermals. – «Leb wohl, mein König», sagte der Riese. – «Wohin gehst du?» – «Ich suche denjenigen, den du fürchtest, denn er muss stärker sein als du!» Und der Riese ging davon, Trauer in seinen Augen. Wiederum hielt er die Leute an, um nach dem Teufel zu fragen, aber jedermann wandte sich ab und rannte davon. Das begriff der Riese nicht. Aber er musste nicht lange forschen. Auf einer einsamen Strasse erschien ihm der Teufel in seiner dunklen Herrlichkeit, und der einfältige Riese fragte: «Bist du der Teufel?» – «Der bin ich.» – Da sagte ihm der Riese: «Sei du mein Herr.» Satan nickte, und wieder war der Riese zum Dienen bereit. Schon bald aber sah er seinen neuen Herrn erschrocken stehenbleiben. «Wir müssen einen anderen Weg gehen», sagte er heiser. – «Warum müssen wir das?» – «Deswegen.» Satan deutete auf ein einfaches Holzkreuz, das am Wegrand stand. Der Riese sah zu ihm auf und bemerkte nichts Fürchterliches, zeigte es doch nur die Gestalt eines armen nackten Menschen. Als er sich umwandte, war der Teufel schon weg, und obwohl der Riese ihn lange suchte, entdeckte er ihn nicht mehr. Nun bemerkte er, dass die Gestalt am Kreuze eine Krone trug. Da dachte der Riese bei sich: Wenn dieser stärker ist als der, der eben entschwand, ist er der König, dem ich dienen will. Er ging auf die Suche nach ihm, ohne zu ahnen, dass er seinen Gott suchte. Nach einiger Zeit kam er zu einem breiten, mächtig dahinströmenden Fluss. Am anderen Ufer kniete ein Einsiedler vor seiner Hütte.

Der Riese watete durch den Fluss. Der Einsiedler hatte sein Gebet beendet und beobachtete den Riesen. Der fromme Mann fragte ihn: «Was führt dich hierher?» – «Ich suche den König, der stärker ist als der Teufel.» Sein Blick fiel auf das Kreuz, vor dem der Einsiedler betete. Der Riese sagte: «Das ist der Mann!» – «Das ist Christus, der Heiland, den du suchst!» – «Wie kann ich ihn finden?» – «Knie nieder und bete!» Der Einsiedler sah aber, dass er dem Riesen das Beten nicht beibringen konnte. Doch diese bittenden Augen schienen seinen Beistand zu erflehen. «Eines Tages wirst du das Beten erlernen. Bleibe einstweilen bei mir. Es gibt genügend Arbeit für einen Fährmann. Die Strömung ist reissend, und die Wanderer, die zur Furt kommen, müssen oft umkehren.» – «Das müssen sie nicht mehr», sagte der Riese freudig und machte sich gleich an die Arbeit. Er war sehr zufrieden, weil er seine Kräfte einsetzen konnte. Zugleich war er aber auch unglücklich, denn allen diente er, nur jenem nicht, den er suchte.

Der Riese wollte eines Abends gerade schlafen gehen, da er zur späten Stunde keinen Reisenden mehr erwartete, als er eine helle Stimme rufen hörte: «Fährmann! Fährmann!» Der Riese ging zur Furt hinunter. Da stand ein Kind. Er hatte nie zuvor ein so lichtes und zartes Geschöpf gesehen. «Ich bin allein! Wie kann ich zum anderen Ufer gelangen, Fährmann?» fragte das Kind. – «Ich werde dich auf meinen

Schultern hinübertragen, Kind.» – «Werde ich dir nicht zu schwer sein, Fährmann?» Da hob der Riese das Kind hoch, als sei es eine Feder, setzte es auf seine Schulter, nahm seinen Stab und watete in das dunkle Wasser, das Gewicht, das er trug, nicht spürend. Er hatte noch nicht ein Viertel der Strecke durchwatet, als er sagte: «Kind, du wiegst mehr, als ich dachte!» In der Mitte des Flusses wischte er sich die von Schweiss nasse Stirn: «Kind, bist du so schwer oder bin ich so schwach? Nie zuvor trug ich solch grosse Last!» Er stapfte vorwärts auf seinen Stock gestützt. Nachdem er den Fluss zu Dreiviertel durchquert hatte, hielt er an und stöhnte: «Kind, mir ist, als trüge ich die Welt auf meinen Schultern!» Er glaubte, sein Rücken müsse zerbrechen, ehe er das Ufer erreichte. Das letzte Viertel der Strecke schien weiter zu sein als der bisher zurückgelegte Weg. Jeden Schritt musste der Riese schwer erkämpfen. Endlich wankte er ans Ufer und hob das Kind sanft herunter. Völlig erschöpft legte er sich in das Gras. Er hörte noch das Kind sagen: «Christophorus! Du hast die Welt auf deinen Schultern getragen. Ich schuf die Welt, ich erlöste die Welt, ich trage die Sünden der Welt.» Als Christophorus aufblickte, war das Kind verschwunden. Nun wusste er, wer ihm den Namen gegeben und auch, wen er über den Fluss getragen hatte. Er drückte seine Lippen auf die Stelle, wo das Kind gestanden hatte, und flüsterte: «Sei du mein Herr!»

Ein Mensch geht hinaus und findet die restlose Erfüllung seiner Sehnsüchte. Diese Erfüllung geschieht durch eine konkrete, greifbare, «tragbare» Person, Jesus von Nazareth, vor dem man niederknien muss. Also nicht durch eine Lehre oder eine innere Erleuchtung. Man kann die Lippen auf die Stelle drücken, wo diese Person stand. Es ist aber möglich, dass sich diese Erfahrung ins Unheimliche und Erdrückende steigert. Indem nämlich der Christ den Herrn Christus trägt, trägt er das ganze Weltall in seinem Innern. Auch der heutige Mensch kann zu einer solchen Christusbegegnung gelangen. Er muss allerdings die Demut aufbringen, die sich bereit erklärt, dem Grösseren zu dienen.

DER MENSCH ALS GOTTESGESCHENK

Anhand von Legenden haben wir bis jetzt zwei Dimensionen des Menschseins erschlossen: Der Mensch ist Gottsucher und Christusträger. Nun möchten wir eine dritte Dimension andeuten: Das Zeugnis von Gott. Dieses ist die unseren Mitmenschen zugewandte Gestalt unseres Gottsuchens und Christustragens und wurde immer, im Frühchristentum sogar ausschliesslich, als «das» Wesensmoment der Heiligkeit angesehen. Märtyrer heisst wortwörtlich Zeuge. Die innere Struktur dieses Zeugnisgebens möchten wir an einer der ergreifendsten Legenden des Frühmittelalters, an der Legende der Heiligen *Dorothea,* ablesen.

Ihr Fest wird im Martyrologium am 6. Februar erwähnt. Aus den Untersuchungen der Bollandisten in den «Acta Sanctorum» geht hervor, dass die Geschichte der heiligen Dorothea und ihres Freundes, des heiligen Theophilus, geschichtlich nicht zu belegen ist. Unsere Nacherzählung folgt der in der Pariser Nationalbibliothek aufbewahrten «Passio Sanctae Dorotheae» aus dem zehnten Jahrhundert. Sie verlegt das Martyrium der Dorothea in die Diokletianische Kirchenverfolgung am Ende des dritten Jahrhunderts. Der Name Dorothea bedeutet «Gottesgeschenk». Um diesen Namen herum entstand die Legende als Deutung menschlichen Daseins: Der Christ ist ein Geschenk Gottes an seine Mitmenschen.

Eines Abends sollte in Cäsarea in Kappadozien ein Festmahl stattfinden. Am selben Tag hielt Saprizius, der Statthalter, Gericht. Neben ihm sass Theophilus, ein junger Advokat, um dem Gerichtsverhör und den Antworten der Angeklagten beizuwohnen. Einer nach dem andern weigerten sie sich, ihren Glauben abzuleugnen, einer nach dem andern wurden sie von Saprizius verurteilt. Theophilus lehnte in seinem Sessel. Es war nicht sehr unterhaltsam. «Wer ist der nächste?» fragte Saprizius. Der Diener sagte ihm: «Das Mädchen Dorothea.» Ein junges Mädchen wurde in den Gerichtssaal gebracht. Es war so zart und unschuldig, dass Theophilus sich unwillkürlich emporhob, um es genau anzuschauen. Es wäre schade, dachte er bei sich, wenn dieses Mädchen sterben müsste. Die Vernehmung begann.

Dorothea beantwortete jede Frage schlicht. Ihre Stimme zitterte nicht. «Fürchtest du gar nichts?» fragte der Statthalter. «Fürchtest du weder Schmerz noch Tod?» – «Warum sollte ich den Tod fürchten? Der Tod wird mich zu dem bringen, den ich liebe.» – «Wer ist es, den du liebst?» fragte Saprizius. – Dorothea antwortete: «Christus, der Sohn Gottes.» – «Wo ist dieser Christus?» – «Er wartet auf mich im Paradies.» Da neigte sich Theophilus zu dem Mädchen und sprach: «Dorothea, die Erde ist so schön.» – Sie lächelte ihm zu: «Wie ist dein Name?» – «Theophilus.» – «Hör zu, Theophilus. Im Paradies, wo die Wälder ewig grünen, schimmern in den Blättern Äpfel, so glänzend wie Gold, und Lilien, so weiss wie Silber, blühen im Moos. Im Paradies springen nieversiegende lichte Quellen, das Gras auf den Hügeln ist immer frisch, und die Rose auf der Wiese verwelkt nie.» – «Genug! Du sollst noch heute dorthin gehen!»

sagte der Statthalter. Er verkündete das Urteil und winkte seinen Offizieren. Als sie sich näherten, sagte Theophilus: «Junges Christenmädchen! Schicke mir Äpfel und Rosen aus deinem Paradies!» – «Das will ich, Theophilus», sagte Dorothea und wurde weggeführt.

Theophilus aber ging, um seine Freunde beim Festmahl zu treffen. Das war ein fröhliches Fest und dauerte weit in die Nacht hinein. Sie lachten und feierten, sangen und tranken, wurden immer lustiger und erzählten, was sie am Tage getan hatten. Da lachte Theophilus: «Was ihr gesehen und gehört habt, ist wahrlich nichts Aussergewöhnliches. Mir ist aber etwas Wundersames versprochen worden. Ein schönes Mädchen, eine Christin, die heute hingerichtet wird, erklärte mir, dass sie ins Paradies gehen werde. Sie versprach mir Früchte und Blumen aus dem Himmel!»

Ein lautes Lachen ging durch den Saal, aber wie von einem Schwert durchschnitten, erstarb es auf aller Lippen. Mitten unter ihnen stand auf einmal ein engelhaftes Kind. In seinen Händen hielt es drei Äpfel und drei Rosen, von einer Art, wie sie nie zuvor auf Erden gesehen worden waren. Der Engel reichte sie Theophilus und sprach: «Dorothea, die soeben das Paradies betrat, sendet dir diese!»

Am nächsten Tag sass Saprizius wieder zu Gericht. Und wieder rief er, nachdem er einige Christen verurteilt hatte: «Wer ist der nächste?» Man antwortete ihm: «Theophilus, der Anwalt.» Der Statthalter sah überrascht auf seinen Freund. «Was soll der Scherz, Theophilus?» fragte er ärgerlich. «Das ist kein Scherz, Saprizius», antwortete Theophilus. «Ich komme, um mich zu Christus zu bekennen, an den ich glaube um Dorotheas willen. Ich möchte dorthin gehen, wo Dorothea ist.» Und der Statthalter schickte ihn ins Paradies.

Die Erzählung ist von einer solchen Zartheit und leuchtenden Evidenz, dass man es fast nicht wagt, daran zu rühren. Die Äpfel und die Rosen sind nur Symbole jenes Geschenkes an Theophilus, das Dorothea selber ist. Sie steht da, in ihrer Schönheit und Einfachheit, in ihrem konkreten Wesen, stellvertretend für das Unsichtbare. «Sichtbarwerden des Unsichtbaren», darin besteht jene Aufgabe, die zu erfüllen das Wesen unseres Menschseins ausmacht. Der einzelne Mensch, ein jeder von uns, sollte die Gestalt, die Art und das Gebiet seines Zeugnisgebens selber finden. Dorothea wurde durchsichtig für Theophilus. Das war die ihr von Ewigkeit her zugedachte Aufgabe. Wir können bei unseren Mitmenschen lediglich jene Aufgeschlossenheit erwecken, die das Kommen Gottes bemerkt und ihn bereitwillig aufnimmt.

Gerade bei dem Zeugnisgeben von Dorothea wird uns aber ein besonderer Aspekt des Zeugnisses deutlich. Dorothea war schön. Ihre Schönheit hat Theophilus ergriffen. Hier wird die charismatische Aufgabe der Christen heute sichtbar. Sie beweisen uns, dass im tiefsten und innerlichsten nur der liebesgewaltig sein kann, der die Gottesnähe in seinem eigenen Dasein verwirklicht hat. Vielleicht müsste ich dabei das Wort Schönheit, das heute ja so vieldeutig geworden ist, durch die Umschreibung der «für das Herz redend gewordene Güte» ersetzen. Schönheit in diesem Sinne ist das letzte Wort der Offenbarung, in der ja von einem Primat der Schönheit gesprochen werden kann.

Das christliche Weltbild spricht sein letztes Wort in der Schönheit aus: Die ganze Welt wird am Ende der Zeit in einen immerwährenden Zustand leuchtender Schönheit umgewandelt, in einen Zustand des kosmischen Brautseins, von dem die Geheime Offenbarung redet. Und es ist eine

der heiligsten Gewissensaufgaben der Christen, von diesem kommenden Zustand der Welt bereits jetzt Zeugnis abzulegen, das heisst, bereits jetzt von dem Licht der Gottheit derart durchglüht zu sein, dass dieses Glühen unser Antlitz selbst leuchtend macht. Die übernatürliche Schönheit der Güte, die selbst in einem nach unseren Illustriertenmassstäben hässlichen Menschen aufleuchten kann, ist ein Wesensmoment charismatischen Zeugnisgebens der Christen, wodurch der Christ erst im vollen Sinne zum Geschenk Gottes an das Herz seiner Mitmenschen wird.
Für das christliche Seinsverständnis steht am Ende alles Sagbaren eine Ahnung reinen, gelösten, schönen und blühenden Daseins. Es gibt eine triumphierende Schönheitsmacht der Gnade. Sie in die Welt auszustrahlen, ist vielleicht heute notwendiger denn je. Es ist wichtig, den Menschen zu beweisen, dass unser Gott selbst schön ist und auch von uns verlangt, dass wir uns bemühen, von dieser Schönheit Zeugnis abzulegen.

DER ANGEBETETE GOTT

Jede der bisher erwähnten Eigenschaften echten Menschseins setzt eine besonders innige Beziehung, ja eine Vertrautheit mit Gott voraus, die ihrerseits nur aus dem Gebet entspringen kann. So ist das Beten auch Grundvoraussetzung des Zeugnisses. Ist der Mensch wesenhaft Zeuge, so ist er auch ebenso wesenhaft Betender. Ich möchte diese Betrachtung an die Legende des heiligen *Simeons des Säulenstehers* anknüpfen, um in ihr die Wesensgestalt des christlichen Betens darzustellen. Diese Legende unterscheidet sich von den bisher erzählten drei Geschichten darin, dass der Kernpunkt der Legende wahr ist, dass es einen heiligen Simeon tatsächlich gegeben hat. Er war eine der mächtigsten Gestalten des fünften Jahrhunderts und Begründer der ausserordentlichsten aszetischen Bewegung, die das Christentum je gekannt hat, der Bewegung der Styliter, der Säulensteher. Eine kurze Skizze seines Lebens wurde uns durch den Kirchenvater Theodoret überliefert, der aber vor Simeon starb. Andere Werke entstanden später in Anlehnung an Theodoret. Die unglaublichsten Geschichten und Vorkommnisse wurden dazugedichtet. Simeon wurde zur Märchengestalt der christlichen Legendendichtung. In ihm erkannte die christliche Seele das Sinnbild ihrer eigenen Wirklichkeit.

In seiner Kindheit hütete Simeon in Syrien die Schafe seines Vaters. Er liebte die langen, einsamen Stunden auf dem grossen Weideland. Tief in Gedanken versunken, störte ihn weder das Blöken der Schafe noch das Bellen seines Hundes. Was auf dem Grund seiner Gedanken und seiner Seele war, wusste er selbst nicht. Er konnte seine Gedanken nicht ausdrücken. Eines Tages fand er die Weideplätze mit Schnee bedeckt und liess deshalb die Schafe im Stall. Er ging dann noch einmal zu ihnen hinüber und sah die Muttertiere warm und zufrieden mit ihren Lämmchen, die sich an sie schmiegten, im Stroh liegen. Er brachte ihnen Futter und Wasser und verliess sie dann. Neugierig folgte er den Bauern, die in die Kirche gingen. Nahe der Tür blieb er stehen und lauschte: «Selig sind jene, die reinen Herzens sind, denn sie werden Gott schauen.» Mit einem Mal wurde Simeon alles so selbstverständlich, wie die Sonne am Himmel. Er verliess das Dorf und wanderte über die schneebedeckten Weiden bis zum Berg, an dessen Fuss ein Kloster

lag. Am Klostertor legte er sich nieder. Dort blieb er liegen fünf Tage und fünf Nächte, bewegungslos. Alles, was er war, schien in einem wundersamen Licht zu vergehen. Die Mönche berichteten dem Abt Timotheus von dem seltsamen Knaben draussen vor dem Klostertor. Der Abt erhob sich, ging selbst zum Tor, beugte sich über den Knaben, hob ihn auf und führte ihn in das Kloster. Dort blieb Simeon vier Monate, verliess dann die Mönche, um in der Einsamkeit zu leben. Zunächst blieb er während der nächsten drei Jahre in einer Berghütte. Er war aber immer noch nicht so allein, wie er es wünschte. Die Dorfleute wanderten oft an der Hütte vorbei, einige waren bloss neugierig, andere ehrfurchtsvoll. Das Kommen und Gehen störte Simeon.
Nach diesen drei Jahren stieg Simeon hinauf zum Berggipfel, zu dem er oft von der Weide aufgeschaut hatte. Er legte einen Kreis aus Steinen auf den Gipfel und setzte sich in dessen Mitte. Er nahm eine mitgebrachte Eisenkette und befestigte das eine Ende an dem grössten Stein, und das andere Ende legte er um seinen Fussknöchel. Hier, auf diesem einsamen Gipfel, ohne ein Dach über dem Kopf, glaubte Simeon ungestört ein Leben des Gebetes verbringen zu können. Nachdem Simeon sein Leben auf dem Berggipfel begonnen hatte, erzählten sich die wilden Nomadenstämme untereinander schon bald von dem Wundermann, der angekettet an einen Felsen inmitten eines Steinkreises sass. Einige Wanderer, die den Gipfel bestiegen, hatten ihn gesehen: «Er sitzt bewegungslos da, als wäre er selbst von Stein, und er antwortet nicht, wenn man ihn anspricht. Er sieht nach der Sonne und dem Mond. Seine Lippen bewegen sich im Gebet. Er fürchtet weder Schmerzen noch Tod, noch andere Not. Er ist ein mächtiger Mann.» Die Geschichte des gefesselten Mannes erreichte die Dörfer, die nächsten

Städte und schliesslich auch Rom. Die Leute kamen von überall her, um ihn zu sehen. Die Nomaden der Wüste führten ihre Strasse über seinen Gipfel. Da füllte Simeon den Steinkreis mit grossen Blöcken, so dass eine Erhebung von drei Metern entstand, und setzte sich dorthin, um ihnen aus dem Weg zu sein. Er sass dort Tag und Nacht, sprach seine Gebete. Die Erzählungen der Nomaden über den Wundermann wurden immer wunderbarer. Mehr und mehr Leute kamen täglich zur Säule, bis Simeon sich durch ihre grosse Zahl beengt fühlte. Deshalb verdoppelte er die Höhe seiner Säule auf sechs Meter. Und immer noch mehr Nomaden kamen. Simeon erhöhte seine Säule auf achtzehn Meter, und das war ausreichend. Niemand konnte ihn erreichen. Die Menschen konnten ihn nur ansehen. Damals war Simeon kaum einundzwanzig Jahre alt. Seine Legende wurde mit dem Wüstenwind nach allen Teilen des römischen Imperiums getragen.
Menschen, die ihn nie gesehen hatten, sprachen von ihm und berichteten wunderbare Dinge: «Es gibt einen Wundermann auf dem Berggipfel. Er lebt auf einer riesig hohen Säule. Er trägt ein Fell. Seine Nahrung wird ihm in einem Korb hinaufgeschickt. Tag und Nacht betet er ohne Unterbrechung zu seinem Gott. Oft betet er kniend, meist aber steht er aufrecht. Dann breitet er seine Arme wie ein Kreuz aus, und wenn er seine Arme zur Seite fallen lässt, dann ist er wie eine grosse Kerze auf dem Säulensockel. Meilenweit kann man ihn so sehen: als Kreuz oder als Kerze. Der Gott eines solchen Mannes muss ein wahrhaftiger Gott sein.»
Die Nomaden strömten zu Hunderten und Tausenden durch die Sandwüste herbei, um den Mann auf der Säule zu hören, wenn er mit seinem Gott sprach. Als Simeon sie aus allen Richtungen wie Ströme heranwogen sah, die Men-

schen aus ihren Zelten und ihren Städten, Perser, Armenier, Araber und Römer, die sich am Fuss seiner Säule versammelten, da erkannte Simeon die Bestimmung seines Betens für die Menschen. Der Anblick seines einsamen Daseins, das alle Härten und Not überstand, der Laut seiner entfernten Stimme, die Gott pries, liessen die Wüstensöhne und die Stadtbewohner um die Säule niederknien. Die Nomaden brachten oft die Bilder ihrer Götter mit, die sie an den Felsen des Säulenfusses in Stücke schlugen. Sie bekannten sich zu Simeons Gott und schworen den heidnischen Göttern ihrer Vorfahren ab. Und in Simeons Augen wurde die Wüste zu einem Garten, in dem die Seelen erblühten, wenn er zu Gott sprach. Dreissig Jahre lang lebte er auf der Spitze seiner Säule. Wo er lebte, dort starb er. Erst dann brachte man ihn wieder zur Erde hinab und begrub ihn mit grossem Prunk in Antiochien.

Das Symbol dieser ausserordentlichen Legende ist sehr vielschichtig, trotz oder gerade wegen der äussersten Einfachheit ihres Wesensbildes. Es ist darin, und zwar als Lebensgeschichte, das uralte Bild des Aufstiegs enthalten, ein Bild, dessen sich alle mystischen Lehrer bedienten, um den Vorgang des christlichen Betens zu erläutern. Es findet sich darin ebenfalls das existentiell so bedeutsame Bild der Wanderung als Ausdruck der inneren Entfaltung. Doch fängt diese Wanderung in einem Zustand der inneren Armut an, bei dem der Mensch selbst nicht weiss, was auf dem Grund seiner Seele und seiner Gedanken ist, und endet in einer zum Seinszustand gewordenen Haltung, im Zustand des reinen Dastehens, des zum Dasein gewordenen Harrens dem Absoluten entgegen. Eine der seltsamsten Gesetzlichkeiten des betenden Lebens findet darin ihren bildhaften Ausdruck: Das Ende ist die Dichte des Anfangs. Schliesslich ist die Legende von jener Restlosigkeit durchdrungen, die uns mit ihrer Forderung ins Herz trifft: von der unbedingten Hingabe an Gott, vom ganzheitlichen Aufgehen der menschlichen Existenz im Absoluten, vom «Kerzenhaft-sich-Verbrennenden» der Heiligkeit. Betendes Sein in seiner höchsten Vollendung ist wohl nichts anderes: reines Dableiben, Ausharren, ein Nichtfragen nach Warum und Wozu, ein Sich-in-Wahrheit-und-Liebe-für-Gott-verzehren-Lassen in Licht und Glut. Man könnte anhand dieses vielschichtigen Symbols eine ganzheitliche Theorie menschlichen Betens erarbeiten, eines Betens, wozu wir alle berufen sind.

GOTT, VOR DEM MAN TANZEN DARF

Vor dem Ausdruck «Gebet» hat der heutige Mensch gelegentlich Angst. Er meint, Gebet sei mit Anstrengung verbunden und man müsse eigene Anleitungen dazu haben. In einigen Fällen mag das notwendig sein. Sicherlich widerspricht aber eine solche Auffassung vom Gebet der Offenbarung, die immer wieder betont, das christliche Gebet sei leicht und schön. Unter Gebet verstehe ich in diesem Zusammenhang einen Aufbruch des Menschendaseins zu Gott, also eine Grundeigenschaft unseres Lebens, welche die Existenz ganzheitlich «gottoffen» macht.

Es wäre dabei zu bemerken, dass selbst der einfachste Nachvollzug unseres Alltags in ein Gebet umgewandelt werden kann. Karl Rahner wies in seinen theologischen Meditationen über die «alltäglichen Dinge» nach, welche Geheimnisse im schlichten Nachvollzug unseres Alltags (der Arbeit, des Gehens, des Sitzens, des Sehens, des Lachens, des Essens, des Schlafens) enthalten sind. Er hat damit ein altes Thema der Theologie wieder aufgegriffen und für uns heute verständlich gemacht. Wer als Mensch seinen Alltag an das Herz der Ewigkeit nimmt, die er selber in sich trägt, der merkt bald, dass auch die kleinen Dinge Boten der Ewigkeit sein können und unsagbare Tiefen haben.

Noch heute – ja, gerade mehr denn je – gilt die Bemühung Romano Guardinis, als liturgische Bildung die «heiligen Zeichen» zu bedenken. Der Weg zum liturgischen Leben geht nicht durch blosse Belehrung, sondern vor allem durch das Tun. Das «Tun» ist aber etwas Elementares, in dem der ganze Mensch stehen muss. Es muss ein lebendiges Vollziehen sein: ein Erfahren, Anfassen und Schauen. In kurzen Betrachtungen sann Romano Guardini darüber nach, was für Geheimnisse in den einfachsten Symbolen der Liturgie verborgen sind: im Kreuzzeichen, in der Hand, in der Kerze, in der Flamme, in der Schale, in den Glocken und in anderem mehr. Ich empfehle diese kleine Schrift (trotz ihrer Mängel), weil der Gedanke richtig bleibt und weil es im vorhandenen liturgischen Schrifttum wenig gibt, was die «heiligen Zeichen» besser sehen und darstellen würde.

Als Ergänzung – mehr noch, als Verdeutlichung – des Gesagten möchte ich auf die Legende «*Der Tänzer unserer lieben Frau*» hinweisen, aus der Sammlung frommer Erzählungen mit dem Titel «Vie des Pères» aus dem dreizehnten Jahrhundert. Sie wurde uns in einer schönen, illustrierten Übersetzung zugänglich gemacht (Die Waage, Zürich 1964). Ich möchte diese Legende mit eigenen Worten kurz nacherzählen.

Ein Spielmann hatte viele Jahre die Welt durchzogen, war hin und her gewandert, in die Nähe und Ferne, und konnte doch keine Ruhe finden, so dass ihm zuletzt alles, was ihm begegnete, in der Seele zuwider war. Da beschloss er, das irdische Wesen abzulegen. Er kam ins Kloster der Mönche, das Claravallis heisst. Dort empfing ihn der Abt freundlich und nahm ihn in die Versammlung der Brüder auf. Als nun der Spielmann eine Zeit an diesem Ort gelebt hatte, zeigte sich, dass er keiner Kunst mächtig war, die er hier hätte ausüben können. So hatte er nicht gelernt, in den Büchern zu lesen, konnte kein Paternoster noch Credo noch Chorlied singen oder andere geistliche Kunst verrichten. Und mit Tanzen und Gaukeln war hier nichts zu machen.

Doch eines Tages, als er sehr bedrückt war und die Brüder gerade das Chorlied sangen, trat er vor das heilige Bild und sprach, sich demütig neigend: «Hohe Frau! In deinen Dienst gebe ich meinen Leib und meine Seele! Wollest meine Kunst nicht verachten! Ich kann dich nicht ehren mit Lobsingen und Beten wie die Brüder. Darum will ich es machen wie die Lämmlein, die vor ihrer Mutter springen. O süsse Frau, sieh herab auf deinen Knecht!» Und er begann sein Spiel mit kleinen und zierlichen Sprüngen, zur Rechten wie zur Linken, bald hoch, bald weit. So diente der Spielmann Maria manchen Tag, und dies erfüllte sein Herz derart, dass er an nichts anderes dachte und nichts anderes wünschte. Er befürchtete nur, dass seine Heimlichkeit offenbar werde, denn dann – so glaubte er – würden ihn die Brüder mit Schande aus dem Kloster in die irrige Welt weisen.

Einmal kam aber der Abt mit einem Bruder in die Gruft. Sie fanden auch eine verborgene Stelle, nahe dem Altar, wo sie sehen konnten und doch ungesehen blieben. Sie erblickten des Bruders Treiben, wie er sich mühte und sprang und sich neigte vor dem hohen Bild, bis er seine Glieder nimmer gebrauchen konnte und ohnmächtig zur Erde sank. Als er aber so lag, bemerkten sie, wie vom Gewölbe herab eine wundersame Gestalt schwebte. Sie war so schön, wie sie noch nie ein Mensch gesehen hat. Es begleitete sie ein Heer von Engeln und Erzengeln. Sie drängten sich alle um den Spielmann, ihm Trost und Linderung zu bringen. Da segnete sie ihren Tänzer und wandte sich noch im Entschweben oft nach ihm um mit freundlichem Angesicht. Dies alles sah der Abt mit dem Bruder zu vielen Malen, und sein Herz wurde hell und heiter über solchem Wunder.

Der Spielmann aber verbrauchte sich derart, dass mit den Jahren die Kraft seiner Glieder schwand, dass er schliesslich zu Tode krank in seinem Bett liegen musste. Da seine Seele sich vom Leibe schied, empfing unsere liebe Frau sie in ihren Armen. Die Engel enthoben sie mit der Seele des Spielmanns und nahmen – allen Brüdern sichtbar – ihren Weg zum Himmel. Die Mönche begruben den Leichnam mit grossen Würden im Münster des Klosters. Sein Grab wurde bis in späte Zeit verehrt wie ein hohes Heiligtum.

Diese Legende sagt viel mehr darüber aus, was ich unter Gebet verstehe, als gelehrte Abhandlungen. Was man zur Ehre Mariens tun kann, das darf man mit noch grösserem Recht auch zur Ehre Gottes tun. Was wirklich und eigentlich als Gebet «zählt», sind nicht die Worte, nicht die Arten und Weisen des Vollzugs, sondern das reine, sich hingebende Herz. Dann kann jedes Tun, auch das Tanzen, zum Gebet werden. Ich möchte zum Schluss noch einen kleinen Hinweis geben, der vielleicht manchen als gewagt erscheinen wird, der aber gegen niemanden gerichtet ist. Gott hat, nachdem sein Sohn Mensch geworden ist, kein anderes Antlitz als das des Nächsten. Dieser Gedanke ist sehr wichtig für unser persönliches Gebet in der heutigen Zeit.

Denn: Heute bilden sich zwei Fronten in der Welt. Durch die ganze Wirrnis unserer Zeit, durch die verschiedenen Auffassungen des Lebens, durch alle Gegensätze der Konfessionen, des Glaubens und des Unglaubens geht eine grosse Scheidung hindurch. Die einen sind jene, die sich selbst und ihren eigenen Vorteil suchen und sonst nichts. Die anderen sind jene, die versuchen, dem Nächsten zu dienen. Diese Fronten gehen durch alle Bereiche des menschlichen Lebens, ja mitten durch uns selbst und unsere Seele hindurch. Hart ausgedrückt: In einem letzten Sinn ist es unbedeutend, in welchen politischen, wirtschaftlichen, kulturellen und rassischen Lagern die einzelnen stehen. Wir können nicht beurteilen, was sie dazu bewogen hat, dort zu sein, wo sie sich im Augenblick befinden. Wenn sie dem Nächsten dienen, erfahren sie Gott, ob sie diesem Geheimnishaften und Unergründlichen einen Namen geben können oder nicht. Dieser Gedanke steht im Mittelpunkt der Botschaft Christi. Also auch im Mittelpunkt unseres christlichen Betens. Eine gute Tat der Schwester und dem Bruder gegenüber ist vielleicht heute das beste Gebet.

Welt

GOTT ERFAHREN IN DER WELT

Aurelius Augustinus (354–430) war einer der grössten Denker des Christentums. Für mich ist er kein Wesen besonderer Art oder von fremder Beschaffenheit. Er hat das Menschliche in seinen irdischsten Formen gekannt. Aber Elend, Schwächen, Zweifel und Ängste vermochten sein glühendes Forschen nach Gott nicht aufzuhalten. Überall suchte er Gott. Sein langer Irrweg hat sich durch alle Bahnen gezogen, über alle Pfade, alle Strassen, alle kleinen, abwegigen Gassen unserer Existenz. Sein Dasein mit seinen dramatischen Umbrüchen, Verirrungen und Aufstiegen war ein von Gott gemeisterter Stoff. Ich möchte jetzt die Einzelheiten seines Lebens nicht nacherzählen. Sie lassen sich leicht nachlesen. Auch möchte ich auf seine reichhaltige Theologie nicht näher eingehen, sondern nur eine einzige Aussage von ihm darstellen, in welcher sich seine Suche nach Gott verdichtete.

In seinen berühmten «Bekenntnissen» schrieb er 397: «Was aber liebe ich, wenn ich Dich liebe (mein Gott)? Nicht die Schönheit eines Körpers noch den Rhythmus der bewegten Zeit. Nicht den Glanz des Lichtes, der da so lieb ist den Augen. Nicht die süssen Melodien in der Welt des Tönens aller Art. Nicht der Blumen, Salben, Spezereien Wohlgeruch. Nicht Manna und nicht Honig. Nicht Liebesglieder, die so köstlich sind der leiblichen Umarmung. Nichts von alledem liebe ich, wenn ich liebe meinen Gott. Und dennoch liebe ich ein Licht und einen Klang und einen Duft und eine Speise und eine Umarmung, wenn ich liebe meinen Gott. Licht und Klang und Duft und Speise und Umarmung meines inneren Menschen. Dort erstrahlt meiner Seele, was kein Raum erfasst. Dort erklingt, was keine Zeit entführt. Dort duftet, was kein Wind verweht. Dort mundet, was keine Sattheit vergällt. Dort schmiegt sich an, was kein Überdruss auseinanderlöst. Das ist es, was ich liebe, wenn ich liebe meinen Gott».

In unerhörter Dichte entwirft hier Augustinus die «Gotteserfahrung durch die geschöpfliche Welt». Ja, ich möchte sogar sagen, die Gotteserfahrung der Sinne. Damit griff er auf eine ältere Tradition zurück. Bereits Origenes sagte: «Die Propheten entdeckten die göttliche Sinnlichkeit. Sie schauten auf eine göttliche Weise und hörten auf eine göttliche Art. Und sie schmeckten und verspürten mittels einer, wenn ich so sagen darf, unsinnlichen Sinnlichkeit und tasteten das Wort durch den Glauben an.» Ich bin überzeugt davon, dass diese Art der Gotteserfahrung durchaus berechtigt und vielleicht für viele Menschen von heute der einzige Weg zu Gott ist.

So mag zum Beispiel in der sinnlichen Erfahrung der Natur für uns Menschen eine unsichtbare Schönheit aufleuchten. Im leisen Wehen des Frühlings, in den schwellenden Knospen und im überströmenden Blühen mag der Mensch etwas erfahren, das eigentlich in der Tiefe des Lenzrausches jubelt, Gott, der jünger ist als alles Junge, neuer als alles Neue. In der gesättigten Fülle des Sommers, im schweren Duft des Reifens der Frucht mag jemand die Ewigkeitsfrucht erahnen, die nie vergeht. In der kühlen Einsamkeit des Herbstes mag der Mensch Gottes kühle Geisteinsamkeit erspüren, die alles Werden und Vergehen überlebt. Und in der Stille des Winters, da sich das Leben unter der weissen Schneedecke verschweigt, mag er eine Botschaft von einem Gott unergründlichen Schweigens wahrnehmen.

Aber auch im eigenen Leben kann der suchende Mensch Gott erspüren. Vor allem im zeitlichen Nachvollzug seines Daseins. Im Leben des Kindes zeigt sich der lächelnde Märchengott, der gütige Weihnachtsgott oder auch der Gott mit dem langen, weissen Bart. In der Reifezeit erspürt der Mensch den Gott der Unruhe, den rätselhaften Gott, den Gott des brennenden Stachels, der immer nur vorwärtstreibt. Im Berufsleben erahnt der Mensch den Gott der ewigstillen Kraft, das Antlitz der Unendlichkeit, die ihn seine Begrenztheit spüren lässt. Der Gott des Alters ist ein Gott der lächelnden Gelassenheit.

Auch in der Liebe zwischen Mann und Frau wird Gott erspürt. Gott selbst leuchtet auf in der Tiefe der Liebe. Er ist das Heiligste, das der Mann in der Frau verehrt. Gottes Zartheit der Liebe schwingt in der fraulichen Feinheit des Ahnens und Erratens und Verstehens, Gottes Mütterlichkeit in der Mütterlichkeit der Frau. Wiederum aber, wie das Erhabenste, was die Frau im Manne sucht, gerade Gott ist, so auch Gottes schützende Kraft, Gottes klare Bewusstheit, Gottes Entscheidungskraft.

Auch in der Kunst kann der Mensch Gott erahnen. In der Plastik und Malerei, in der Dichtung mag einen Menschen das letzte Wort ansprechen, die letzte, unsagbare Wehmut der Menschenseele. Was zum Beispiel unser Dasein so heiter und leicht machen kann, wenn wir Mozarts klare Rhythmen hören, ist wohl das Verspüren dessen, was die Alten die «ewig alte und ewig neue Schönheit», Gott genannt haben.

Freilich ist der konkrete Anlass dieser Erfahrung nicht unser Gott. Er ist aber die Umschlagstelle des Irdischen zu Gott. Gott ist notwendig in allen Dingen als ihr Innerstes, gerade weil er über allen Dingen steht. Es ist eine unvollkommene, ich möchte sogar sagen, falsche Darstellung, wenn man Gott als die Spitze der Welt denkt. Gott ist nicht «Vollendung der Geschöpfe», sondern steht grundsätzlich ausserhalb der Welt. Ausserhalb sowohl der Materie wie auch ausserhalb des Geistes. Gerade deshalb vermag er aber allen Wesen nahe zu sein. Er kann uns sein Innerstes durch sie aufleuchten lassen.

Etwas sehr Wichtiges können wir von Aurelius Augustinus lernen: kein Geschöpf, keine Schwester, keinen Bruder, keine weltliche Schönheit und keine irdische Erfahrung geringzuachten, weil Gott uns in ihnen unter hundert und tausend Gestalten entgegenkommt und aus ihnen für uns ewige Geschenke wirkt, da er selber in ihnen das Geschenk ist. Vor allem gilt dies von jenem Gott, der von sich sagte, dass er die Liebe selbst sei. «Die Liebe ist das Urgeschenk. Alles, was uns sonst noch unverdient gegeben werden mag, wird erst durch sie zum Geschenk».

GOTT ÜBER DIE WELT HINAUS

Gott erfahren bedeutet für den heutigen Menschen oft, dass er einen «geheimnisvollen Gott», einen «Gott jenseits aller Begriffe» erlebt. Dies war auch die Gotteserfahrung eines der grossen frühchristlichen Theologen aus dem 4. Jahrhundert, die Erfahrung des Gregor von Nyssa. Gregor, Sohn von Basilius dem Älteren und Emmelia, wurde wahrscheinlich in Cäsarea geboren um das Jahr 335. Es war eine in ihrem Glauben gefestigte, man möchte fast sagen «heilige Familie». Vater und Mutter, Basilius der Ältere und Emmelia, werden als Heilige geehrt. Drei Söhne wurden Bischöfe und alle drei Heilige: Basilius der Grosse, Gregor von Nyssa und Petrus von Sebaste. Auch eine Tochter, Makrina, galt als heilig. Gregor von Nyssa wurde recht widerwillig Bischof, nachdem er zuerst Professor war und Theosebia geheiratet hatte. Hier möchte ich mich auf einen einzigen Text von ihm beschränken, der zwar verschiedentlich einmal Gregor von Nazianz, ein anderesmal Proclus zugeschrieben wurde, der aber die Gedanken des Gregor von Nyssa genau widerspiegelt, auf die «Hymne an Gott».

«O, Du, der Jenseitige von allem! Ist dies nicht alles, was man von Dir sagen kann? Welcher Hymnus wird die Dir gemässe Sprache führen? Kein Wort drückt Dich aus. Woran soll sich der Geist festhalten? Du übersteigst allen Verstand! Allein Du bist unaussprechlich, denn alles, was aussagbar ist, ist aus Dir hervorgegangen. Allein Du bist unerforschlich, denn alles, was sich denken lässt, ist aus Dir hervorgegangen. Alle Wesen, ob sie denken oder nicht denken, erweisen Dir Ehre. Das Sehnen des Alls, das Seufzen des Alls, sie steigen zu Dir. Alles, was ist, betet zu Dir, und zu Dir lässt jedes Wesen, das Deine Welt denkt, einen Hymnus des Schweigens emporsteigen. Alles, was bleibt, bleibt durch Dich. Durch Dich beharrt die Bewegung des Alls. Du bist aller Wesen Ziel. Du bist jedes Wesen. Und doch bist Du kein einziges davon. Auch nicht ihre Gesamtheit. Du bist nicht ein einziges Seiendes. Auch nicht ihre Gesamtheit. Dir gebühren alle Namen. Doch wie soll ich Dich nennen, Du, den man nicht nennen kann? Welcher himmlische Geist wird je die Nebel durchdringen können, die den Himmel selbst verhüllen? Hab Erbarmen! O, Du, der Jenseitige von allem! Ist dies nicht alles, was man von Dir sagen kann?»

Zu diesem ergreifenden Hymnus sollen noch zwei Texte hinzugefügt werden. In der Bibel, im Buch Jesus Sirach, lesen wir: «Viel könnte man noch sagen, und wir kämen nicht ans Ende. Der Schluss der Rede sei: Er ist alles! Wir wollen weiter preisen, denn ergründen können wir ihn nicht. Er ist grösser als seine Werke. Furchtbar ist er gar sehr und wunderbar ist seine Macht. Erhebt eure Stimmen zum Lobe soviel ihr könnt. Denn er übertrifft es noch. Ihr, die ihn preiset, wachset an Kraft. Werdet nie müde, denn ihr könnt ihn nicht erreichen. Wer hat ihn gesehen und kann davon erzählen? Wer kann ihn preisen, wie er ist?» – Und der zweite Text von Angelus Silesius, aus dem «Cherubinischen Wandersmann»: «Gott hat alle Namen und keinen. Man kann den höchsten Gott mit allen Namen nennen. Man kann ihm wiederum nicht einen zuerkennen. Gott ist nichts und alles. Gott, der ist nichts und alles ohne Deutelei. Denn: Nenn was, das er ist! Auch was, das er nicht sei!»

Stets bedroht und dem Erlöschen nahe entsteht der Begriff Gott in uns. Das heutige Denken fordert immer mehr ein Begreifen, das aus «Richtung auf das Geheimnis» besteht. Ein Denken als stetes Umkreisen der Wirklichkeit im Demutsbewusstsein. Damit ist bereits eine Seelenhaltung gewonnen, die schon im profanen Erkenntnisakt eine «Anbetung des Geheimnisses» ist. In dieser Haltung stehen uns die alten Denker besonders nahe. In einem Abendgebet heisst es bei ihnen: «Unerforschliche Gerechtigkeit und unerforschliche Barmherzigkeit!» Und wiederum: «Wenn Du Gott begreifst, dann ist das nicht Gott!» Somit wäre Gott das «Urgeheimnis», das immer «Andere». Gott als Urgeheimnis ist die Seele der christlichen Theologie. Deshalb darf der heutige Mensch Gregor von Nyssa besonders dankbar sein, dass er die Schönheit Gottes und auch die Schönheit des menschlichen Daseins erschlossen und dabei den Mut bewahrt hat, sie trotzdem als Geheimnis hinzustellen. Denn anders als Geheimnis wäre Gott überhaupt – und noch weniger für den heutigen Menschen – begreifbar. Drei Gedanken möchte ich hier andeutungsweise anführen.

Zuerst: Nicht wir ergreifen Gott, sondern er selbst ergreift uns, und zwar unberechenbar und willkürlich. Gott ist nur erkennbar als der sich selbst offenbarende Gott. In diesem Ergriffenwerden durch ihn ist alles noch offen. Gott erscheint uns oft als der Stachel unseres Werdens, als die Stelle unseres Umschlags ins Unendliche. Man sollte den Menschen einmal als den «ewigen Sucher» begreifen, dessen Lebensbewegungen in einem endlosen Fortgang aus dem Endlichen hinausführen in die wahre Unendlichkeit, die der Mensch aber nicht begreifen, von der er auch nicht sprechen kann.

Dann aber: Der Mensch ist ein unendlicher Sucher, weil sein Suchen nach dem unendlichen Gott strebt. Fragen tauchen da auf: Ist damit das Problem unseres Lebens gelöst? Wie ist das mit unserem Suchen nach dem unendlichen und unaussprechbaren Gott? Tut sich Gott kund im unendlichen Suchen? Oder ist er der ewig angestrebte Sinn dieses ewigen Suchens? Auch da gibt uns Gregor von Nyssa eine Antwort: «Es scheint mir, dass es viel ist, was der Mensch von Gott begreift, aber unendliche Male mehr, was über das Begriffene hinausliegt. Niemals steht der Wanderer nach oben hin still. Er empfängt Beginn aus Beginn. Für den menschlichen Geist gibt es nur eine Weise, Gott zu erkennen: Nie beim Begriffenen stehenzubleiben.»

Schliesslich: Dieses «Nie-stehen-Bleiben» der Gotteserfahrung in uns ist auch bedroht. Menschliche Begriffe und Ahnungen sind immer brüchig. Sie können das Wirkliche nie endgültig erfassen. Auch unsere Formulierungen sind vorläufig. Gott will nicht, dass wir ihn in unserem Leben voll erfassen. Er hat uns zwar alles geoffenbart, was dazu dient, dass wir unser ewiges Heil erlangen. All das, aber nur das! Gott ist unendlich. Das besagt auch, dass er unendlich viele Geheimnisse hat. Wir dürfen nur hoffen, dass er uns im Himmel nach und nach alles offenbaren wird, was er in sich birgt.

Diesen Gedanken möchte ich – im Sinne des Gregor von Nyssa – kurz näher erklären. Die letzte Vollendung ist die Teilhabe an Gott. Seine unendliche Fülle kann aber durch kein Geschöpf voll aufgenommen werden. Unser Wesen kann nie mit Gottes unendlichem Sein ganz zusammenfallen. Somit ist jede Erfüllung zugleich ein neuer Anfang, Beginn einer noch grösseren Erfüllung. Nicht nur unser Leben, sondern auch der Himmel ist wesenhaft als grenzenlose Dynamik zu verstehen. Die Erfüllung wird unser Dasein so erweitern, dass es im nächsten Augenblick von Gottes Sein noch mehr erfüllt werden kann. Wir sind demnach ewige Gottsucher. Der endgültig «gefundene Gott» ist für uns kein Gott. Wir suchen Gott, um ihn zu finden, während unseres irdischen Lebens. Wir suchen Gott, nachdem wir ihn fanden, in der ewigen Seligkeit. Damit man ihn suche, um ihn zu finden, ist er verborgen. Damit man ihn suche, nachdem man ihn fand, ist er unermesslich. Vollendung ist ewige Wandlung. Zustand ungebrochener Lebendigkeit.

Um zu zeigen, dass auch ein Verbundensein mit der Welt zur Gotterfahrung führen kann, möchte ich auf das Gotterspüren eines Menschen eingehen, der für mich ein bedeutender Denker dieses Jahrhunderts war, auf den Gottgedanken von Pierre Teilhard de Chardin. Zwar möchte ich hier zunächst keinen Text von ihm zitieren, obwohl es deren viele gibt, und zwar herrliche, sondern aus einem Zeugnis berichten, aus dem Buch von Helmut de Terra, «Mein Weg mit Teilhard de Chardin». In gefälligem Erzählerton berichtet Helmut de Terra über seine Forschungsreisen mit Teilhard de Chardin in Nord- und Mittelindien, in Burma und auf Java.

«Ich sehe Teilhard noch deutlich vor mir: Das feingeschnittene Gesicht hatte einen transparenten Ausdruck, die ganze Gestalt schien von konzentrierter Geistigkeit. In seiner Begleitung konnte man ständig einen geistigen Reflex erwarten, der eine Beziehung herstellte zu grossen Zusammenhängen. Auch bei der kritischen Beobachtung von Artefakten und Fossilien machte er den Eindruck, als ob er selbst bei ihrer Bildung irgendwie beteiligt gewesen wäre, als ob er den hinter solchen Dingen liegenden Sinn mit einer Art innerer Schau begreifen könnte. Man sollte sich aber im Fall Teilhards keine falschen Vorstellungen über die Gründlichkeit seiner fachwissenschaftlichen Forschung machen. In dieser Hinsicht zeigte er eine Sorgfalt, die nicht kritischer gedacht werden kann. Dass diese kritische und analytische Begabung in Teilhard mit einer philosophischen und tief religiösen, ja man kann sagen mystischen Veranlagung gepaart war, wird für mich immer einer der merkwürdigsten und bedeutsamsten Eindrücke bleiben. Inmitten der Wildnis konnte ich in Teilhards Gesellschaft immer etwas von seinem mystischen Naturerleben spüren, ein Lauschen und Warten auf Tierstimmen, das ihn zuweilen sehr heiter stimmte. Wir gingen einmal durch dichtes Unterholz im Schatten riesiger Bäume, wobei mir plötzlich einfiel, dass dies ein bekanntes Jagdgebiet war, wo wir jeden Augenblick einem Panther begegnen konnten. Der Gedanke, einem solchen Raubtier waffenlos ausgeliefert zu sein, überfiel mich mit bedrückender Verantwortung für meinen Freund. Mit solch beklemmenden Gefühlen vor ihm herschreitend, glaubte ich bei jedem Rascheln im Unterholz des dunklen Waldes ein Raubtier zu vernehmen, so dass ich drauf und dran war, die Umkehr anzuraten. Als ich mich nach meinem Begleiter umdrehte, um ihm meine Befürchtungen mitzuteilen, sah ich ihn stillstehen, die Augen auf ein Gebüsch geheftet, aus dem ein heftiges Krachen von Zweigen zu hören war. Unwillkürlich packte ich ihn am Arm. ‹Dieser Wald ist wie das Meer voll von verborgenem Leben›, sagte er und sah mich mit verschleierten Augen an. Wie hätte ich ahnen können, dass in Augenblicken meiner Angst sich dieser Mensch nicht anders fühlte denn als Kreatur unter Kreaturen.» Schliesslich der schlichte Bericht Helmut de Terras über eine einfache Begebenheit, die von der Innerlichkeit eines Menschen mehr erahnen lässt als feinste Seelenanalysen: «Es fiel mir auf, dass seine Füsse nur mit leichten Tennisschuhen bekleidet waren. Ich warnte ihn vor Giftschlangen, die in jener Gegend besonders zahlreich sind. Worauf er mich erstaunt ansah und sagte, er könnte in leichten Schuhen die Erde viel besser fühlen.» Das war, in einem einzigen Bild ausgedrückt, das Geheimnis Teilhard de Chardins.

Will man nun die Weltschau Teilhard de Chardins in weni-

gen prägnanten Sätzen zusammenfassen, kann man nichts Besseres tun, als die einleitenden Zeilen des «Comment je crois» zu zitieren: «Ich glaube, dass das Weltall eine Evolution ist. Ich glaube, dass die Evolution in die Richtung des Geistes strebt. Ich glaube, dass der Geist sich im Personalen vollendet. Ich glaube, dass die Vollendung des Personalen der universale Christus ist.» Was ist nun das geradezu Bestrickende an dieser Weltschau, jenes, was einen, selbst wenn man den ganzen Entwurf mit Vorbehalt betrachtet, nicht mehr loslässt? Was mich an diesem Werk fasziniert, ist das klare Überschreiten der engen Grenzen der Forschung. Es ist der Versuch, Getrenntes zu vereinen. Dass Teilhard die Bindung der fernsten Bereiche in einem äussersten geistigen Aufschwung erstrebt hat, bringt ihn uns ganz besonders nahe. Und dies abgesehen davon, wie die Einzelelemente seiner Synthese zu deuten sind.
Dass das Werk Teilhard de Chardins wissenschaftlich, philosophisch und theologisch «schwache Stellen» aufweist, wissen wir seit langem. Selbst die entschlossensten Anhänger Teilhards werden nicht behaupten, sein Entwurf der Weltentwicklung sei die ein für allemal fertige Lösung. Alle grossen Ideen trugen beim ersten Auftreten eine Reihe «peripherer Irrtümer» in sich. Die Grösse des Versuchs bringt es fast zwangsläufig mit sich, dass das neue Gewebe da und dort Mängel aufweist. Entscheidend aber und einzig bedeutend war immer das zentrale Ferment, das die Gärung und – nach und nach – die Klärung bewirkte. Teilhard hat einen Denkprozess ausgelöst, der jetzt auch unabhängig von ihm in den Kreisen christlicher Denker weiterwirkt. Andere werden den zentralen Denkansatz Teilhard de Chardins zu seinem Abschluss führen. Als ich ihn einmal im persönlichen Gespräch fragte, wie man sein System voll-

enden könnte, antwortete er mir demütig: «Man vollendet mein Werk, indem man mich überholt.» Diese geistige Haltung hat mich sehr beeindruckt und erschloss mir den Sinn von Teilhard de Chardins Bemühung. Was sich im Grunde seiner Seele vollzog, kann man nur bei der Betrachtung eines anderen Berichtes erahnen. Es handelt sich um eine nicht genau datierte Gebetserfahrung. Sie ereignete sich noch vor dem Eintritt Teilhard de Chardins in die Gesellschaft Jesu, vor seinem achtzehnten Lebensjahr also. Teilhard berichtet darüber in seinem Buch «Christ dans la Matière».

«Mein Blick blieb unwillkürlich an einem Bild haften, das Christus mit seinem der Menschheit dargebotenen Herzen darstellte. Es hing an der Wand einer Kirche, in die ich mich zum Gebet zurückzog. Während ich meinen Blick über das Bild wandern liess, schien es mir plötzlich, als ob sich die Umrisse des Bildes auflösen würden. Als ich versuchte, die Umrisse Christi zu schauen, die Falten seines Gewandes, die Strahlen seiner Haare, da geschah auf einmal die Umwandlung. Die Grenzen, die Christus von der Umwelt trennten, verwandelten sich in eine vibrierende Atmosphäre, in der alle Unterschiede sich vereinigten. Von diesem Augenblick an entwickelte sich die Metamorphose mit grosser Geschwindigkeit und betraf alle Dinge der Welt. Ich bemerkte, dass die vibrierende Atmosphäre, die Aureole um Christus herum, nicht mehr begrenzt war, sondern ins Grenzenlose ausstrahlte, bis zu den äussersten Sphären der Materie. Die ganze Bewegung schien aus Christus hervorzugehen. Als ich dann versuchte, den Strom bis zur Quelle zurückzuverfolgen und mich darum wieder dem Bild zuwandte, erreichte die Vision ihren Höhepunkt. In einem unsagbaren Schillern strahlten auf dem Antlitz

Christi alle Farben und Lichter der Schönheit. Hinter dieser sich wandelnden Oberfläche strömte die Schönheit Christi.»

Am meisten kann man vielleicht Teilhard de Chardin dafür danken, dass er vielen Menschen den Geschmack am Glück, die Ehrfurcht vor aller Kreatur und die Aufmerksamkeit für jegliches Leben wiedergeschenkt hat. Und vor allem dafür, dass er das Sinnzentrum all dieser Regungen des menschlichen Herzens klar mit Namen genannt hat: Christus. Damit hat er für viele Menschen einen Weg zur Gottbegegnung eröffnet, zu einer Begegnung, die nicht mehr Gott «oben» sucht, sondern in der Herzmitte der Welt und in der Herzmitte der Menschen.

DER NICHTRELIGIÖSE GOTT

In diesem Beitrag möchte ich eine Frage angehen, die sich schwer formulieren lässt, aber dennoch gerade für den heutigen Menschen von grosser Wichtigkeit ist: Kann man an Gott glauben ohne religiöse Veranlagung? Oder klarer und entscheidender ausgedrückt: Ist das Christentum eine Religion? Um gleich meine eigene Antwort zu geben: Diese Frage entscheidet sich an der Definition des Wortes «Religion». Den Begriff Religion möchte ich folgendermassen umschreiben: Ganzheitliche Ergriffenheit des Menschen von dem, was ihn unbedingt angeht. Was geht aber einen Menschen unbedingt an? Das kann vieles und Verschiedenartiges sein. Sicherlich nicht unbedingt Gott. Es gibt Menschen, die musikalisch unbegabt sind, von der Musik nichts verstehen. Ebenso gibt es auch Menschen, denen die Begabung für das Religiöse fehlt, die eines religiösen Zugangs zu Gott unfähig sind. Deshalb sind sie aber nicht von unserem Gott verstossen, der ja auch sie erlöst hat. Es muss auch für diese Menschen (da die Erlösung für alle gilt) einen Zugang zu Gott geben. Es gibt einen Gott der Nichtreligiösen! Dies wäre meine persönliche Antwort auf die aufgeworfene Frage. Ähnlich wurde sie auch von einem bedeutenden protestantischen Theologen unseres Jahrhunderts, von Dietrich Bonhoeffer, beantwortet.

Dietrich Bonhoeffer wurde am 4. Februar 1906 in Breslau geboren. 1935 wurde er Direktor des Predigerseminars der Bekennenden Kirche in Finkenwalde. Als Widerstandskämpfer ist er am 9. April 1945 in Flossenbürg hingerichtet worden. Die Kirche, die nichtreligiöse Auslegung der Bibel und die Diesseitigkeit des Christentums stehen im Mittelpunkt seiner Theologie. Der heutige Christ dürfte wenige so zukunftsträchtige Bücher besitzen, wie die von Eberhard Bethge unter dem Titel «Widerstand und Ergebung» herausgegebenen Gefängnisbriefe und Aufzeichnungen von Dietrich Bonhoeffer. Die intellektuelle Differenziertheit und Weltoffenheit seines Glaubenslebens erzeugten nicht Schwäche, sondern Hellsichtigkeit. Der gelehrte Theologe stellte sich in die Frontlinie, als er Kirche und Vaterland zugleich in tödlicher Gefahr sah. Bonhoeffers Tätigkeit gegen den Nationalsozialismus, vor allem sein Versuch, durch den Bischof von Chichester in der westlichen Welt Fürsprecher für den deutschen Widerstand zu gewinnen, gehören der Geschichte an. Am 5. April 1943 wurde er verhaftet. Nach der Verschleppung aus dem Gefängnis in der Berliner Prinz-Albrecht-Strasse fand er im KZ Flossenbürg den Tod. Einem Elternhaus mit bester evangelisch-liberaler, humanistischer Tradition entstammend, in Berlin aufge-

wachsen, erlebte er in früher Jugend den radikalen Zusammenbruch dieser bürgerlichen Welt. Früh entschloss er sich, Theologie zu studieren, eigentlich im Widerspruch zu der eher skeptischen Einstellung der Familie.
Ihn auf unser Problem hin zu befragen, hiesse, sein ganzes, umfangreiches Schaffen anzuführen. Statt dessen bringe ich hier einige, für mich besonders eindeutige Zitate. «Es sind nur noch einige ‹letzte Ritter› oder ein paar intellektuell Unredliche, bei denen wir ‹religiös› landen können. Sollten das etwa die wenigen Auserwählten sein? Sollen wir uns eifernd, piquiert oder entrüstet ausgerechnet auf diese zweifelhafte Gruppe von Menschen stürzen, um unsere Ware bei ihnen abzusetzen? Sollen wir ein paar Unglückliche in ihrer schwachen Stunde überfallen und sie sozusagen religiös vergewaltigen?» – «Nicht der religiöse Akt macht den Christen aus, sondern das Teilnehmen am Leiden Gottes im weltlichen Leben.» – «Die Religiosität des Menschen weist ihn in seiner Not an die Macht Gottes in der Welt. Die Bibel weist den Menschen an die Ohnmacht und das Leiden Gottes. Nur der leidende Gott kann helfen. Insofern kann man sagen, dass die Entwicklung zur Mündigkeit der Welt, durch die mit einer falschen Gottesvorstellung aufgeräumt wird, den Blick freimacht für den Gott der Bibel, der durch seine Ohnmacht in der Welt Macht und Raum gewinnt.» – «Die Attacke der christlichen Apologetik auf die Mündigkeit der Welt halte ich erstens für sinnlos, zweitens für unvornehm, drittens für unchristlich. Sinnlos – weil sie mir wie der Versuch erscheint, einen zum Mann gewordenen Menschen in seine Pubertätszeit zurückzuversetzen, das heisst ihn von lauter Dingen abhängig zu machen, von denen er faktisch nicht mehr abhängig ist, ihn in Probleme hineinzustossen, die für ihn faktisch nicht mehr Probleme

sind. Unvornehm – weil hier ein Ausnutzen der Schwäche eines Menschen zu ihm fremden, von ihm nicht frei bejahten Zwecken versucht wird. Unchristlich – weil Christus mit einer bestimmten Stufe der Religiosität des Menschen, das heisst mit einem menschlichen Gesetz verwechselt wird.»

Nach Bonhoeffer ist also «Religion» ein Missverständnis des Glaubens, das den Glauben in den Bereich der Innerlichkeit und des Gewissens verlegt und damit das Umfassende des Glaubens verliert. Hinter all dem steht die Selbstmächtigkeit des Menschen, die den Glauben zerstört. Es widerspräche Bonhoeffers Absicht, hier in eine abstrakte Erörterung darüber einzutreten, ob der von ihm vorausgesetzte Religionsbegriff – den er übrigens nirgends eindeutig definiert hat (!) – berechtigt ist. Uns geht es vielmehr darum, zu bedenken, dass Bonhoeffer aus einer ganz bestimmten Situation heraus diesen Begriff übernimmt und anwendet. Übrigens: Was «christlich» und was «weltlich» ist, steht bei Bonhoeffer nicht mehr von vornherein fest, sondern beides wird bei ihm in seiner Besonderheit und in seiner Einheit erst in der konkreten Verantwortung des Handelns aus der in Jesus Christus geschehenen Versöhnung erkannt.

Eines möchte ich hier mit aller Entschiedenheit klarstellen. Ich selber teile die Skepsis von Dietrich Bonhoeffer der «Religion» gegenüber keineswegs. Sie ist eine grosse und bewunderungswürdige Sache, eine vornehme Anstrengung des Menschen, sich unter den Anspruch eines Unbedingten zu stellen. Diese Bemühung sollten wir hochachten, ja sie in das Christentum integrieren. Obwohl also das Christentum von seinem Wesen her keine Religion ist, kann es zur Religion werden in seiner konkreten Vermenschlichung. Es

geht also hier keineswegs darum, die Religion herabzuwürdigen, sondern nur, Klarheit zu schaffen.
Diese Klarheit besteht nun darin, dass jene Menschen, die einfach innerlich «nichtreligiös» sind, auch zu Gott finden können und auch an der Erlösung teilhaben. Dass auch solche Menschen sich befreit fühlen zu einem Gott, der sie liebhat und der das Kreuz auch für sie auf sich nahm. Mit einer solchen Einstellung könnten wir für viele Menschen Gutes tun. Auch für das Christentum erwächst aus einer solchen Unterscheidung ein Vorteil. Diesen Vorteil möchte ich nun vorsichtig darlegen.
Es gibt im konkreten Christentum Erscheinungen, die man mit Recht kritisieren kann, ja kritisieren soll. Es sind gerade jene Seiten, die dadurch entstanden sind, dass das Christliche sich zu sehr mit dem Religiösen identifiziert hat. Dies zu bedenken und dies klar und folgerichtig darzulegen, könnte das Christliche von vielen Schlacken befreien. Man soll mich richtig verstehen: Ich will die unübersehbare Schuld der Christenheit an vielen Ereignissen gar nicht abstreiten, sondern nur sagen, dass sie das Wesen des Christentums gar nicht betrifft. Dieses Wesen ist Jesus Christus selber, der Glaube des Menschen an einen menschgewordenen Gott. Das ist christliche Frömmigkeit in unserer Welt.

Betroffenheit

GOTT DES SCHWEIGENS

Der schweigende Mensch kann ein Zeichen des Absoluten sein, aus dessen Innerem auch ungewollt und ohne eigene Bemühung Gott selbst hervorbricht. Der Mensch ist jenes Wesen, in dessen Schweigen sich die Anwesenheit Gottes für uns ereignen kann. Für den inneren Wahrheitsgehalt der Aussage «Das Schweigen ist der Ort der Gottbegegnung» hat die Bibel das Schicksalsbild des Propheten Samuel entworfen. Es ist die sagenumwobene Gestalt eines weisen, milden und unbestechlich der Wahrheit dienenden Menschen, dessen «Gotteskraft» eine ganze Epoche des Volkes Israel kennzeichnet. All seine innere Gewalt liegt aber in der Kindheit verborgen. Eine ganze Metaphysik des Kindseins wird uns in den ersten drei Abschnitten des ersten Buches von Samuel vor Augen geführt.

Samuels Sein erwuchs aus der Demütigung seiner Mutter. Sie war unfruchtbar, von ihrer Nebenbuhlerin gekränkt, betrübt und von Kummer niedergedrückt. Die Sehnsucht nach einem Kind beherrschte ihre verletzte Seele. Sie betete um ein Kind. Dieses Gebet aus tiefer Not fand bei Gott Erhörung. Sie betrachtete das Kind als Frucht der Anbetung und gab ihm den Namen «Ich habe ihn von Gott erbeten»: «Samuel». In ihrem Geist wuchs still die Einsicht: Dieses kleine Wesen gehört nicht mir, sondern Gott. Mit jubelndem Herzen bricht aus ihr das «Magnifikat» des Al-

ten Bundes, der «Lobgesang der Hanna» empor, indem sie das Teuerste ihres Lebens im Heiligtum Gottes zu Schilo, unter der Obhut des greisen, willensschwachen, aber in seiner Art Gott tief ergebenen Priesters Eli, zurücklässt:
«Mein Herz frohlockt durch Jahwe. Hoch ragt mein Horn durch meinen Gott. Mein Mund ward weit geöffnet wider meine Feinde, denn deiner Hilfe darf ich mich erfreuen. Niemand ist heilig wie Jahwe, denn keiner ist ausser dir. Kein Fels kommt unserem Gott gleich! Lasst ab von euren prahlerischen Reden, nichts Vermessenes entfahre eurem Mund! Denn ein wissender Gott ist Jahwe, und von ihm werden die Taten abgewogen. Der Starken Bogen wird zerbrochen, Strauchelnde jedoch umgürten sich mit Kraft. Um Brot verdingen sich die Satten, während jene, die da Hunger litten, aufhören zu arbeiten. Sieben Kinder hat die Unfruchtbare, die Kinderreiche aber welkt dahin. Jahwe macht tot und macht lebendig, er stürzt in die Scheol und führt herauf. Jahwe macht arm, er macht auch reich, er erniedrigt und erhöht. Aus dem Staube richtet er den Schwachen auf und zieht den Armen aus dem Schmutz, um ihnen neben Fürsten einen Platz zu geben und ihnen Ehrenplätze anzuweisen. Jahwe gehören ja die Säulen dieser Erde, er hat den Erdkreis darauf gestellt. Die Schritte seiner Frommen hütet er, die Frevler aber gehen in der Finsternis zugrunde. Denn keiner wird durch eigne Kraft ein Held. Wer wider Jahwe streitet, wird zerschmettert. Der Allerhöchste lässt im Himmel donnern. Jahwe sitzt zu Gericht über die Enden der Erde. Seinem König wird er Kraft verleihen und das Horn seines Gesalbten erhöhen» (1 Sam 2,1–10).
Die Mutter besucht den Knaben einmal im Jahr, bringt ihm einen kleinen Linnenrock mit, in welchem er den Dienst vor Jahwe versieht. Das Leben des Kindes ist ein-

sam. Die Söhne des greisen Eli sind rauhe und grausame Gesellen. Der alte Eli ist aber dem Kinde sehr zugetan. Doch sind nicht die Menschen die wirkliche «Umgebung» dieses Kindes, sondern die Gegenwart des Geheimnisses, dessen Zeichen die in Schilo aufbewahrte Bundeslade ist.
Sätze wie diese: «Der junge Samuel wuchs heran bei Jahwe» – «Der junge Samuel nahm zu an Weisheit und Alter und Gnade vor Jahwe und den Menschen», schildern in ihrer Schlichtheit die Gottzugewandtheit eines stillen und nachdenklichen Kindes, das in einer schlichten Selbstverständlichkeit bei der Bundeslade, bei der «Gegenwart Gottes» zu schlafen pflegt, gleichsam in den Armen Gottes. Stille und Schweigen beherrschen diese Nächte. Nur eine kleine Lampe flackert vor der Bundeslade. Alles ist sinnerfüllt, von der Gegenwart des Überwältigenden beherrscht. All das strömt ein in die geöffnete Seele des Kindes. Ein Wissen um Gott wächst heran in dieser Geborgenheit. Die Welt überragt sich selbst an diesem kleinen Ort. Das Kind weiss um Gott, wie ein Kind eben die Gegenwart seiner Mutter mit seinem ganzen Dasein erfährt, als wärmende Güte des Lebens. Jedoch steht ausdrücklich im Text: «Samuel hatte Jahwe noch nicht erkannt» (1 Sam 3,7). Das heisst: Die in der Stille erspürte Gegenwart Gottes ist ihm noch nicht zum bewussten Nachvollzug geworden.
Bald aber verdichtet sich die Stille zu einem Ruf: «Samuel! Samuel!» Das Kind erwacht und spricht in das Dunkel der Nacht: «Hier bin ich!» Es läuft sofort zum greisen Eli, weckt ihn aus dem Schlaf und sagt ihm: «Du hast mich gerufen.» Der Alte schickt ihn zurück zum Schlafen. Das gleiche wiederholt sich dreimal, bis der alte, weise Mann begreift, dass hier an diesem zarten Kind etwas Unerhörtes, der Einbruch der Gottesgegenwart in das Schicksal des Menschen, sich

ereignet, und schickt es wieder zurück mit der Weisung, Samuel solle, wenn «man» ihn wieder rufe, antworten: «Sprich, Jahwe!» So erwuchs aus der Stille der Gottgeborgenheit ein Lebensschicksal für Samuel. Diesem, aus dem schweigsamen Geheimnis sich bildenden Wort blieb Samuel ein Leben lang treu: «Samuel wuchs heran, und Jahwe war mit ihm. Kein einziges Wort blieb unerfüllt, und Samuels Wort hatte Geltung» (zum ganzen Ereignis: 1 Sam 3,1–4,1).

Nun sei nur noch darauf hingewiesen, wie hier, in der Erfahrung der Stille aus dem menschlichen Dasein eine Ahnung aufsteigt von einem Gott der warmen Menschennähe, des Verständnisses und der Güte, in dessen zurückhaltender Menschlichkeit alle Not Heimat findet und Tröstung. Von einem Gottmenschen, dessen Wesen Milde und stille Bescheidung ist, der immer zugegen ist, wo Verzweiflung, Unglück und Hoffnungslosigkeit ihn ansprechen. Von einem Gott, der gütig und verhalten sich verbrauchen lässt, damit er allen Frieden spende, randvoll und ohne Mass. Einem Gott, der um unsere Liebe bettelt, der Anfechtung und Verzagtheit erlebt, der vor uns in Demut niederknien kann. Christus ist kein Fremder für uns. Er ist die Verdichtung alles Echten, Stillen und Helfenden. Hinter dem Schleier, «Mensch zu sein», verbirgt sich bereits sein Antlitz. Der schweigende Mensch erahnt ihn schon als seinen Bruder, selbst wenn er noch nie von ihm gehört hat.

Hier erfassen wir die Bedeutung der Stille für unser menschliches Sein überhaupt. Die Gestalt eines stillen Menschen in der Welt zu verwirklichen bedeutet, Gott selbst als Gegenwart Christi spürbar zu machen. Der hörende, zuhörende, lauschende und horchende Mensch ist der Ort, an dem diese Verwandlung geschieht. Viel Not und

bange Verzweiflung wird in seine Seele einströmen. Leise wird er immer neu sein Dasein dem Geheimnis öffnen, damit der menschgewordene Gott aus all dem eine neue Schöpfung gestaltet.
Noch nie hat unsere Welt so viele stille Menschen gebraucht wie heute, und es gab ihrer vielleicht noch nie so wenige. Wem heute die Erfahrung der Stille geschenkt wird, der mag dafür danken, sie wohl bewahren und sorgen, dass sie fruchtbar werde.

DER ERSCHEINENDE GOTT

Kann Gott einem Menschen erscheinen? Diese Frage, die teils nachdrücklich negativ, teils positiv vom heutigen Menschen beantwortet wird, möchten wir hier nicht einer Entscheidung entgegenführen. Nur das Problem möchten wir klären, welches Schicksal ein Mensch auf sich nimmt, der meint, ihm sei Gott erschienen.
Ungefähr 1400 Jahre vor unserer Zeitrechnung begann eine Geschichte von ausserordentlicher Bedeutung. Damals standen weder Athen noch Rom. An den grossen Strömen waren weite Imperien entstanden, am Nil, an Euphrat und Tigris, am Ganges. Es war eine Weltgeschichte grossen Ausmasses, die sich da abspielte, und zugleich von einer erschreckenden Monotonie. Könige und Priester wurden geachtet und waren die eigentlich Unsterblichen. Namenlose Heere von Sklaven haben am Nil Jahr für Jahr das Bewässerungssystem erhalten, die Befestigungen an den Grenzen des Reiches gebaut. Sie sind untergegangen. Ihre Leiber wurden nicht geschmückt und balsamiert, auf dass ihr Le-

ben weiterdauere nach dem Tode. Ein Imperium wie Ägypten wurde errichtet auf den Tränen und dem Schweiss seiner Zwangsarbeiter.
Am Hofe des Pharao lebte zu dieser Zeit ein Kind, Moses. Trotz seiner hebräischen Herkunft galt er als Adoptivsohn einer ägyptischen Prinzessin. Moses bewegte sich am Hofe nicht als Sklave oder in einer untergeordneten Stellung, sondern gehörte zur königlichen Familie und erhielt die Erziehung, die deren Söhnen zuteil wurde. Moses wurde, zum mindesten dem Äusseren nach, zu einem Ägypter.
Dieser Mann mit dem ägyptischen Namen, der offizielle Sohn einer Prinzessin, hatte nicht vergessen, dass seine Eltern zu der Gruppe der Halbfreien gehörten. Welche Beziehungen er zu ihnen pflegte, bleibt unklar, bis ein kleines Ereignis plötzlich das Dunkel erhellt. Er sieht etwas Alltägliches, was in Antike und Gegenwart oft geschieht: Ein Fronaufseher quält und bedrängt zwei Zwangsarbeiter, die zu den Stammesgenossen von Moses gehören. Die Verbundenheit zu den Sippen seiner Herkunft ist so stark, dass er den Aufseher im Zorn niederschlägt. Der Vorfall wird bekannt. Ein Verbleiben am Hofe wird lebensgefährlich. Moses muss fliehen.
Moses flieht in die Wüste. An einer Quelle schützt er junge Hirtinnen. Die Mädchen führen ihn in das Haus ihres Vaters. Der Vater heisst Jithro, er ist Priester und Fürst der Sippen, die im Gebiet der Quelle lagern. Von hebräischer Abstammung, aufgewachsen in der Welt der Pharaonen, lebt Moses nunmehr an einer alten Stätte beduinischer Religiosität. Der Fürst gibt ihm eine seiner Töchter zur Frau. Moses wird Hirte. Die Berichte sagen, er habe die Schafe gehütet. Hirt ist ein Beruf urtümlichster Art, dessen Verständnis uns Heutigen entschwunden ist. Uns will der Beruf

des Hirten unwichtig und armselig erscheinen. Aber in jenen frühen Zeiten war der Hirte geachtet und geehrt. Er trug Sorge für das Vieh und setzte sich mit Geduld und Tapferkeit für die ihm anvertraute Herde ein. Ein früher Titel der Könige jener Zeit lautet: Hirte. In dieser Zeit widerfuhr Moses das Entscheidende, das seinem Leben und dem Leben seines Volkes eine neue Wendung gab.

Während Moses die Schafe weidet, kommt er zu einem Berg, der «Berg Gottes» benannt wird. Ein Zeichen macht ihn aufmerksam: Ein Busch, der brennt und nicht verbrennt. Unerwartet hat das Gewöhnliche um ihn herum sein Gewohntes verloren. Das Ungewohnte greift nach ihm. Aus dem «Vorbehaltenen» wird ein Zeichen «hinübergewinkt» in den Bereich des Menschen. Moses will sich vergewissern und tritt näher. Solange er das tut, bewegt er sich im Bereich des Gewöhnlichen. In dem Augenblick aber, da er hintritt, trifft ihn eine Stimme, die ihn aus dem Ungewöhnlichen anruft. Die Stimme enthüllt keine göttlichen Eigenschaften, offenbart keine Gotteslehre, sondern tut eine Geschichte kund. Auch der Name des Sprechenden wird geoffenbart: Jahwe. Es ist nicht mit Sicherheit auszumachen, was dieser Name bedeutet. Wir wissen nicht einmal, ob er so ausgesprochen wird, wie wir ihn heute aussprechen. Denn das Hebräische schrieb anfänglich nur Konsonanten und keine Vokale: JHWH. Unter diesem Namen vollzog sich die Unterscheidung zu den Göttern, die Abgrenzung des so gefährdeten Volkes Israel gegenüber allen anderen Völkern. Es ist jener heilige Name, den Jesus im Gebet, das er die Seinen gelehrt hat, rühmte: «Geheiligt werde dein Name.» Am Beginn steht also die Nennung eines Namens, daraus erwächst Geschichte.

Nach dieser Vision vollzog sich jenes, das uns allen bekannt ist: Der Auszug Israels aus dem Lande Ägypten und die lange Wanderung durch die Wüste, wo sich die Bundesschliessung ereignet. Eine ganze Generation muss in der Wüste sterben, weil sie sich des Künftigen als unfähig erwiesen hat. Vor allem die Erzählung vom Tod des Moses enthüllt einen verborgenen Sinn: Moses schaut das Land, zu dem er die Schar hinführen sollte, von ferne. Aber er stirbt, bevor er jenes Land erreicht. Die Zukunft, die er sah, ist ferngerückt, nicht nur das Land, dem er zustrebte. Die Bibel kennt den Eigenwert des Erfolges nicht. Im Gegenteil: Sie ist verpflichtet, wenn sie den Erfolg meldet, zugleich mit strenger Ausführlichkeit die Erfolglosigkeit zu melden, die damit verbunden ist. Wenn man die Geschichte des Moses verfolgt, ist in den einen grossen Erfolg sehr viel Erfolglosigkeit gemischt, so viel, dass, wenn man die einzelnen Vorgänge, aus denen sein Leben zusammengesetzt ist, aneinanderreiht, die Linie seines Erfolges durch eine Erfolglosigkeit nach der anderen hindurchführt. Ja, Moses führt das Volk aus Ägypten. Aber jede Situation dieser Führung scheint ein Versagen zu sein. Wo immer er mit dem Volk Israel zu tun bekommt, wird er von ihm überwältigt, mag dann Gott auch eingreifen und das Volk bestrafen. Die eigentliche Geschichte dieser Führung ist nicht die Geschichte der Ausfahrt, sondern die der Irrung durch die Wüste. Aber auch die persönliche Lebensgeschichte des Moses selbst weist nicht herüber nach der Jugend und nach dem, was aus ihr gewachsen ist in den Erfolg, sondern sie weist hinüber in den Tod, in den Tod des Erfolglosen, den freilich sein Werk überdauert, aber in neue Erfolglosigkeit, neue Enttäuschung und stets neues Versagen hinein – und doch auch in eine Hoffnung über dieses Versagen hinaus.

Kehren wir aber wiederum zurück zu jener Vision, aus der

sich diese ganze Geschichte entfaltete. Damals hat sich die Grenze zwischen Göttlichem und Menschlichem, zwischen Gott und dem Geschöpf aufgetan. Heiligkeit wurde da erfahren als das Ungewöhnliche, das Befremdende und Anziehende. Die Antwort des Moses (und des Menschen überhaupt) auf eine solche Erfahrung der Heiligkeit ist Schrekken und Furcht. Schrecken und Furcht bezeichnen allerdings nicht das, was in unserer gewohnten Welt als furchteinflössend erfahren wird. Moses wirft sich zur Erde und verhüllt sein Angesicht. Wir sollten jene Gebärde, die damals noch ihre Glaubwürdigkeit hatte, genau ans Herz nehmen: das Verhüllen des Antlitzes und das Sichniederwerfen, die Scheu, dorthin zu blicken, woher die offenbarende Stimme kommt.

So verstanden kann auch der heutige Mensch noch Gott «erschauen». Dann hat er aber die Aufgabe, dieses Erschauen als Auftrag hinzunehmen, als eine Sendung, die ihm durch Erfolglosigkeit hindurch eine überragende Hoffnung verspricht. Gott ist nicht der Herr des Vordergründigen, also auch nicht des vordergründigen Erfolgs.

DER HÜTENDE GOTT

Es sei hier über eine geheimnisvolle Dimension der menschlichen Existenz nachgedacht, die ich als «Behütetwerden» bezeichnen möchte. Dabei werden wir eine Wesensgesetzlichkeit entdecken, die geradezu in eine Definition menschlichen Daseins umgewandelt werden kann: Der Mensch ist jenes Wesen, das, indem es Zartes und Bedrohtes hütet, selber behütet wird vom Zarten und Bedrohten, worin sich für ihn Gottes Macht offenbart. Diese feine Einsicht wird in einer der ergreifendsten Erzählungen der Bibel, in der Zeichnung des Schicksalsbildes des Tobias, in den Bereich der Anschaulichkeit projiziert. Diese märchenhafte Erzählung ist uns allen zwar in lebhafter Erinnerung, soll hier aber dennoch kurz nacherzählt werden.

Die Geschichte des Tobias hebt mit einem Bericht über die Gleichzeitigkeit einer zweifachen menschlichen Not vor Gott an. Einerseits ist es das Schicksal eines leidgeprüften und gottergebenen Menschen, des greisen Tobias (oder Tobit): Als er noch in seiner Heimat, im Lande Israel, lebte, war er nahezu der einzige, der Gottes Gesetz treu beobachtete. Auch blieb er der Gesinnung seines menschenliebenden und erbarmenden Gottes ergeben und sorgte hütend für die Ärmsten seines bedrückten und geängstigten Volkes. Mit Frau und Sohn wurde er nach Ninive verschleppt, wo er in guten Werken verharrte, sich der Verlassenen annahm und die Toten begrub. Er harrte aus, trotz vieler Schicksalsschläge. Am Ende konnte er nicht mehr: Arm geworden, blind, von allen verlassen, wandte er sich an seinen Gott mit der Bitte, ihn aus dieser Welt zu nehmen, wo er keine Hoffnung mehr habe (Tob 1,3–3,6).

Anderseits ist es das Schicksal einer jungen, unglücklichen Frau: Zur gleichen Zeit fasste Sarra in Medien den Entschluss, sich zu erhängen in ihrem Obergemach. Schon siebenmal wurde sie verlobt, aber alle sieben Männer starben, bevor die Ehe vollzogen werden konnte. Ihr Schicksal wird zum Gegenstand von Gespött und Schmähung. Sie kann es nicht mehr ertragen. Sie will aber ihrem Vater keinen Kummer bereiten, und statt sich zu erhängen, betet sie zu Gott mit ausgebreiteten Armen vor dem Fenster, er möge ihr das Leben nehmen (Tob 3,7–15).

Zwei an ihrem Schicksal zerbrechende Menschen. Ein alter Mann und eine junge Frau, beide stehen gleichzeitig im Gebet am Rande der Verzweiflung. Da bricht aus dem Bereich des Transzendenten die Gestalt ihrer Behütung, der Engel, als Bote Gottes in die Welt hinein, um beide zu befreien (Tob 3,16–17). Die Befreiung vollzieht sich durch die vom Engel behüteten Taten des jungen Tobias, dessen Wesen, während es noch im Bereich des Kindseins beheimatet ist, bereits durch den Aufbruch zum Mann bestimmt wird. Dieses Kind wird auf eine gefährliche Reise geschickt, um eine bedeutende Geldsumme von einem gewissen Gabael in Medien für seinen Vater abzuholen. Mit guten Ratschlägen und grosser Angst wird Tobias in Begleitung des Engels, «zur Reise ein wenig verkleidet», von seinen Eltern verabschiedet. Der Engel führt Tobias auf der Wanderung und weiss ihn zu unterrichten: in Gefahren steht er ihm bei, lehrt ihn die Bedeutung verschiedener Heilmittel (gegen die Blindheit seines Vaters und gegen die bösen Dämonen), bereitet ihn auf die Begegnung mit seiner schönen, aufrichtigen und beherzten Kusine Sarra vor, macht ihn auf die Sippenpflicht ihr gegenüber aufmerksam, die zu erfüllen dem jungen Tobias angesichts ihres Charmes nicht schwerfällt. Beide überwinden, den Weisungen des Engels folgend, die gefährliche Schicksalsnacht zur grossen Überraschung der Eltern der jungen Frau. Vierzehn Tage lang wird Hochzeit gefeiert. In der Zwischenzeit holt der Engel das ausgeliehene Geld bei Gabael ab, der es sich aber nicht nehmen lässt, selber bei den Hochzeitsfestlichkeiten zu erscheinen. Inzwischen sind die Eltern des Tobias sehr beunruhigt. Die Reisetage sind schon abgelaufen, und der Sohn ist immer noch nicht da. Täglich geht die Frau des alten Tobias hinaus, um am Weg zu wachen. Der junge Tobias seinerseits hat keine Ruhe und drängt auf Heimkehr. Die grosse Karawane macht sich auf den Weg heimwärts (Tob 4,1–10,13).

Tobias und der Engel eilen voraus, und die Freude des Wiedersehens kennt keine Grenzen, zumal es durch das Heilmittel des Engels auch für den greisen Tobias ein wirkliches Wieder-«Sehen» wird. Der alte Mann eilt (wie es heisst: «in eigener Kraft voranschreitend») seiner Schwiegertochter entgegen und führt sie ins Haus. Der Tag wird zum Fest für alle Juden in Ninive. Für den Engel ist es aber Zeit, Abschied zu nehmen. Er offenbart sein Wesen als «Bote Gottes», gibt Anweisungen und Ratschläge für die Zukunft, enthüllt die geheimen Pläne Gottes, und schliesslich «enthebt er sich». Sie priesen Gott mit Lobgesängen und dankten ihm, der solche Wunder gewirkt: Ein Engel des Herrn ist erschienen (Tob 11,1–12,21).

Die Tage des alten Tobias und seiner Frau enden in stillem Glück. Der Greis Tobias geht hinüber in einer Vision der Heimführung Israels aus der Gefangenschaft, der Bekehrung aller Völker der Erde und der Vollendung der Gottesherrschaft im ewigen Jerusalem. Nachdem der junge Tobias seine Eltern in Ninive begraben, kehrt er mit Hab und Gut nach Medien zu seinen Schwiegereltern zurück, die er in ihrem Alter mit ehrfürchtiger Sorge umhegt. Die Zeit vergeht im Glück. Die Schwiegereltern sterben auch, Tobias erbt ihr Vermögen und lebt inmitten seiner Nachkommenschaft an der Seite seiner Frau Sarra, wird hundertsiebzehn Jahre alt und erschaut noch vor seinem Tode die ersten Anzeichen der von seinem Vater angekündigten Gottesherrschaft. «Er konnte den Herrn preisen von Ewigkeit zu Ewigkeit. Amen» (Tob 13,1–14,15).

Mit diesem liturgischen Abschluss endet der Bericht über

Bedrohung und Glück, über Gefahr und Behütetsein, über frommes Leben und gottergebenen Tod, über die Treue des Menschen und den Besuch des Engels, über irdisches Schicksal und die Güte Gottes.
Es ist ein mit grosser Zärtlichkeit erzähltes Schicksalsbild (vielleicht aber nur ein «Märchenbild») und darin die schöne Offenbarung menschlicher Wirklichkeit in ihren letzten Bezügen des Behütens und Behütetwerdens. Dennoch wird in der Erzählung das menschliche Leben nicht zur Idylle. Auch hier wird die überragende Wirklichkeit Gottes nicht verharmlost. Im Grunde ist es nicht einmal wichtig, was da alles erzählt wird. Die eigentliche Offenbarung verbirgt sich in diesem Buch in einer «Lebenshaltung», darin, «wie» all das erzählt wird: Alles ist getragen vom «Positiven», von einem «Sinn für das Sein», einer «Begeisterung für das Sein», einem «Gefühl für das Sein, unendlich reicher und erneuernder als unsere Logik», einer «Anerkennung der Fülle», die wir bei allen aufbauenden Geistern, vor allem in Zeiten der Wandlung und Gefahr, entdecken können. Es ist die Haltung der «Treue zum Glück».
Nach dem Gesagten dürfte kein Zweifel darüber bestehen, dass die Atmosphäre der Freude und des Glücks Zeichen dafür sind, dass in einem Menschenleben Gott selbst «am Werk» ist. Treue zur Freude und zum Glück ist jenes Lebenselement, aus dem sich – selbst unter innerem Aufgebrauchtwerden und Leiden, das von andern oft gar nicht erkannt oder auch nur erahnt wird – menschliches Leben mit Gott in unserer Welt bildet. All das geschieht aber unter Gottes Hut: Im Behütetwerden durch jenen, der alles Leben mit unendlicher Zärtlichkeit umfängt, vor allem dort, wo dieses Leben am meisten bedroht und ausgesetzt ist.

Für die neutestamentlichen Schriftsteller bedeutete die Erfahrung Jesu Christi zugleich die Erfahrung Gottes. Deshalb darf ihre Darstellung bei der Behandlung des Themas «Gott erfahren» keineswegs fehlen. Wenn ich richtig sehe, gibt es drei Arten der Christuserfahrung im Neuen Testament. Über diese drei möchte ich jetzt jeweils kurz berichten. Gott hat in der Menschwerdung die ganze menschliche Wirklichkeit, also auch das Normale, das Gewöhnliche, das Ermüdende, das sich stets Wiederholende und das Unauffällige auf sich genommen.

Diese warme Menschennähe Gottes wird in den neutestamentlichen Büchern vor allem bei den sogenannten *Synoptikern* – den Evangelisten Markus, Matthäus und Lukas – geschildert, welche die Wirklichkeit Christi «synoptisch», das heisst «aus dem gleichen Blick heraus», erfassen. Diese Schriften stellen ein seltsames Dokument dar. Man muss es lernen, mit ihnen lebendig umzugehen. Über den allergrössten Teil des Lebens Jesu schweigen sie. Die Begebenheiten, die sie erzählen, sind lose aneinandergereiht, nach sachlichen Gesichtspunkten gruppiert und bei den einzelnen Evangelisten verschieden geordnet. Ihr Interesse haftet an den Einzelereignissen, an dem Anekdotischen. Gerade das macht diese Schriften so lebendig und warm.

Die Leibhaftigkeit und die Menschlichkeit Christi werden bei den Synoptikern deutlich. Man spürt, dass es der Menschenseele bei Jesus Christus wohl wird. Wir erleben die grosse menschliche Anziehungskraft des Erlösers, jene Macht über das Menschenherz, die Petrus und Andreas auf ein einziges Wort Jesu hin alles verlassen liess, welche die zwei Söhne des Zebedäus dermassen ergriff, dass sie augen-

blicklich alles stehen liessen, die das Volk in die Wüste lockte ohne Verpflegung und Schutz. Das menschliche Herz fand bei Jesus von Nazareth wirklich Heimat.
Bei den Synoptikern begegnen wir einem Jesus, der müde wurde und sich ausruhen musste – der ass und schlief – der den Kranken half und die Kinder segnete – der in der seligen Gottesnähe jubelte – dessen Herz vom Willen des Vaters ganz erfüllt war – der Mitleid mit den Menschen hatte, und zwar derart, dass er bittere Tränen weinte – dem die Menschen nachfolgten, weil sie merkten, dass er sich ihrer Verwahrlosung erbarmte – der die Mühseligen und Beladenen zu sich rief – der eine Zartheit, ja eine Zärtlichkeit in sich trug für alles, was lebt – der in leuchtender Lebendigkeit die Wahrheit lehrte, ohne Beschönigung und Sentimentalität – der nicht auf das Ansehen der Menschen schaute – der sein Leben nicht vorausplante, sondern es vom Überraschenden her empfing – der lange warten konnte, dass sich ihm ein Menschenherz öffne – der unauffällig, normal, durchschnittlich und arm sein konnte – der ganz gewöhnliche Leute zu seinen Freunden wählte – der einfach und selbstverständlich die festen Situationen des menschlichen Lebens respektierte und deshalb auch der politischen Autorität, ja den religiösen Einrichtungen seines Volkes gegenüber gehorsam war, obwohl er durchaus das Bewusstsein hatte, dass er an all das nicht gebunden sei – der in einer beinahe erschreckenden Weise die Dinge hinnahm, wie sie waren, und sie nicht äusserlich-revolutionär umkrempeln wollte – der aber zugleich verstand, in diesem gewöhnlichen Leben das schlechthin Ungewöhnliche aufleuchten zu lassen, dessen Antlitz erstrahlte von der Heiligkeit. – In diesem Menschen, in Jesus von Nazareth waltete das Göttliche und milderte zugleich seine Macht zu Anmut und Milde.

Etwas Unheimliches hat sich hier in einem Menschenleben verwirklicht: die Freundlichkeit zu jedem Geschöpf.

Nach den Synoptikern war endlich ein Mensch unter uns, der das geknickte Rohr nicht brach und den glimmenden Docht nicht löschte, der rufen konnte: Kommt zu mir alle, die ihr voll Mühsal seid, ihr werdet Ruhe finden für eure Seelen. Jesus nahm unsere Not immer wahr, die Not einer armen Witwe von Naim, die Not der armen, kranken Frau, die nur den Saum seines Gewandes zu berühren wagte, die Not des Apostels Petrus, der ihn verriet und dem er mit einem einzigen Blick Reue und Verzeihung schenken konnte. Jesus war ein Mensch, der, weil er einfach nichts zu verbergen hatte, allen die Wahrheit zu sagen vermochte, der sich in leuchtender Klarheit vor die Menschen hinstellen konnte und durch sein schlichtes Dasein die Herzen in Bewegung brachte.

Diese leuchtende Menschenfreundlichkeit Jesu zu erfahren ist und bleibt nach den Synoptikern das Hauptziel des christlichen Lebens. Dabei entsteht etwas, das ich «synoptische Betrachtung» nennen möchte: Der Christ versucht in geduldiger, erlebender und nachvollziehender Vergegenwärtigung den Ereignissen des Lebens Jesu immer näher zu kommen, dringt in die Motive des Handelns und des Redens Jesu ein, setzt seine eigenen Motive in Beziehung dazu, wird innerlich berührt, empfindet Freude und Zugehörigkeit. Die Wirklichkeit Jesu fängt langsam an, durch das Dasein des Christen hindurchzuleuchten. Der Christ lässt die innere Gesetzlichkeit des menschenfreundlichen Lebens Jesu sich in seiner eigenen Weltsituation auswirken. Er wird zum Bejaher des Lebens, zum Helfer der Bedrückten und Freund der Beängstigten und Unterdrückten.

Nach den Synoptikern ist Jesus die Gnade Gottes an uns.

Die Gnade (charis) meint zugleich Anmut, Schönheit und Lieblichkeit. Durch die Existenz der Christen strömt nun diese «Lieblichkeit» in die Welt hinein. Im Sinne der Synoptiker liegt die charismatische Aufgabe der Christen im Zeugnis gegenüber der Welt, dass im innersten und tiefsten nur derjenige liebesgewaltig sein kann, der in der Nähe Jesu lebt. Jesus, der menschgewordene Gott, ist nach den Synoptikern jener Ort der Schöpfung, wo das Wahre und Gute im Glanze der Herrlichkeit erscheint, schön wird. So müsste die Gestalt des Christen auch das Ergreifendste sein, das es in der Schöpfung geben kann.

Wenn wir diese Überlegungen, die sich aus der synoptischen Darstellungsweise Jesu ergeben, für uns selbst – heute und jetzt – weiterführen, dürfen wir sagen: Indem der Christ das Leben Jesu in sich selbst verdichtet, schafft er einen leuchtenden, von Gott «geladenen» Raum in der Weltwirklichkeit. Eine unermessliche Kraft ist in den Christen verborgen, die Kraft der Gegenwart Jesu in der Welt. Das ist wohl auch der eigentliche Sinn des verbrauchten und abgegriffenen Wortes «Nachfolge Christi». Sie bedeutet nicht ein ängstliches und gleichschritthaltendes Nachtrotten, sondern ein Aufleuchtenlassen der Güte und Menschenfreundlichkeit Jesu in allen Situationen des Lebens, in Situationen vielleicht, in denen Jesus gar nicht stand.

Demnach wäre das christliche Leben wesenhaft ein Zeugnis. Es genügt nicht, wenn ein Christ am «Hauptsächlichen» festhält, die Wahrheiten des Christentums bekennt und den moralischen Forderungen Jesu nachlebt. Er muss die Existenz Jesu leuchtend vorleben für seine Mitmenschen. Der Christ hat die Aufgabe, die Gegenwart Jesu in sich selbst zu verdichten, eine Gegenwart, die ein Ja, ein Erbarmen, eine Güte und eine schlichte Menschenfreundlichkeit war. Ich habe in einem kurzen, schematischen und deshalb auch weitgehend unnuancierten Entwurf die Jesuserfahrung der Synoptischen Evangelien darzulegen versucht. Ich bin überzeugt davon, dass dieser Jesus auch für den heutigen Menschen der Erlöser ist.

DER LICHTHAFTE GOTT

In diesem Beitrag möchte ich von der zweiten Dimension der Jesuserfahrung in den neutestamentlichen Schriften, über die Erfahrung des Apostels *Johannes* schreiben. Die Begegnung mit der Menschfreundlichkeit Jesu, wie sie die Synoptiker hatten, ist nur der Anfang einer umfassenderen Jesuserfahrung. Je mehr man sich mit der Gestalt Jesu im Evangelium beschäftigt, desto tiefer wird man erschüttert: Gerade die reine Menschlichkeit, die schlichte und selbstlose Güte, die restlose Offenheit für Not und Leid sind menschlich nicht erklärbar. In der warmen menschlichen Nähe Jesu bricht das Göttlich-Ferne, das Menschlich-nicht-mehr-Erklärbare durch. Es befällt den Betrachter jenes heilige Schaudern, von dem Johannes in seiner «Geheimen Offenbarung» berichtet: «Ich wandte mich um, die Stimme zu erschauen, die zu mir sprach. Und wie ich mich umwandte, sah ich sieben goldene Leuchter und inmitten eine Gestalt wie des Menschen Sohn ... Sein Haupt und seine Haare waren weiss wie schneeig weisse Wolle, seine Augen waren wie Feuerbrand, seine Füsse wie Erz im Ofen geglüht und seine Stimme wie das Tosen vieler Wasser. Auf seiner Rechten hielt er sieben Sterne. Aus seinem Mund ging ein Schwert hervor, zweischneidig scharf, und wie die

Sonne in ihrer Macht, so strahlte sein Antlitz. Da ich ihn erblickte, fiel ich wie tot zu seinen Füssen nieder» (Offb 1,12.17). In dieser Vision wächst die Gestalt Jesu ins Ungeheure. Sein Dasein glüht und leuchtet. Hinter ihm öffnen sich die Abgründe des Lichtes und der Sterne. Der «geistdurchflutete» Jesus steht da, die wirkende Macht, die schaffende Kraft, die letzte Intensität allen Seins. Die Welt, gleichsam einsgeworden, glüht im Wesen Jesu auf. Auf seinem Antlitz strahlen die Lichter der ganzen Welt.

Das ganze Johannesevangelium ist von dieser Jesuserfahrung getragen. Klemens von Alexandrien hat es das «geistige Evangelium» genannt. Er meinte damit, dass Johannes vor allem die Existenz Jesu durchsichtig machen wollte auf das ewige Geheimnis der zweiten göttlichen Person, des Logos hin. Bei Johannes fallen die Verhüllungen ab und das ewige Wesen Jesu wird sichtbar, unerklärliche Tiefen tun sich in Jesus Christus auf.

Bevor noch etwas erschaffen wurde, war Christus von Ewigkeit her bei Gott, weil er selber Gott ist. Alles, was erschaffen wurde, ist durch ihn geworden. Er ist das Lebendige des Lebens, das Lichthafte des Lichtes, der Glanz aller Schöpfung. Dieses ewige Lichtwesen, der Glanz der Herrlichkeit Gottes, hat sich in die Welt der Finsternisse hineinbegeben. Wie ein Lichtblitz zog er durch unsere Welt hindurch, leuchtete kurz und gewaltig auf und ging wieder in die Unbekanntheit seiner Herrlichkeit zurück. Dieses gewaltige Aufleuchten Gottes in der Schöpfung warf ein Licht auf alle Dinge, Ereignisse und Herzen. Das Verworrene, das Böse, die Niederträchtigkeit der Welt wurden auf einmal sichtbar. Es entstand das Gericht.

Dieses Gericht war aber zugleich Erlösung. Es wurde im Herzen der Menschen Klarheit geschaffen und Entscheidung möglich gemacht. Diejenigen, die sich für Christus entscheiden, müssen gleichsam eine Zerreissprobe ihrer ganzen Existenz bestehen. Sie müssen ihren «Sinn ändern», sich in allen Bezügen ihres Daseins wenden. Erst so kann jene Welt entstehen, die fähig sein wird, ganzheitlich vom Licht des Lammes durchflutet zu werden. So vollzieht sich in der Entscheidung für Christus das Werden des Himmels: Diejenigen, die sich selbst richten, werden nicht mehr gerichtet, sondern gehen ein in die endgültig christusdurchsichtige Welt, in den neuen Himmel und in die neue Erde, in ein verwandeltes Universum. So ist das Gericht zugleich Werk der erlösenden Liebe, einer Liebe, die zuerst schneidet und brennt, bevor sie zum ewigen Licht wird. Auf der Trümmerstätte unseres eigenen Wesens wird ein Platz frei und leer, und eine neue Stadt kann aus dem Himmel herabsteigen, das ewige Jerusalem.

Es heisst in der anfangs erwähnten Vision weiter: «Er legte seine Rechte auf mich und sprach: ‹Fürchte dich nicht! Ich bin der Erste und der Letzte, der Lebendige. Ich war tot, aber nun lebe ich in alle Ewigkeit. Ich besitze die Schlüssel des Todes und der Unterwelt›» (Offb 1,17–18). Christi Rechte, welche die Sterne hält, legt sich zärtlich auf den zu Tode erschrockenen Jünger. Christus hat den Tod besiegt. Er hat für die Welt einen neuen Zustand eröffnet, den der ewigen Lebendigkeit. Wer den Schrecken der Begegnung mit ihm durchgehalten hat, kann auch ein ewiges Leben im blendenden Glanze der Gottheit bestehen. Christus musste uns durch schreckliche Erfahrungen der Angst und der Bedrohung führen, damit wir die ewige, unser ganzes Wesen in Gott hinein «zerreissende» Freude aushalten können.

Denn, was sich nun einstellt, kann Johannes nur beschreiben, indem er alle Bilder, alle Kostbarkeiten der Erde zusammenträgt und vermengt, nur um uns zu sagen, dass unsere Ewigkeit letztlich unbeschreibbar ist. Ein Zustand ewiger Neuheit steht uns bevor. «Da sah ich den neuen Himmel und die neue Erde ... Und ich sah die heilige Stadt von Gott als neues Jerusalem aus dem Himmel niederschweben, ausgestattet wie eine Braut, für den Gemahl geschmückt. Eine laute Stimme vom Throne dröhnte mir entgegen: ‹Siehe, das Zelt Gottes unter den Menschen. Er wird unter ihnen wohnen. Sie werden sein Volk sein, und er wird Gott mit ihnen sein. Er wird jede Träne von ihrem Auge trocknen, und der Tod wird nicht mehr sein, noch Leid, noch Jammer, noch Mühsal› ... Der auf dem Throne Sitzende sprach: ‹Es ist geschehen! Ich bin das Alpha und das Omega, der Anfang und das Ende ... Der Sieger wird mich selbst erben!›» (Offb 21,1–7).

Die zärtliche Menschenfreundlichkeit Christi, die sich bei den Synoptikern offenbart, bleibt auch bei Johannes bestehen. Doch bricht aus seinem Wesen eine Kraft hervor, die uns zunächst erschreckt. Der Christ soll sich dieser Kraft hingeben, sich von ihr treiben lassen dem Leben und dem Licht zu, ohne Ende. Er soll ein Leben mit Christus, mit dem grossen Fordernden, aushalten und keine Ruhe finden bis zum Tod. Eines ist aber dabei unbedingt zu beachten: Christus ist das Leben und das Licht. Überall, wo wir Leben finden, überall, wo ein Licht aufleuchtet, steht vor uns, vielleicht verschleiert, aber dennoch wirklich, Christus selbst. Aus all dem wird einmal Himmel entstehen. Was der Christ aber entschieden zurückstossen muss, vor allem in sich selbst, ist die Lüge.

Ein Mensch, der lügt und insofern er in der Lüge lebt, ist kein Freund Christi. Aus ihm entsteht nur Zerstörung. Er verfälscht das Sein selbst, gibt ihm keine Möglichkeit zur

Entfaltung. Unbedingtes Leben zärtlich gelebt, das ist die Haltung der Nachfolge, die der Christ dem «johanneischen Christus» gegenüber schuldet: Intoleranz gegen die Sünde, wo sie auch immer auftritt, und eine grenzenlose Toleranz für den Sünder.

Für uns heute ist die allererste christliche Aufgabe, die Gegenwart Christi in unserer Existenz zu verdichten. Mit Christus zu leben heisst im johanneischen Geiste, unsere Taten in einer auf eine ewige und göttliche Vollendung hin aufgebrochenen Welt zu vollziehen, in einer Welt, die durch unsere Taten sich umwandelt in ein «christusdurchsichtiges» Universum. In unserer Dunkelheit soll der ewige Sinn, die ewige Helle, der göttliche Logos aufleuchten. Dies ist die Forderung, die uns die Christuserfahrung des Johannes stellt.

DER KOSMISCHE GOTT

Bis jetzt wurden zwei Ebenen der Christuserfahrung dargestellt: die der Synoptiker (Menschenfreundlichkeit) und die des Johannes (Lichthaftigkeit). Nun, in diesem Beitrag, möchte ich die dritte, tiefste Ebene der Christuserfahrung, die des Apostels *Paulus,* aufzeigen, wie sie in den Paulusbriefen, besonders in den zwei grossen Briefen an die Kolosser und an die Epheser, welche zur Gruppe der sogenannten Gefangenschaftsbriefe gehören, entworfen wurde. Paulus befand sich damals aller Wahrscheinlichkeit nach in Untersuchungshaft in Rom. In der Abgeschiedenheit seines Gefängnisses, in seiner allseitigen Beengung und Beängstigung entstand in seiner Seele eine Deutung des Alls von

Christus her. Ich möchte hier einige Grundzüge dieser «kosmischen Christuserfahrung» nachzeichnen.
Im Zentrum der Paulinischen Christuserfahrung steht das Erlebnis auf dem Wege nach Damaskus (Apg 9,1–19). Christus stand plötzlich vor ihm als blendendes Licht. Damit knüpft sich die Paulinische Christuserkenntnis an die des Johannes. Es war der auferstandene Herr, vor dem die Schranken des Raumes und der Zeit nicht mehr bestehen, der ganz zur Herrlichkeit und Macht geworden ist. Dieser Christus sprach einen geheimnisvollen Satz zu Saulus: «Ich bin es, Jesus, den du verfolgst.» Der zukünftige Apostel hat aber nicht Jesus, sondern die Christen verfolgt. Bei diesem Ausspruch musste dem späteren Paulus eines klar geworden sein: Zwischen Christus und den Christen besteht offenbar kein Unterschied. Welche Folgerungen zog Paulus aus dieser Erkenntnis?
Zuerst: Zwischen dem einzelnen Christen und Christus verwirklicht sich ein «Inexistenzverhältnis». Christus existiert im Glaubenden und der Glaubende in Christus. Dies aber nicht nur bildhaft, sondern real und alle Bezüge des Seins umfassend. Die gläubige Existenz steht nicht für sich selbst, sondern baut sich aus Christus auf. Das ist das eigentliche Geheimnis der Auferstehung: Christus kann mit seinem leibhaftigen Wesen die Existenz des Christen erfüllen, ohne dessen personale Einheit anzutasten. Der Christ lebt in Christus und Christus lebt in ihm. Wir tragen Christus in uns und Christus trägt uns in sich.
Dann aber: Dieses «Inexistenzverhältnis» bindet die einzelnen Christen untereinander zu einer einzigen Gemeinschaft. Der auferstandene Christus trägt alle Christen leiblich in sich und vereinigt sie in ein einziges Sein. Durch das Enthobensein aus der irdischen Raumzeitgebundenheit

vermag der auferstandene Christus die Menschen aller Zeiten und Zonen zu erreichen, um sie leiblich zu erfassen und sie zu leiblichen Gliedern seines auferstandenen Leibes zu machen, sie in sich aufzunehmen, sich ihnen mitzuteilen, sie zu durchwirken und umzuformen. Dieses Zusammenwachsen der Christen mit Christus schafft einerseits eine reale Einheit, hebt aber anderseits das Personsein der Einzelnen nicht auf. Wir bauen also Christus auf: Durch die ganze Geschichte hindurch ereignet sich «Christusgeburt». Dies ist eine der tiefsten Einsichten der Paulinischen Theologie: Christus ist zwar gekommen, bleibt aber bis zum Ende der Welt stets noch im Werden. Am Ende der Zeit steht das «Pleroma», die «Fülle» Christi, der «volle Christus». Das sakramentale Zeichen für diese Eingliederung in Christus, für die Geburt Christi durch die Geschichte, ist die Taufe. Sie schenkt uns das Leben Christi, aber noch nicht in seiner vollen Entfaltung, sondern gleichsam nur als Tendenz und Dynamik, uns nach Christus hin umzugestalten. Von dieser Dynamik der Gnade getrieben, soll der Christ immer tiefer in die Lebensgemeinschaft mit dem Auferstandenen hineinwachsen, sich in seine Gestalt umbilden. Nach dieser Paulinischen Auffassung ist die Taufe im Grunde nichts anderes als das Ganze des christlichen Lebens: ein Wachstum in die Dimensionen des Auferstandenen hinein. Der Christ wird sich dabei seiner eigenen Christusverbundenheit immer klarer bewusst, lebt mit immer grösser werdender Tiefe seine eigene Auferstehung. Durch seine christliche Existenz baut er, gemeinsam mit allen Getauften, den endzeitlichen Christus auf, taucht sich selbst in Christus hinein, vollzieht eine ständige Neuwerdung, bis er in seinem Tod, im letzten Akt seiner Taufe, ganz in der auferstandenen Wirklichkeit Christi aufgeht.

Schliesslich: Das eben geschilderte Inexistenzverhältnis greift über den Bereich des menschlichen Daseins hinaus und ergreift die ganze Welt. Das Weltall ist erfasst von der formenden Macht des auferstandenen Christus. In ihm ist alles zusammengefasst, was im Himmel und auf Erden ist. Das Weltganze wurde in der Auferstehung und in der Himmelfahrt von Christus bis zum Rande erfüllt. Christus ist der Inbegriff der Schöpfung. In allen Bereichen der Welt steht er schon als das geheimste Wesen der Wirklichkeit. Die Welt ist für den Christen die «Transparenz» Christi. Im Herzen aller Dinge können wir Christus mit seiner gottmenschlichen Wirklichkeit entdecken. Die Kommunion mit der Welt ist eine Kommunion mit der innersten Wirklichkeit aller Sichtbarkeit, mit Jesus Christus. Diese Linie des Paulinischen Denkens wurde von den späteren Theologen weitergeführt. Ambrosius von Mailand sagt: «In Ihm ist die Erde auferstanden. In Ihm ist der Himmel auferstanden. In Ihm ist die Welt auferstanden.» Origenes spricht in seinem «Peri Archon»: «Christus ist überall. Er durchdringt das Weltall.» Paschas Radbert schreibt: «Wir sollen Christus, der alle Dinge erfüllt, nicht an einem begrenzten Ort suchen.» Vielleicht dürfte ich noch ein Wort von Karl Rahner anführen, der diesen Paulinischen Gedanken mit grosser Eindringlichkeit ausführt: «Was wir die Auferstehung Christi nennen und unbedacht als sein privates Schicksal betrachten, ist nur ... das erste Symptom dafür, dass hinter der Erfahrung schon alles anders geworden ist in der wahren und entscheidenden Tiefe aller Dinge. Christi Auferstehung ist wie das erste Ausbrechen eines Vulkans, das zeigt, dass im Innern der Welt schon das Feuer brennt, das alles zum seligen Glühen bringen wird ... Christus ist schon inmitten all der armen Dinge dieser Erde. Unsere

Welt ist kein Abgrund mehr zwischen Gott und dem Menschen ... Christus ist da, das Herz dieser irdischen Welt und das geheime Siegel ihrer ewigen Gültigkeit. Darum dürfen wir Christen die Erde lieben, müssen sie lieben. Denn das Leben Gottes wohnt in ihr ... In der Auferstehung des Herrn hat Gott gezeigt, dass er unsere Welt für immer angenommen hat.»

Himmel wird nichts anderes sein als die endgültige Offenbarung dessen, was sich heute in geheimnishaft-verborgener Weise vollzieht. Es ist das Offenbarwerden des Zusammenwachsens der Menschheit und der Welt mit Christus. Bis dahin, bis zu seinem Tod, gilt es für uns Christen: Immer stiller, verstehender, geduldiger, demütiger und gütiger werden, sich immer tiefer in den auferstandenen Christus hinein verbergen. In diesen Akten christlicher Reifung vollziehen wir bereits unsere Auferstehung und Himmelfahrt. Im Nachvollzug unseres Christseins können wir demnach der Welt den Himmel schenken, den auferstandenen Herrn. Christus ist der Vermittler einer kosmisch-universalen Auferstehung und Himmelfahrt. Das ist das letzte Geheimnis des christlichen Lebens und der christlichen Tat, dargestellt an der Christuserfahrung des Apostels Paulus.

Mit Christus leben heisst, durch die verschiedenen Lebensphasen und Perioden hindurch in je verschiedener Weise die Gesinnung Christi in die Welt auszustrahlen, aus der Verborgenheit unserer individuellen, einmaligen und personal nachvollzogenen Christuserfahrung heraus, der Welt entgegenzutreten. Wie der Mensch das zu vollziehen, welche Züge des Antlitzes Christi er hier und jetzt der Welt zu offenbaren hat, vermag niemand zu sagen. Es herauszufinden ist die einmalige, unersetzliche Aufgabe des einzelnen Christen.

IM FEUER GOTTES

Über eine Gotterfahrung möchte ich nun berichten, die der französische Philosoph *Blaise Pascal* acht Jahre vor seinem Tode gemacht hat und in seinem berühmten Mémorial niederschrieb. Nach Pascals Tod machte man einen Fund, von dem der nachfolgende Bericht erzählt: «Wenige Tage nach dem Tode des Herrn Pascal merkte ein Diener des Hauses zufällig, dass im Rockfutter des erlauchten Toten etwas stak, das dicker schien als das übrige. Er trennte die Stelle auf, um zu sehen, was es sei, und fand darin ein kleines Pergament, gefaltet und von Herrn Pascals Hand beschrieben; und in diesem Pergament ein von der gleichen Hand beschriebenes Papier. Dieses eine getreue Abschrift von jenem. Die beiden Stücke wurden sofort Frau Périer (seiner Schwester) übergeben. Sie liess einige seiner besonderen Freunde Einsicht nehmen. Alle kamen überein, dass dieses Pergament, mit solcher Sorgfalt und mit so bemerkenswerter Schriftführung beschrieben, eine Art von Denkschrift darstellte, die er sehr sorgfältig bewahrte, um das Gedächtnis an etwas wachzuhalten, das er alle Zeit seinen Augen und seinem Geiste gegenwärtig wissen wollte, hatte er sich doch seit acht Jahren die Mühe genommen, es einzunähen und herauszunehmen, so oft er neue Kleider machen liess.»
Oben zeigt das Blatt ein von Strahlen umgebenes Kreuz. Darunter steht das Folgende zu lesen:
«Das Jahr der Gnade 1654. Montag, 23. November, Tag des heiligen Clemens, Papstes und Märtyrers und anderer im Martyrologium. Vigil des heiligen Chrysogonus, Märtyrers und anderer. Von ungefähr zehn und einhalb Uhr am Abend bis ungefähr eine halbe Stunde nach Mitternacht. Feuer. Gott Abrahams, Gott Isaaks, Gott Jakobs, nicht der

Philosophen und Gelehrten. Gewissheit. Gewissheit. Empfindung. Freude. Friede. Gott Jesu Christi. Deum meum et Deum vestrum. Dein Gott soll mein Gott sein. Vergessen der Welt und aller Dinge, ausgenommen Gott. Er wird nur auf den Wegen gefunden, die im Evangelium gelehrt sind. Grösse der menschlichen Seele. Gerechter Vater, die Welt hat Dich nicht erkannt, aber ich habe Dich erkannt. Freude, Freude, Freude, Tränen der Freude.
Ich habe mich von ihm getrennt: Dereliquerunt me fontem aquae vivae. Mein Gott, wirst Du mich verlassen? Möge ich nicht ewig von ihm getrennt werden. Dies ist das ewige Leben, dass sie Dich erkennen, den einzigen, wahren Gott, und den Du gesandt hast, Jesus Christus. Jesus Christus. Jesus Christus. Ich habe mich von ihm getrennt; ich bin vor ihm geflohen, ich habe ihn verleugnet, gekreuzigt. Möge ich nie von ihm getrennt sein.
Er wird nur auf den Wegen bewahrt, die im Evangelium gelehrt sind: Vollkommene, innige Entsagung. Vollkommene Unterwerfung unter Jesus Christus und unter meinen geistlichen Führer. Ewig in der Freude für einen Tag der Plage auf Erden. Non obliviscar sermones tuos. Amen.»
Etwas Ungeheures ist da geschehen. Pascal ist im Feuer gestanden. Darin vollzog sich ein Klarwerden, ein Erfasstwerden und ein Eindeutigwerden des Lebens. Wir sollen nicht vergessen, wer da spricht: Physiker, Mathematiker, Ingenieur, Psychologe und Philosoph der konkreten Menschlichkeit von höchstem Range. Nun steht er vor Gottes Wirklichkeit. Und das lässt ihn stammeln. Gottes Wirklichkeit, die leuchtend und glühend ist. Sie erwirkt vollkommene Gewissheit, erfüllenden Frieden und eine Freude, die von den Regungen des Daseins unabhängig ist. Nach dieser Erfahrung hat Pascal nicht aufgehört, Mathematiker, Physi-

ker, Ingenieur, Psychologe und Philosoph zu sein. Aber eine neue Wirklichkeit war ihm aufgegangen, der lebendige Gott. Das Verhältnis des Menschen zu diesem Gott, das Leben des von Gott Angerufenen auf das Absolute hin wird den Inhalt des grossen Ringens von Pascal in den nächsten acht Jahren ausmachen. Die gewaltigen Trümmer, welche das folgende Schaffen Pascals uns hinterlassen hat, die «Pensées», geben von der Bemühung um diese Aufgabe lebendiges Zeugnis.

Blaise Pascal wurde am 19. Juni 1623 in Clermont geboren. Die Kinder waren noch jung, als der Vater nach Paris übersiedelte. Die Bildung des Knaben Blaise war von besonderer Art. Der Vater übernahm selbst den Unterricht. Dadurch erhielt der Lehrgang etwas Unsystematisches, regte aber zu eigener Unternehmung an. Eines Tages hat man den Zwölfjährigen entdeckt, wie er mit Kreide auf den Fliesen des Fussbodens Figuren zog, und festgestellt, dass er selbstständig die zweiunddreissig ersten Sätze des Euklid gefunden hatte. Mit siebzehn Jahren schrieb er einen «Versuch über die Kegelschnitte», welcher grosse Beherrschung des Problems verrät. Da er seinem Vater bei dessen steuertechnischen Berechnungen helfen musste, konstruierte er, um sich diese zu erleichtern, im Alter von neunzehn bis einundzwanzig Jahren eine Rechenmaschine, die in theoretischer wie praktischer Hinsicht hochvollendet ist. Zur gleichen Zeit führte er das berühmte Experiment über den leeren Raum durch. Pascal begegnete auch einer religiösen Bewegung, die man summarisch als Auswirkung reformatorischer Motive im französisch-kirchlichen Raum bezeichnen kann, dem frühen Jansenismus. Dieser verband eine grosse sittliche Strenge mit einer extrem durchgeführten Lehre vom Primat der Gnade. Nachdem Pascal durch die –

meiner Ansicht nach zu Unrecht – berühmt gewordenen «Briefe an einen Mann in der Provinz» in den Kampf um den Jansenismus eingegriffen und sich dann von ihm losgesagt hatte, brach seine Gesundheit endgültig zusammen. Die Berichte über die letzte Lebenszeit Pascals gehen ans Herz. Es sind sechs Monate furchtbarer Leiden, aber von tiefem Frieden erfüllt – und es bedeutet viel, wenn ein Pascal Frieden fühlt! Das Schweigen der letzten sechs Monate bis zu seinem Tode, von keiner Äusserung zu den schwebenden Fragen mehr unterbrochen, offenbart die letzte Lösung in Pascals Leben: die Hingabe der Seele an Gott. Erst von hierher empfing all sein Kämpfen den letzten Sinn. Das Verständnis des Pascalschen Daseins hängt vom Verstehen seines Schweigens ab. Am 2. Juli setzten heftige Koliken ein. Sofort erwachte in Pascal das Verlangen nach dem Sakrament. Man versicherte ihm aber, es gehe ihm besser und er habe fast keine Kolik mehr. Es sei nicht recht, sich das Sakrament bringen zu lassen. Hatte Pascal mit dieser Geistigkeit noch etwas gemein? Wurde er nicht grenzenlos einsam? Da sprach er die Bitte von wahrhaft sublimer Einfalt des Glaubens aus: «Da man mir die Gnade der Eucharistie nicht gewähren will, so wünsche ich sehr, in den Gliedern Christi zu kommunizieren. Ich möchte hier im Hause einen armen Kranken haben, dem man die gleichen Dienste erweisen soll wie mir.» Auch diese Bitte wurde nicht erfüllt. Am Ende fand der Pfarrer dennoch den Weg zu ihm. Als er eintrat, kam der Kranke zu sich und konnte die Eucharistie empfangen. Vierundzwanzig Stunden später war er tot.
Es ist nicht leicht, dem Menschen Blaise Pascal gerecht zu werden. Vieles an ihm mutet uns fremdartig an: Fremd in seinem Genie, fremd in seinen Ausbrüchen und Kontroversen und überhaupt fremd in seinem Leben. Was ihn uns

aber nahe bringt ist eines: sein Ergriffensein von einem Feuer-Gott, der ihn bis in die Tiefen seiner Seele durchglüht. Von diesem Gott gibt das «Mémorial» Zeugnis. Solche Augenblicke seelischen Durchglühtseins kann auch der heutige Mensch erleben. Nur muss er die Gnade dafür von Gott erbitten.

DER ERSCHAUTE GOTT

Der Mensch ist zur Gottesschau geboren. In ihr vollendet sich das menschliche Wesen. Ist aber die Gottesschau einzig und allein dem Jenseits vorbehalten oder bereits im irdischen Leben vollziehbar? Über diese Frage liesse sich unendlich streiten. Hier möchte ich einen Denker darstellen, der ganz entschieden für eine Gottesschau bereits im irdischen Leben eintrat, über den Philosophen *Plotin.* Seine übrige Lehre möchte ich hier nicht berühren, da sie grösstenteils sehr abstrakt und für viele heute nicht leicht nachzuvollziehen ist. Was er aber über die Gottesschau aussagt, mag für viele einen Anhaltspunkt für das eigene Gottsuchen bieten.

Plotin wurde in Lykopolis (Ägypten) im Jahre 203 geboren. Gestorben ist er im Jahre 270 in Minturnä (Kampanien). Freunde waren es, die Plotins äussere Existenz abschirmten und den gänzlich unpolitischen Mann durch die Gefahren der raschen Regimewechsel dieser wirren Epochen steuerten. Lebendig wurde die Verbindung zu diesen Gruppen durch die Verehrung, die dieser ungemein reine und schlichte Mensch spontan hervorrief. Diese Verehrung wurde bestärkt durch das instinktive Gefühl, von dem einige Legenden zeugen, dass Plotin in Kontakt zu höheren Welten stand. Es war nicht bloss die Reinheit seiner menschlichen Erscheinung, nicht bloss der Anhauch höherer Erlebnisse, es war vor allem seine Philosophie, die einen weiten Kreis von Anhängern zu Plotin hinzog. Wir finden in seinen Schriften noch Dokumente dieser Wirksamkeit, wir hören den Philosophen in klarer schlichter Sprache die Grundwahrheiten des Platonismus verkünden, den Vorrang des Seelischen vor dem Stofflichen, die Kraft der Schönheit der geistigen Welt, die unaussprechliche Erhabenheit des obersten, göttlichen Wesens. Wir hören ihn aufrufen zur Selbstreinigung, zum Aufstieg in die höhere Welt, zur Schau.

Und je mehr zum Eigentlichen, Höheren aufgestiegen wird, um so weniger drängt die Mahnung, die Rede wird immer stiller, an Stelle der massiven Forderung tritt der leise Wink. Man verstand solche leisen Winke gerade in seinem gefährdeten Kreis. Sein Schüler Porphyrios beschrieb eindringlich in seiner einmaligen Art die seelische Versenkung Plotins beim Sprechen und Vortragen: «Während er sprach, trat sein Geist sichtbar zu Tage und bestrahlte mit seinem Glanz selbst noch sein Antlitz. Immer anziehend von Anblick, war er in solchen Augenblicken geradezu schön. Ein leichter Schweiss stand auf dem Gesicht. Seine milde Menschlichkeit schien hervor. Es zeigte sich eine freundliche Bereitschaft gegenüber Fragen und zugleich eine unermüdliche Aufmerksamkeit.» Plotin duldete bei Lebzeiten keine Veröffentlichung seiner Schriften. Ob er die postume Veröffentlichung gebilligt hätte, ist nicht sicher. Was er niederschrieb, waren Vortrags- und Vorlesungsmanuskripte. In seinen Vorlesungen gab es keine Literaturpose und keine lehrhafte Allüre. Man sagte, sie seien wie Gespräche. Wohl gab es da Auseinandersetzungen, manchmal sogar scharfe. Aber nirgends fällt ein zeitgenössischer Name, die Polemik wird in die Vergangenheit verlegt und dadurch zeitlos und vornehm. Sein Schüler, Porphyrios, gab schliesslich die Manuskripte Plotins heraus, wie sie uns bekannt sind, unter dem Namen «Enneaden». Aus diesen möchte ich einen kurzen Text zitieren, der sich auf die Gottesschau bezieht.

«Haben wir damit genug gesagt und dürfen wir uns empfehlen? Nein, die Seele ist noch trächtig, ja sie ist es noch mehr als zuvor. So ist es vielleicht soweit, dass sie gebären muss. Denn sie hat sich zu Jenem hinaufgeschnellt und ist dort voll und trächtig geworden. Indessen wir wollen sie nochmals besprechen, vielleicht finden wir ein Zaubersprüchlein gegen die Wehen. Vielleicht könnte auch schon das bereits Gesagte helfen, wenn man es oft bespräche. Aber was haben wir denn für einen Zauberspruch? Die Seele hat zwar alles Wahre durchgemustert, auch alle jene Wahrheit, an der wir nur Anteil haben, trotzdem aber macht sie sich davon, wenn einer will, dass sie aussagt und gliedert. Denn das gliedernde Denkvermögen muss, um etwas aussagen zu können, eins nach dem andern ergreifen, denn erst so kommt ja der Ablauf des Denkens zustande. Bei dem aber, welches schlechthin einfach ist, wie soll es da einen Ablauf des Denkens geben? Nein, dort genügt auch wohl ein geistiges Berühren. Indem man aber berührt, hat man, in dem Augenblick, da man vollkommen berührt, weder Vermögen noch Musse irgend etwas auszusagen, sondern man reflektiert erst nachträglich darüber. Man muss aber annehmen, dass man Jenen in dem Augenblick gesehen hat, da die Seele von einem Licht erfüllt wird, denn das kommt von Ihm, das ist Er selbst. Und in dem Augenblick soll man glauben, dass Er zugegen ist, wo er wie ein anderer Gott, den jemand in sein Haus herbeiruft, erscheint und ihm leuchtet. Denn wäre er nicht erschienen, hätte er nicht geleuchtet. So kann denn auch die Seele, wenn sie unerleuchtet ist, Jenen nicht erschauen. Ist sie aber erleuchtet, so hat sie, was sie suchte. Und das ist das wahrhafte Endziel für die Seele, jenes Licht anzurühren und es zu erschauen – in sich selber, nicht in einem fremden Licht, sondern in eben dem, durch welches sie überhaupt sieht. Denn das, wodurch sie erleuchtet wurde, ist eben das Licht, das es zu erschauen gilt. Man sieht ja auch die Sonne nicht in einem fremden Licht. Und wie kann dies Ziel Wirklichkeit werden? Tu alle Dinge fort!»

Für Plotin steht die Schau, das unmittelbare Anschauen Gottes, grundsätzlich auf einer höheren Stufe als das immer nur mittelbare logische Erkennen. Es heisst nun, das Selbst auszulöschen, alle Eigenbewegung, auch die schauende, stillegen, sich gänzlich darangeben und mit dem Geschauten vereinigen, ja selber das Geschaute nicht mehr bloss zu schauen, sondern es werden. Die höchste geistige Aktivität schlägt nun in reine Passivität um, richtiger in einen Zustand, in dem beides nicht mehr unterscheidbar ist. Das ist die «unio mystica», die mystische Vereinigung mit Gott. So gelangt der Schauende über das Schauen hinaus zur Vereinigung mit dem, was mangels aller geistigen Bestimmungen nicht mehr geistig erschaut werden kann, zum höchsten Einen selber, dessen man nur inne werden kann, indem man es selber wird. In dieser letzten Paradoxie rührt Plotin an die Grenzen der menschlichen Möglichkeiten.

Nachwirkungen dieser Lehre Plotins über die «Gottvereinigung durch Gottesschau» können wir bei fast allen Mystikern, bei den grossen christlichen Heiligen entdecken. Bei

Aurelius Augustinus genauso wie bei Thomas von Aquin. Sehr ausgeprägt ist dieser Gedanke in der deutschen Mystik. Ja, er wirkt bis heute nach, etwa in den Schriften von Pierre Teilhard de Chardin. Sehr schön beschrieb Aurelius Augustinus diesen Aufstieg der Seele zu Gott nach der Art von Plotin in seiner berühmten Vision zu Ostia am Tiber. Mit seiner Mutter sprach er über die Dinge der Welt. Beide stiegen geistig immer höher. Schliesslich: «Und während wir so redeten von der ewigen Weisheit, voll Sehnsucht nach ihr, da berührten wir sie leise in einem vollen Schlage des Herzens.» Oder denken wir an die wunderbare Homilie von Gregor von Nazianz zur Seligpreisung «Selig, die reinen Herzens sind, denn sie werden Gott schauen», in der das ganze Gedankengut Plotins mächtig nachklingt. Plotin war also von den christlichen Gedanken gar nicht so weit entfernt, und wir dürfen uns sicherlich seine Lehre über die Gottesschau und Gottvereinigung zu eigen machen.
Dass ihm aber eine Gottesschau auch in der gegenwärtigen Zeit zuteil wird, dazu braucht der heutige Mensch viel Ruhe und Zurückgezogenheit, Eigenschaften, die gerade heute so schwer zu finden sind. Wen aber Gott dazu auserwählt, der wird auch heute diese Gnade erfahren.

SUCHE NACH GOTT AM «LETZTEN PLATZ»

Suche den letzten Platz, und du wirst Gott finden – so ungefähr könnte man die seelische Einstellung von Charles de Foucauld umschreiben. Seine grosse Anziehungskraft auf die heutigen Christen ist eine merkwürdige und beachtenswerte Erscheinung unserer Zeit. Deshalb möchte ich hier seine zentrale Idee vom «letzten Platz» erarbeiten, oder vielmehr andeutungsweise dem Gemüt nahe kommen lassen.

Charles de Foucauld kam am 15. September 1858 in Strassburg zur Welt. Schon mit sechs Jahren verlor er kurz hintereinander seinen Vater, der einem alten Adelsgeschlecht des Périgord entstammte, und seine Mutter, eine vornehme Lothringerin. Daher kam er mit seiner Schwester zur Erziehung in das Haus der Grosseltern mütterlicherseits. Man kann sozusagen von drei Etappen der «Bekehrung» bei Charles de Foucauld sprechen. Die erste liegt auf der vitalen Ebene: vom Lebemann zum Soldaten und vom Nichtstuer zum Forscher. Diese erste Bekehrung vollzog sich folgendermassen: Zur Vorbereitung auf die Offiziersschule von Saint-Cyr trat er in ein Jesuitenkolleg in Paris ein, aus dem er aber wegen schlechten Betragens entlassen wurde. Trotzdem bestand er die Aufnahmeprüfung für Saint-Cyr. Die Zeit, die ihm neben der Ausbildung zum Offizier und dem Dienst noch blieb, verbrachte er grossenteils bei Gelagen mit gleichgesinnten Kameraden. Vorübergehend musste er wegen seiner Beziehungen zu einer Frau vom Dienst suspendiert werden. Als man ihm im Jahre 1882 einen Urlaub für eine Forschungsreise nach Marokko verweigerte, reichte er kurzerhand seine Demission ein und begab sich auf eine zweijährige Expedition ins Innere der Sahara. Nach Paris zurückgekehrt, veröffentlichte er einen wissenschaftlichen Expeditionsbericht mit wertvollen Angaben über unerforschte Gebiete Marokkos.

Die zweite Bekehrung war die vom Unglauben zum Glauben. Durch die Berührung mit dem Islam war sein Interesse für religiöse Fragen geweckt worden. Im Jahre 1886 kehrte er zur Kirche zurück. Er unternahm eine Reise nach Palästina und trat nach seiner Rückkehr 1890 in das Zisterzienserkloster Notre-Dame de la Neige in der Ardèche ein. Im Anschluss an das zweijährige Noviziat verbrachte er auf Wunsch seiner Obern ein Jahr in Rom und studierte an der päpstlichen Universität Gregoriana Theologie. Während dieses Aufenthaltes jedoch liess er sich durch den Generalobern des Ordens von seinen einfachen Gelübden entbinden. Statt dessen legte er ein privates Gelübde der Jungfräulichkeit und der Armut ab. Nach einem erneuten, längeren Aufenthalt in Palästina folgte am 9. Juni 1901 in Frankreich die Weihe zum Priester.

Die dritte Bekehrung erfüllte den ganzen Rest seines Lebens und lässt sich als die Suche nach dem «letzten Platz» auf Erden nachzeichnen. In Wirklichkeit ist es ein mystischer Weg. Charles de Foucauld bat den Superior der Weissen Väter in Algier, den damaligen Apostolischen Präfekten der Sahara, um die Erlaubnis, sich in Afrika niederzulassen. Von 1901 bis 1916 weilte er als unabhängiger Missionar in Algerien, zuerst in der Garnison von Beni-Abbès, von wo aus er wiederholt Offiziere der französischen Truppen auf ihren Erkundungsritten ins Innere des Landes begleitete, dann elf Jahre lang als Einsiedler in der Gebirgswüste des Hoggar in Tamanrasset. Dort wurde er während des Ersten Weltkrieges am 1. Dezember 1916 von aufständischen Eingeborenen ermordet. Die Entscheidung, zu den Tuaregs zu gehen, war folgenschwer. Denn der Ort war tatsächlich der «letzte Platz» (vom Europäer aus gesehen die äusserste Verlassenheit). Die Entscheidung führte ihn schliesslich zum Martyrium. Auch war mit diesem Entschluss sozusagen eine «Rückkehr» des Mystikers zum Forscher verbunden, ja sogar zum Soldaten. Der apostolische Dienst an den

Tuaregs und der allfälligen späteren Missionierung forderte die Ausarbeitung eines Wörterbuches und einer Grammatik. Die militärische Lage verlangte die Befestigung der Tuareg-Siedlung. Wer sich eingehender mit dem Leben und Werk von Charles de Foucauld beschäftigen möchte, dem empfehle ich zwei Schriften: Charles de Foucauld, Der letzte Platz, Aufzeichnungen und Briefe, Johannes-Verlag, Einsiedeln, 1957; und: Denise Barrat (Elisabeth Klein), Die Schriften von Charles de Foucauld, Benziger-Verlag, Einsiedeln, 1961.

«Jesus wurde geboren, er lebte, er starb in der tiefsten Erniedrigung und der äussersten Schmach, indem er ein für allemal so sehr den letzten Platz einnahm, dass keiner jemals niedriger sein konnte als er. Und wenn er diesen letzten Platz mit so grosser Beharrlichkeit, mit so grosser Sorgfalt innehatte, wollte er uns damit eine Lehre geben und uns zeigen, dass die Menschen und das Ansehen bei den Menschen nichts bedeuten, keinen Wert haben. In der Fraternität immer demütig sein, sanft und dienstbereit wie Jesus, Maria und Joseph im heiligen Haus von Nazareth. Soviel als möglich alle niedrigsten Hausgeschäfte selbst besorgen und sie nicht einem andern überlassen. Alles auf mich nehmen, was zur ‹Bedienung› gehört, und Jesus gleichen, der unter den Aposteln war als ‹der Mann, der dient›. Demütig sein, sanft im Gespräch. Nicht hochmütig antworten. Bei hochmütigen Worten, bei Tadel und Lob, Wohltaten und Beleidigungen, schmeichelhaften Reden und Drohungen demütig und sanft bleiben, demütig in allen Äusserungen des Lebens, demütig angesichts des Todes. Das Beispiel ist das einzige äussere Werk, durch welches man Seelen beeinflussen kann, die sich Christus gegenüber vollkommen ablehnend verhalten, die weder auf die Worte seiner Diener hören noch ihre Bücher lesen, noch ihre Wohltaten empfangen, weder ihre Freundschaft annehmen noch irgendeine Verbindung mit ihnen haben wollen. Nicht lange nach Bekehrungen trachten, sondern lieben, gut sein, rein bleiben und in enge Berührung mit den Eingeborenen kommen. Das beste Mittel, nichts zu entbehren, besteht darin, immer sehr freigebig mit den Armen zu teilen und dabei in ihnen die Stellvertreter Christi und Christus selbst zu sehen. Unsere Herzen sollen ganz arm sein, entblösst, leer, frei, losgelöst von allem, was nicht Gott und Christus ist, um ganz reich und überfliessend zu sein von Seiner Liebe, voll von Seiner Liebe, gefangen von Seiner Liebe, Ihm allein anhängend. Verachten wir die Armen, die Kleinen, die Handlanger nicht. Sie sind nicht nur unsre Brüder in Gott, sondern auch diejenigen, die den Herrn am vollkommensten in Seinem äussern Leben nachahmen. Sie sind für uns das vollkommene Abbild Christi, des Handlangers von Nazareth.»

Aus diesen Sätzen Charles de Foucaulds, die ich aus seinen verschiedenen Schriften entnommen und zu einer Einheit zusammengefügt habe, spricht ein demütiger, von sich losgelöster, den letzten Platz suchender Mensch. Ein solcher Mensch, der sich in dieser Art als das einmalige Du Gottes erfahren hat, wird schlicht und demütig zu den Menschen gehen. Er wird in Höflichkeit und Zurückhaltung dem Bruder und der Schwester begegnen. Er wird ihnen in einer letzten Gelassenheit helfen, damit sie auch den Weg zu ihrem Gott finden. Seine Sprache wird nicht auffallen. Er wird vielleicht keine neuen Thesen verkünden und keine neuen Themen der Weltbewältigung entwerfen. Seine eigentliche Wirksamkeit liegt anderswo: in der Durchsichtigkeit seines Lebens auf Gott hin. In zurückhaltender Bereitschaft ist er gegenwärtig, um die Gegensätze zu versöhnen. Und wenn er es nicht tun kann, wird er bereit sein, anzuhören, zu verstehen, Leid und Not mitzutragen, Schicksal mitzuerleben.

In diesem Geist arbeiten in unserer Welt die «Kleinen Brüder» und die «Kleinen Schwestern» von Charles de Foucauld. Ihr Sein ist eine vornehme Mahnung an alle Menschen, selbstlos zu sein, und darin Gott zu erfahren.

Alltag

SAKRAMENT DES GEGENWÄRTIGEN AUGENBLICKS

Es gibt Gedanken in bezug auf unsere Gotteserfahrung, die jene wunderbare Eigenschaft besitzen, welche wir «Einfachheit» nennen. Dies meine ich durchaus im positiven Sinne: Ein Gedanke ist einfach, wenn er so rein aus der Tiefe des Geistes kommt, dass er dessen ganze Fülle durchsichtig macht. Ein solcher Gedanke (und zwar ein einziger) war das Lebenswerk des Jesuiten Jean-Pierre de Caussade (1673–1751). Hier möchte ich einen kleinen Abschnitt aus seinem zweibändigen Werk «Von der Hingabe an die göttliche Vorsehung» zitieren und ihn kurz für unser Heute deuten.

«In Wirklichkeit lässt sich die Heiligkeit auf Eines zurückführen: auf die Treue zum Auftrag Gottes. Die Übung dieser Treue besteht in der liebevollen Annahme dessen, was Gott uns in jedem Augenblick sendet. Das göttliche Wirken überflutet das Weltall, es durchdringt alle Geschöpfe, es flutet über sie hinweg. Überall, wo sie sind, da ist auch das göttliche Wirken. Es geht vor ihnen her, es begleitet sie, und es folgt ihnen nach. Man braucht sich nur von seinen Wogen tragen zu lassen. Der gegenwärtige Augenblick ist stets voll unendlicher Schätze. Er enthält mehr, als der Mensch zu fassen vermag. Für die Seele, die ihre Gegenwart aus den Händen Gottes entgegennimmt, gibt es vielleicht keine Bücher mehr, und oft genug wird sie keinen Seelenführer haben. Alles, was die andern durch ihre Bemühungen finden, findet eine solche Seele in der Hingabe. Und was die andern mit Vorsicht bewahren, um es wieder zu finden, wenn sie es brauchen, das empfängt sie im Augenblick, da es ihr nottut, und gleich darauf lässt sie es wieder fahren, denn sie nimmt nur das entgegen, was Gott im Augenblick ihr geben will, damit sie nur durch Gott allein lebe. Alles ist wirksam, alles ist Predigt, alles ist apostolisch in einer solchen Seele, die sich Gott hingegeben hat. In ihr lebt eine heilige Gleichmütigkeit und ein Bereitsein für alle Orte, alle Zustände und alle Personen.»

In diesem Gedanken Caussades wird das menschliche Sein als Geschichte erfasst. Die Welt wird als ein beständig von Gott Gewirktes verstanden, und zwar als Entwurf eines immer fortschreitenden göttlichen Handelns. Jedes Ding in dieser Welt ist für Caussade ein Wort Gottes. Durch alles hindurch vollzieht sich eine heilige Geschichte. In diesem Gedanken ist kein Programm enthalten. Der Mensch ist heilig, indem er dem Willen Gottes gehorcht, indem in seinem Tun Gottes Handeln in seiner heiligen Unvoraussehbarkeit zur Geltung kommt. Von einer Stunde aus kann nicht gesagt werden, was die nächste fordert. Jede enthält einen neuen Anruf.

Unter «Hingabe an die göttliche Vorsehung» versteht Caussade die unbedingte Übergabe des ganzen Menschen an die Verfügung Gottes, wie sich diese in den jeweiligen Gegebenheiten des Alltags kundtut. Sie ist das demütige Sicheinlassen auf seine Führung in jedem Augenblick. Gott kommt dem Menschen entgegen: durch den Gang der Geschichte, durch die sich ständig verändernde Gestalt der Welt, durch die jeweilige Situation, in die sich der Mensch hineingestellt fühlt, durch sein augenblickliches Befinden und durch die wechselnden Bewusstseinszustände. Gott kommt entgegen: durch Freude und Leid, Erfolg und Misserfolg, Gesundheit und Krankheit, durch die Müdigkeit des Alltags und durch den Überdruss. Alles, was konkret geschieht, ist anbetungswürdig. Kein Ereignis im menschlichen Dasein ist gleichgültig. Durch die Anonymität des Alltags spricht ständig «Jemand» zu den Christen. Ein verborgenes Geschenktsein haftet allen Dingen und Ereignissen an. In dieser Hingabe an Gottes Vorsehung erfährt der Christ seinen Alltag als Entrückung in die Dimensionen Gottes. Er hat keine Angst mehr vor der Last und Unsicherheit des Tages und lässt sich durch nichts mehr verwirren. Er spürt jenen Frieden, den Christus verheissen und den nur er allein schenken kann, jene Geborgenheit des Herzens, die den Kindern Gottes zusteht, jene heilige Sorglosigkeit, die Kennzeichen eines neuen Menschen ist.

Auf der Höhe einer solchen Hingabe des Herzens an Gott hat der Mensch den Eindruck, selber nichts mehr zu sein, nichts mehr zu tun, bestimmt zu werden. Nicht er handelt, sondern Gott in ihm. Nicht er existiert, sondern Gott lebt in ihm. In dieser Übung der Hingabe an Gott durch die kleinsten und unbedeutenden Ereignisse des Alltags wächst die Gegenwart Gottes in der Welt. Der heutige Mensch leidet oft unter dem Eindruck der Abwesenheit Gottes. Er sieht häufig keinen Zusammenhang zwischen seiner Welterfahrung und seinem Gottglauben. In der Hingabe an Gott scheint er sich nochmals in ein Dunkel hineinzubegeben. Alles hängt davon ab, dass er ganz persönlich und gerade in der heutigen Welt diesen Schritt in das Dunkle wage und aussage: «Ja, ich bin bereit! Ich bin bereit, mich selbst und alle Ereignisse meines Lebens in jedem Augenblick aus Gottes liebenden Händen entgegenzunehmen. So, wie er mich gewollt hat und in jedem Augenblick neu will, möchte ich sein. Die Möglichkeiten, die ich in mir fühle, die Grenzen, die mich beengen, die Tröstungen, die ich erfahre, die Sorgen, die mich bedrücken, die Freuden, die mich emporheben, die Müdigkeit, die mich aushöhlt, was mir versagt ist und was auferlegt, all das bejahe ich, weil mein Gott es so gewollt hat. Ich will leben aus Gottes Freiheit, die ja seine Liebe ist, nur gehalten von ihr. Ich weiss, dass dieser Halt, obwohl er im Geheimnis ist, sinnvoller und sicherer ist als alle Notwendigkeiten und Sicherheiten der Welt.»

Das heutige Christentum, ja die Volksfrömmigkeit hat die Haltung der Hingabe an Gott neu entdeckt. Jean-Pierre de Caussade hat sie zur Grundlage einer Spiritualität in der Welt gemacht. Theresia von Lisieux hat sie der christlichen Welt wieder erschlossen. Das starke Echo, das sie fand, hat gezeigt, wie sehr sie eine Antwort auf die seelische Gegenwartsnot gegeben hatte. Es bleibt nur zu wünschen übrig, dass es immer mehr Christen gebe, die ihr Schicksal von Augenblick zu Augenblick aus Gottes Händen entgegennehmen und so ihren grauen Alltag leuchtend machen.

Wenn ich richtig sehe, hat uns Caussade durch seinen Gedanken von der Tyrannei der Methoden befreit. Er hat die Tyrannei in Liebe umgewandelt, welche von Stunde zu Stunde das Gebot des konkreten, ringsum sich abspielenden Lebens entgegennimmt. An Stelle von Methoden hat er die Wirklichkeit, an Stelle der Programme die Dinge gesetzt und das schöpferische Geheimnis der göttlichen Führung im Alltag aufgezeigt. Vom Christen wird offensichtlich gefordert, das zu tun und zu verwirklichen, was noch nicht in einer Ordnung steht. So bekommt das, was Situation heisst, eine ganz neue Spannung.

Dass es freilich in dieser Situation auch alles das gibt, was Autorität, Tradition und Weisheit der Kirche heisst, braucht nicht eigens betont zu werden. Aus der Botschaft Caussades folgt aber, dass alles Seiende und Geschehende – mag es auch aus noch so grossem Irrtum und noch so schlimmer Schuld hervorgegangen sein – für den einzelnen, dem es entgegentritt, zum Inhalt der Vorsehung wird. Einfach ausgesprochen: Von dem angerufen werden, was noch nicht ist.

EINE MISSVERSTANDENE HEILIGE

Wenn wir über jenes Schwere des Menschenlebens nachdenken, das Missverstandenwerden heisst, müssen wir uns mit einem Menschen beschäftigen, der sich «vom Kinde Jesus» nannte: Theresia von Lisieux. Im Grunde bestand ihr Leben in einer «verwegenen Hingabe». Wir finden bei ihr viel Widerspruchserregendes. Nachdem nun ihre Schriften in Originalfassung vorliegen, sind wir nicht mehr auf jenes süssliche Bild angewiesen, das andere uns «vorgeschrieben» haben. Wie viele ungewöhnliche Menschen, hat Theresia bildhaft gedacht. Ich möchte hier drei Bilder aus ihren Schriften hervorheben, die ihre ganze Seele zu deuten vermögen.

Spielzeug: «Seit einiger Zeit habe ich mich dem Jesuskind als ein Spielzeug angeboten. Ich habe ihm gesagt, er solle mich nicht wie ein kostbares Spielzeug behandeln, sondern als einen kleinen Ball von keinerlei Wert, den er auf den Boden werfen, mit dem Fuss stossen, durchbohren, in einem Winkel liegen lassen oder an sein Herz drücken könne, wenn es ihm Freude macht. Mit einem Wort, ich wollte den kleinen Jesus unterhalten, ihm Spass machen, ich wollte mich ganz seinen kindlichen Unberechenbarkeiten überlassen. Und: Er hat mein Gebet erhört.» – Bereits hier sehen wir die Reife dieses Kindseins vor Gott. Fast nichts Sentimentales ist darin enthalten. Nur die Forderung, sich ganz den Launen eines Kindes auszuliefern und darin, weil dieses Kind eben Gottmensch ist, Gott selber näher zu kommen.

Aufzug: «Sie wissen, meine Mutter, von jeher verlangte ich, heilig zu werden. Ich liess mich nicht entmutigen, sondern sagte mir: Gott kann nicht unerfüllbare Wünsche eingeben. Es lohnt sich heute nicht mehr, die Stufen einer Treppe hinaufzusteigen. Es reicht ein Aufzug. Es muss für mich einen Fahrstuhl geben, der mich zu Jesus emporträgt. Ich bin zu klein, um die Stufen der Vollkommenheit emporzuklimmen.» – Ich glaube, diese Stelle und die Ernsthaftigkeit des Textes brauchen keine Erklärung, sie spiegeln eindeutig die religiöse Bereitschaft.

Pinsel: «Könnte die Leinwand, auf welcher der Künstler malt, denken und sprechen, sie würde sich nicht beklagen, dass der Pinsel unaufhörlich über sie hin- und herstreicht. Sie wüsste ja, dass sie nicht dem Pinsel, sondern dem Künstler die Schönheit verdankt, von der sie bekleidet ist. Ich bin so ein kleiner Pinsel, den Jesus erwählt hat, um sein Bild in die Seelen zu malen. Ein Künstler braucht mehrere Pinsel. Zum mindesten braucht er deren zwei. Der eine, der ihm der nützlichste ist, trägt die Grundtöne auf und bedeckt in kurzer Zeit die ganze Leinwand mit Farbe. Der andere, der kleinere, dient für Einzelheiten. Ich bin der ganz kleine Pinsel, den Jesus für die geringsten Einzelheiten verwendet.»

Was lässt sich über dieses einfache Mädchen sagen, das so früh und so plötzlich entschwunden ist? Von jeher hat Theresia voll glühender Liebe für den menschgewordenen Gott, für das Kind Jesus gelebt. Sie überzeugte sich, dass dieser Gott nur Liebe ist. Da opferte sie sich dieser Liebe. Nicht etwa, um ein Opfer der Gerechtigkeit zu werden, sondern als Zeugin, die ununterbrochen wiederholt: «Täuscht euch nicht! Unser Gott kennt keine Strenge. Er hat auch keine Absicht. Er will nicht Gleiches mit Gleichem vergelten. Unser Gott ist unendliche Liebe, die jede Schwäche verzehrt.»

Wir können uns glücklich schätzen, dass nun die «Selbstbiographischen Schriften» der Theresia von Lisieux in authentischem Text vorliegen. Es waren zwei Hefte (ein Schulheft und ein Haushaltungsheft), fünf Blätter Briefpapier, das Ganze von der gleichmässigen, kleinen, emsigen Schrift überzogen: Theresias Leben liegt in unseren Händen. Man liest mit Erschütterung, dass ein Arbeitsteam die vorher herausgegebenen Texte mit allen Mitteln der Wissenschaft erforschen und berichtigen musste. Man hat weit über die angeblichen stilistischen Verbesserungen hinaus im ganzen an die siebentausend Stellen geändert und durch Auslassungen verstümmelt vorgefunden. Offenbar schien es den ersten Herausgebern, dass die Kanten einer so ausgeprägten Persönlichkeit geglättet werden müssten. Nun steht aber das Leben Theresias endlich vor uns. Es entsteht der Eindruck, man trete aus einer sorgfältig verschlossenen «guten Stube» in den Wald hinaus und begreife plötzlich, was frische Luft heisst und was Atem ist.

Ein Wesenszug der heiligen Theresia von Lisieux erweist sich für unsere Gotterfahrung als besonders bedeutsam; oft wird er vernachlässigt oder man hat ihn gar nicht gesehen: die Masslosigkeit. Theresia von Lisieux, die Karmeliterin, hatte unerfüllbare Wünsche. Dies klingt ein wenig «ver-

rückt». Zum Beispiel wollte sie Märtyrer werden: «Das Martyrium, ja das war schon der Traum meiner Jugend, und dieser Traum ist in der Zelle des Karmels mit mir gewachsen. Aber auch da fühle ich wieder, dass mein Traum zur Torheit wird.» Nun, wir wissen genau, welches Martyrium dieses zarte, kränkliche und junge Mädchen aushalten musste bis zum Tode. Nichts wurde ihr erspart. Auf ihrem Sterbebett schrie sie noch: «Ich hätte nie gedacht, dass man so viel leiden kann! Nie! Nie!»
Sie wollte auch Priester werden: «Mit welcher Liebe trüge ich dich, o Jesus, in meinen Händen, wenn auf mein Wort hin du vom Himmel herabstiegest! Mit welcher Liebe reichte ich dich den Seelen!» Wenn man heute, nachträglich, all das überlegt und sieht, wie viele Priester ihre Berufung gerade Theresia verdanken, müssen wir schon sagen, dass ihr Wunsch erfüllt wurde.
Ausserdem wollte sie Missionar werden: «Ich möchte die Welt durcheilen, deinen Namen verkünden und dein glorreiches Kreuz in den Heidenländern aufpflanzen. Aber, eine einzige Mission genügte mir nicht. Ich möchte das Evangelium in allen fünf Weltteilen gleichzeitig verkünden, bis zu den fernsten Inseln. Ich möchte Missionar sein nicht nur für einige Jahre, sondern möchte es gewesen sein vom Anbeginn der Welt und es bleiben bis ans Ende der Zeiten.» Es war Pius XI., der ihr diesen Wunsch erfüllte. Am 14. Dezember 1927 erklärte er die kleine, beschauliche Nonne aus Lisieux zur Schutzheiligen – wie Franz Xavier es bereits war – der männlichen und weiblichen Missionare sowie der Missionen aller Länder.
Ich sehe in der christlichen Masslosigkeit eine Tugend und darüber hinaus eine Möglichkeit der Erfahrung Gottes. Eine christliche Sehnsucht kann nie unerfüllt bleiben. In

irgendeiner Form wird Gott sie schon erhören, ja sie überbieten. Vielleicht könnte man das Christentum wie folgt definieren: Christentum ist der Glaube, in dem Gott die Wünsche und Hoffnungen der Menschen erfüllt, ja sie dermassen überbietet, dass die masslosesten Sehnsüchte des Menschen als Kleinglaube erscheinen. Eine solche Erfahrung Gottes wäre für viele Menschen ein Neuheitserlebnis. Dies auch in dem Sinne, dass der Christ endlich lernt, wie jung unser Gott ist, und dass wir ihm entgegengehen dürfen in Sorglosigkeit und Freude.

Einen Gott zu erfahren, der uns Freude bereitet, der uns unsere Sehnsüchte erfüllt, der nicht ständig mit erhobenem Zeigefinger «hinter uns steht», vor dem wir uns auch gelegentlich «gehen lassen» dürfen in heiliger Sorglosigkeit, all das wäre vielleicht das grösste Erlebnis unseres Daseins. Leider ein Erlebnis, das man uns in den Predigten und in der Kirche nur selten vermittelt. Dennoch ist der «Gott der Sorglosigkeit» der eigentliche Gott, jener Gott, den uns Christus öfters und eindringlich nahegebracht hat. Christus hat uns immer wieder gesagt: «Seid nicht ernstlich besorgt!»

ERFAHRUNGEN EINES RUSSISCHEN PILGERS

Diesmal möchte ich über eine seltsame Art der Gotterfahrung berichten, über das aus den «Erzählungen eines russischen Pilgers» bekannte «Jesusgebet». Die «Erzählungen» sind eine eindrucksvolle und geheimnishafte Schrift. Wer ihr Verfasser ist, ob es sich überhaupt um einen Erlebnisbericht handelt oder um eine literarische Fiktion, ist bis heute ungeklärt. Jedenfalls gibt es kein Dokument, das einen leichteren und anziehenderen Zugang zum sogenannten «Jesusgebet» gewährt. In seiner schlichten Form besteht es in der steten Wiederholung des Jesusnamens, oder (schon mehr entfaltet) des Rufes «Herr Jesus, erbarme Dich meiner!». Doch zuerst einige kurze Auszüge aus den «Erzählungen eines russischen Pilgers».

«Wir betraten die Klause, und der Starez sagte folgendes: ‹Das unablässige innerliche Jesusgebet ist das ununterbrochene, unaufhörliche Anrufen des göttlichen Namens Jesu Christi mit den Lippen, mit dem Geist und mit dem Herzen, wobei man sich die ständige Anwesenheit Jesu vorstellt und ihn um sein Erbarmen bittet bei jeglichem Tun, allerorts, zu jeder Zeit, sogar im Schlaf. Es findet seinen Ausdruck in folgenden Worten: Herr Jesus, erbarme Dich meiner! Wenn sich nun einer an diese Anrufung gewöhnt, so wird er einen grossen Trost erfahren und das Bedürfnis haben, immer dieses Gebet zu verrichten, derart, dass er ohne dieses Gebet gar nicht mehr leben kann, und es wird sich ganz von selber aus ihm lösen. Verstehst du nun, was das unablässige Gebet ist?› – Nachdem ich diese Unterweisung entgegengenommen hatte, verbrachte ich den ganzen Sommer unablässig im mündlichen Jesusgebet und war sehr ruhig. Geschah es am Tage, dass ich irgend jemanden traf, so erschienen mir alle ohne Ausnahme so lieb und nah, als wären sie meine Verwandten, wenn ich mich auch gar nicht mit ihnen abgab. Dann eines Tages, nachdem der Starez gestorben war, schloss ich die Augen, blickte mit dem Geist in mein Herz und wünschte, es mir vorstellen zu können. Ich horchte aufmerksam auf sein Schlagen. Von dieser Zeit an spürte ich bisweilen mannigfaltige Empfindungen in Herz und Geist. Mitunter war es so, dass ich ein beseligen-

des Beben im Herzen fühlte. Es war so voller Leichtigkeit, Freiheit und Trost, dass ich wie verwandelt war und vor Wonne zu vergehen glaubte.» Diese Auszüge zeigen deutlich, worum es beim «Jesusgebet» geht.
Ich möchte aber noch ein paar Einzelheiten bemerken, die mir zum besseren Verständnis wichtig scheinen. Wir wissen, dass der Pilger, der da berichtet, ursprünglich kein religiöser Mann war. Erst durch das «Jesusgebet» gelangte er zur eigentlichen Gotterfahrung. Wie ist das möglich? Gehen wir dieser Frage behutsam nach. Wie kann ein Mensch, der nicht viel um Gott weiss, der vielleicht gegen Gottes Gebote gehandelt hat, durch das «Jesusgebet» zur Erfahrung Gottes gelangen?
Zuerst spreche ich von den Christen. Paulus behauptet in seinem Römerbrief, dass der Heilige Geist im Christen unaufhörlich betet. In dieser Offenbarung ist das ganze Wesen des christlichen Gebets begründet. Sie besagt, dass der Christ eine Innerlichkeit in sich trägt, in der sich der ewige Vorgang der Heiligen Dreifaltigkeit ereignet. Im Christen, in seinem Gebet, spricht Gott zu sich selbst. Deshalb kann und muss gesagt werden, dass das christliche Dasein in seiner tiefsten Wirklichkeit unaufhörlich betet. Christsein ist wesenhaft ein betendes Sein. Jedes ausdrückliche Beten des Christen ist nur ein Nachvollzug dieses seinshaften Betens unserer Wirklichkeit. Deshalb ist jedes christliche Gebet begnadet und kostbar. Selbst unser hilfloses Stammeln und unsere durch Zerstreuungen zersetzte Anstrengung. Das Gebet ist demnach etwas Fliegendes und Strömendes.
Dass dieses Urgebet der Seele wirklich in uns lebendig ist – und da wende ich mich auch an die Nichtchristen, oder an jene, die meinen, keine Christen mehr zu sein oder sein zu können –, erfahren wir oft nur als die Ruhelosigkeit des Her-

zens, die nirgends eine restlose Erfüllung zu finden vermag. Aus dem Menschendasein – sei es bezeichnet als christlich, katholisch oder heidnisch – steigt unaufhörlich ein Drang nach Gott empor. Dieser Drang bewirkt in uns oft ein Gefühl der Enttäuschung. Die heilige Theresia von Avila schrieb in ihrem «Weg zur Vollkommenheit»: «Ich kenne viele Menschen, die laut beten und die Gott, ohne dass sie es wissen, zur hohen Kontemplation erhebt.»

Nun, stellen wir uns noch einmal die Frage: «Wie ist es möglich, durch das Jesusgebet zur Erfahrung Gottes zu gelangen?» Auf diese Frage möchte ich antworten: Weil dieses Gebet einfach das Bewusstwerden der Gegenwart des in uns betenden Gottes ist. Und da Gott das Weltall ständig aus sich hervorgehen lässt, es am Leben erhält und es mit seiner unendlichen Gegenwart erfüllt, wächst der Mensch bei diesem Gebet, vielleicht ohne es zu beabsichtigen, in die Dimensionen des Weltalls hinein. Ein Stehenbleiben und ein lautloses Sich-Öffnen sollte die Grundübung jeglichen Betens sein. Es sollte mühelos geschehen, unter den verschiedensten Umständen des täglichen Lebens. So mag dann unser Alltag zu einer einzigen empfundenen Nähe Gottes werden. Gott ist einfach da wie die Luft, die wir einatmen, wie das Licht, das die Gegenstände erhellt. Wer einen Versuch mit dieser Gebetsübung macht, wird bald erfahren, dass er keine Anleitung mehr zum Beten braucht. Das Gebet rumpelt dann nicht mehr wie ein polterndes Lastfuhrwerk daher. Plötzlich ist man zum wirklichen Beten vorgestossen, das leicht ist und schön.

Gerade dieses lautlose Stehen vor Gott entfaltet sich im «Jesusgebet» zum einfachen Sagen. Doch müsste man auf etwas achtgeben: Beim mündlichen Gebet kommt es nicht darauf an, eine vollendete und kunstvolle Sprache zu ge-

brauchen. Das Ausgesagte ist immer ärmer als das Empfundene. Eine kunstvolle Sprache ist nicht nur nicht notwendig, sondern oft störend und vielleicht ein Zeichen dafür, dass der Mensch in das mündliche Beten nicht richtig, das heisst, nicht vom wesentlichen Gebet her hineinwuchs.
Meine Leser werden mich jetzt sicherlich entschuldigen, wenn ich am Ende zu jenen spreche, die nicht an Jesus und vielleicht auch nicht an Gott glauben. Ist eine Erfahrung Gottes auch für sie auf dieser Ebene möglich? Ich würde unbedingt «Ja» sagen. Es ist gar nicht notwendig, dass ein Mensch jenes Grosse, das ihn unbedingt angeht, als Gott bezeichnet. Bischof Robinson hat sogar vorgeschlagen, den Namen «Gott» eine Zeitlang aus den Wörterbüchern zu streichen. Ich bin nicht einverstanden mit ihm, kann aber sein Anliegen verstehen, nachdem mit Gottes Namen so viel Leerlauf getrieben worden ist.
Der christliche Gott ist ein Gott der Geschichte. Er schafft Geschichte und ist in ihr ständig anwesend. Vielleicht haben die Priester ihn, der grösser ist, als wir es denken können, oft in Kategorien eingefangen, gegen die wir uns auflehnen. Das mag sein, und es war oft der Fall. Es handelt sich hier jedoch nicht darum, was andere uns vorgepredigt haben, sondern um unser eigenes Lebensschicksal. Wenn Ihr, liebe Freunde, die Ihr nicht an Christus, und vielleicht nicht an Gott glaubt, nur dieses eine aussprecht: «Du, jenes Wesen, das mich unbedingt angeht, erbarme Dich meiner», dann habt Ihr das Wichtigste Eures Lebens geschafft. Es ist ohne Bedeutung, wie Ihr, die Ihr nicht glaubt, dieses Du benennt. Von meiner christlichen Überzeugung her bin ich gewiss, dass Ihr meinen Gott, den Gott Jesu Christi, meint, selbst wenn Ihr gegen Ihn ankämpft. Nur eines ist wichtig in unserem Leben, die Ehrlichkeit.

IM DIENST GOTT FINDEN

In unserer heutigen «Dienstleistungsgesellschaft» ist der Ausdruck «Dienst» oft missverstanden oder verpönt. Dies auch und nicht zuletzt in der Kirche. Wenn ich nun über einen dienenden Menschen schreibe, so rechne ich keineswegs damit, ohne weiteres verstanden zu werden. Doch gehört das «Dienen» zu den Grundfunktionen echter menschlichen Existenz, ja zu den Möglichkeiten der Gotterfahrung. Dies sogar derart, dass selbst im Neuen Testament Gott in der Vollendung als «dienender Gott» erscheint. Ich möchte diese Bezüge menschlichen Daseins am Schicksal von Alfred Delp verdeutlichen.

Alfred Delp wurde in Mannheim am 15. September 1907 geboren. Am 2. Februar 1945 wurde er in Plötzensee bei Berlin hingerichtet. Seit 1926 war er Jesuit und arbeitete von 1942 an im Kreisauer Kreis am Entwurf einer christlichen Sozialordnung mit. Ende Juli 1944 wurde er verhaftet. Wenn man seine Schriften liest (besonders zu empfehlen: Im Angesicht des Todes. Herder-Bücherei 30, Herder-Verlag, Freiburg, 1958), klingen uns die Sätze vertraut. Hat nicht das Konzil ganz ähnlich, oft in den selben Worten gesprochen?

Delp war erst 37 Jahre alt, als er im nationalsozialistischen Deutschland durch den Strang hingerichtet wurde. Sein Verbrechen hatte nicht darin bestanden, dass er an Umsturzplänen oder am Attentat des 20. Juli auf Adolf Hitler irgendwie beteiligt gewesen wäre. Er hatte lediglich mit einem Kreis von Freunden, mit ernsten Männern aller Richtungen – Protestanten und Gewerkschaftler waren darunter – Pläne ausgearbeitet zum Wiederaufbau Deutschlands für den Fall, dass der Nationalsozialismus –

wie vorauszusehen – zusammenbrechen würde. Delp sagt nach der Verurteilung in einem Brief an die Mitbrüder: «Der eigentliche Grund der Verurteilung ist der, dass ich Jesuit bin und geblieben bin.» Deshalb nennen wir ihn zu Recht einen Märtyrer.

In seinen Aufzeichnungen zwischen Verhaftung und Hinrichtung (1944–1945) befasst sich Alfred Delp oft und eindringlich mit der Situation der Kirche in unserer modernen Welt. Nur einige Punkte möchte ich herausgreifen, die mir noch heute aktuell scheinen:

Gottesunfähigkeit des heutigen Menschen: «Ich bleibe bei meiner alten These: Der gegenwärtige Mensch ist weithin nicht nur gottlos, rein tatsächlich oder auch entscheidungsmässig, es geht die Gottlosigkeit viel tiefer. Der gegenwärtige Mensch ist in eine Verfassung des Lebens geraten, in der er Gottes unfähig ist. Alle Bemühungen um den gegenwärtigen und kommenden Menschen müssen dahin gehen, ihn wieder gottesfähig und somit religionsfähig zu machen.»

Worin besteht nach Alfred Delp diese «Gottesunfähigkeit»? «Sie besteht in einer Verkümmerung bestimmter Organe, die ihre normale Funktion nicht mehr leisten.» Es herrscht eine Struktur des menschlichen Lebens, die den Menschen überbeansprucht, ihm nicht mehr erlaubt, sich selbst zu sein. So hat er sich ein Bild seiner selbst gemacht, worin Verstand, Vernunft und Gemüt eigentlich nur noch Masken zur Intensivierung des Faktischen sind. Die äussere Schwerpunktverlagerung konnte sich aber nur deshalb so auswirken, weil sie auf eine innere traf, deren Wurzeln weit in das letzte Jahrhundert zurückreichen.

Das unschöpferische Geschlecht: Dass auf einmal einem ganzen Volk, einer ganzen Generation nichts Gescheites mehr einfällt, weder im praktischen Erkennen noch in der

Gestaltung, weder in der Kunst noch in der Politik, weder in der Philosophie noch in der Theologie, noch in der Religiosität, das war für Alfred Delp ein Alarmzeichen. «Dahinter stecken Grundfragen und Grundordnungen unseres Daseins. Wenn der Mensch in eine Verfassung geraten ist, in der die Anbetung nicht mehr gelingt oder sogar dieser Verfassung wesensfremd ist, in der die Liebe nur noch als entartete Verzerrung bekannt und gewollt ist, in der der Mensch nur noch als Karikatur seiner selbst existiert, existieren kann und mag: dann sind die Quellen verstummt, und die Wüste beginnt zu wandern und das noch grüne Land zu überlagern».

Die innere Erstarrung: Die Ursache dafür sucht Alfred Delp in einer falschen Wertung durch den Menschen oder in einem falschen Bild, das sich der Mensch von sich und seinen Möglichkeiten gemacht hat. «Die Erstarrung im Raum der Dinge, die Fixierung in Besitz, Häusern, Geld, Schmuck und Kunst und gutem Leben war das Schicksal des letzten Jahrunderts. Gefährlicher ist die innere Erstarrung. Da hört der Mensch auf, mit allen Händen seines Wesens nach den Sternen zu greifen. Die Unfähigkeit des heutigen Menschen zur Anbetung, zur Liebe, zur Ehrfurcht hat ihre Ursache in der Anmassung und in der Verhärtung des Daseins.» Und was noch bedeutender ist: «Die bürokratische Kirche ist grossenteils das Werk des bürgerlichen Menschen innerhalb der Kirche. Der bürgerliche Mensch hat nicht versäumt, sich in der Kirche breitzumachen und die Ideale der menschlichen Schwäche, Besitz, Macht, gepflegtes Dasein, gesicherte Lebensweise, innerhalb des kirchlichen Raumes anzusiedeln.»

Ich will diese herbe Kritik, die Alfred Delp im Gefängnis schrieb, nicht abschliessen, ohne ein Wort über die Heilung

zu sagen, die er empfiehlt. Ganz allgemein zunächst: «Es geht um das alte Thema meines Lebens: Der Mensch wird gesund durch die Ordnung Gottes und in der Nähe Gottes. Die Ordnungen Gottes herstellen und Gottes Nähe verkünden, das ist es, was mein Leben meint und will und dem es zugeschworen ist und bleibt.» Das ist nun der grosse Rahmen. Das bedeutet ein Minimum an sozialer Sicherheit; aber auch ein Mindestmass an Wahrhaftigkeit, an Personalität und Solidarität, ein Minimum an allgemeiner Hingabe an die Transzendenz; der Mensch muss über sich hinaus wachsen wollen.
Was aber die Kirche betrifft, stellt Alfred Delp drei Forderungen auf, die auch heute – ja, heute noch mehr denn je – notwendig sind:
Zuerst: Die erste Forderung scheint Delp so selbstverständlich, dass er sie gar nicht eigens behandeln will: «Wenn die Kirchen der Menschheit noch einmal das Bild einer zankenden Christenheit zumuten, sind sie abgeschrieben.»
Dann: Erfüllte Menschen müsste man heute haben. «Pleroma, die Fülle: Das Wort ist wichtig für Paulus. Es ist noch wichtiger für unser Anliegen. Die erfüllten Menschen, nicht die heilsängstlichen oder pfarrerhörigen, erschreckten Karikaturen! Ob die Kirchen noch einmal den erfüllten, den von göttlichen Kräften erfüllten, schöpferischen Menschen aus sich entlassen, das ist ihr Schicksal. Nur dann können sie auf das dauernde Pochen auf ‹Recht› und ‹Herkommen› verzichten. Nur dann haben sie die hellen Augen, die auch in den dunkelsten Stunden die Anliegen und Anrufe Gottes sehen.»
Schliesslich: Die Rückkehr der Kirchen in die «Diakonie», in den Dienst an der Menschheit und den kommenden Zeiten. Delp sagt: «Es wird kein Mensch an die Botschaft vom

Heil und vom Heiland glauben, solange wir uns nicht blutig geschunden haben im Dienst des physisch, psychisch, sozial, wirtschaftlich, sittlich und sonstwie kranken Menschen.» – «Rückkehr in die Diakonie habe ich gesagt. Damit meine ich auch das Sich-Gesellen zum Menschen in allen seinen Situationen mit der Absicht, sie ihm meistern zu helfen, ohne anschliessend irgendwo eine Spalte und Sparte auszufüllen. Ich meine das Nachgehen und Nachwandern auch in die äussersten Verlorenheiten und Verstiegenheiten, um bei ihm zu sein, genau und gerade dann, wenn ihn Verlorenheit und Verstiegenheit umgeben. ‹Geht hinaus›, hat der Meister gesagt, und nicht: ‹Setzt euch hin und wartet, ob einer kommt.›»
Dem habe ich nichts hinzuzufügen. Die Sprache Alfred Delps ist deutlich genug. Ich hoffe, dass der Same, den Alfred Delp als Märtyrer gesät hatte, bei uns geistige Früchte tragen wird.

GOTT MENSCHLICHEN FRAGENS

Wenn jemand menschlich zu fragen wagt, dann öffnen sich vor ihm neue Dimensionen der Gotterfahrung. Der wirkliche und wahrhaftige Gott ist immer ein «Gott der Fragenden». Dies so sehr, dass er sich selbst immer in Frage stellen lässt. Um Gott und mit Gott zu ringen, gehört zu den besten Eigenschaften der Theologen. Dies möchte ich an der Gestalt eines der grossen lebenden Theologen des zwanzigsten Jahrhunderts, an Karl Rahner verdeutlichen.
Seine Lebensgeschichte ist rasch erzählt: Karl Rahner wurde am 5. März 1904 in Freiburg im Breisgau geboren. Ab

1922 Mitglied der Gesellschaft Jesu. Studium der Theologie in Valkenburg (Holland) und der Philosophie (unter anderem bei Martin Heidegger). 1937 Privatdozent in Innsbruck. 1948 Professor der Dogmatik in Innsbruck. 1964 Nachfolger Guardinis an der Universität München. Heute lebt er in München und lässt seine Stimme ertönen zu den bedeutenden Fragen der Theologie. Aus seinem fast unübersehbaren Schrifttum sei genannt: «Geist in Welt» (1939); «Hörer des Wortes» (1941); «Schriften zur Theologie» (von 1954 bis heute). Er ist Herausgeber des «Lexikons für Theologie und Kirche». In seinem neuesten Werk «Grundkurs des Glaubens» (1976) stellt er seine Erkenntnisse in einer umfassenden Darstellung des Glaubenswissens vor.

Um zu zeigen, wie Rahner selbst in seinem Gebet ein Fragender bleibt, möchte ich von ihm einen Text aus seinem Frühwerk «Worte ins Schweigen» zitieren: «Wenn mein Leben ein einziges Gebet sein soll, und mein Beten ein Stück eines solchen Lebens, das sich betend vor dein Angesicht trägt, dann muss ich doch auch die Macht haben, mein Leben, mich selber vor dich zu bringen. Aber, siehe, eben das geht über meine Kraft. Wenn ich bete, dann redet mein Mund, dann führen, wenn ich ‹gut› bete, meine Gedanken und meine Willensentschlüsse gutwillig ihr befohlenes und eingelerntes Spiel auf. Aber bin ich dann der selbst, der gebetet wird? Ich sollte doch nicht Worte beten oder Gedanken oder Entschlüsse, sondern mich selbst! Mein guter Wille gehört doch selbst viel zu sehr zur Oberfläche meiner Seele und ist zu schwach, um in jene tiefen Schichten meines Wesens zu dringen, wo ich – *ich* selber bin –, wo die verborgenen Wasser meines Lebens steigen und fallen nach eigenem Gesetz. Wie wenig Macht habe ich doch über mich selbst! Liebe ich dich denn, wenn ich dich lieben will? Liebe ist doch ein Sichverströmen in dich hinein, ein Anhangen an dich mit der letzten Tiefe des eigenen Wesens. Wie aber soll ich liebend beten, wenn das Gebet der Liebe die Übergabe des letzten Grundes meines Herzens, ein Öffnen der innersten Kammer meiner Seele sein soll, und ich doch selber gar nicht die Macht habe, die Tore dieser innersten Kammer zu öffnen, sondern selbst ohnmächtig und machtlos vor meinem letzten Geheimnis stehe, das wie in schwerer, dumpfer Unbeweglichkeit in Gründen begraben liegt, in die meine alltägliche Freiheit nicht vordringt. Ich bin in der alltäglichen Oberflächlichkeit meines Lebens, in die ich notwendig hinausgestossen bin, mir selber fremd und nicht bei mir. Wie kann ich dich suchen, dich fernen Gott, wie mich selbst dir überantworten, wenn ich mich selbst nicht gefunden habe? Was soll ich tun? Du hast mir geboten zu beten, und wie sollte ich glauben, du gebötest mir etwas zu tun, was mir mit deiner Gnade zu tun unmöglich wäre? Ich glaube, dass du mir zu beten aufgetragen hast, und dass ich es mit deiner Gnade auch vermag. Dann aber kann das Beten, das du von mir forderst, im letzten Grunde nur sein: Das Warten auf dich, das schweigende Bereitstehen, bis du, der du schon immer in der innersten Mitte meines Wesens bist, mir von innen das Tor aufschliesst, damit auch ich in mich selber eintrete, hinein in das verborgene Heiligtum meines Lebens. Das wird dann die Stunde meiner Liebe sein. Ob sie kommt in einem ‹Gebet› – was man im Alltag so nennt – oder in einer andern Stunde der Entscheidung über das Heil meiner Seele, oder in meinem Sterben, ob sie mir als diese Stunde meines Lebens vernehmlich wird oder nicht, ob sie lange dauert oder kurz, das alles ist dir allein bekannt. Aber ich muss bereitstehen und muss harren, damit, wenn du das Tor zur Entscheidung meines Lebens öffnest – vielleicht tust du es leise und unauffällig –, ich nicht, verloren an die Dinge dieser Welt, versäume einzutreten in mich und in dich.»

An Karl Rahners Namen knüpft sich das wohl erstaunlichste Stück Aufbruchsgeschichte der katholischen Theologie in unserer Zeit. Aufbruch einmal aus der erblassten und nicht selten erstarrten Formenwelt neuscholastischer Sprech- und Denkweise – durch entschiedene Konfrontation der echten Tradition mit der aus der neueren Philosophie aufgegebenen Fragestellungen. Aufbruch aus der Gespaltenheit von Theologie und Verkündigung – gemäss dem programmatischen Wort Rahners, dass «in Wirklichkeit die strengste, die leidenschaftlich der Sache allein ergebene, immer neu fragende, die wissenschaftliche Theologie selber auf die Dauer eine Verkündigungstheologie ist». Aufbruch aus dem Amtsglauben der Theologen zum brüderlichen Glauben hin – mit Hilfe einer Glaubenstheologie, die gerade um den sich selbst suchenden, allzeit gefährdeten Glauben weiss. Aufbruch schliesslich aus dem Weltanschauungsghetto zum Dialog in einer in ihrem geistigen Pluralismus angenommenen Welt (bis hin zu den Marxismus-Gesprächen der Paulus-Gesellschaft) – lange bevor das Wort Dialog zum gedankenlos strapazierten Modeausdruck der Theologen geworden ist.

Wir müssen aber bedenken, dass dieser Aufbruch bei Karl Rahner aus einer tiefen Einwurzelung stammt. Damit meine ich Karl Rahners schöpferische Bejahung der Tradition, gewissermassen den konservativen Zug an ihm. Sein theologisches Denken ist der Geschichte des Glaubens und der Kirche ständig verpflichtet. Freilich bedeutet ihm diese Treue zur Tradition nicht einfach eine sterile Nacherzählung eines historischen Befundes, sondern produktiven Nachvollzug: Die Frage nach der Tradition geschieht bei ihm immer als Frage der Theologie nach sich selbst und ihrer eigenen Zukunft. Karl Rahner geht nur so weit nach vorn, als sich die grosse Tradition der Kirche und der Theologie selbst mitnehmen lässt, ja, sagen wir es härter: oft nur mühsam und protestierend mitnehmen lässt. Deshalb wird sein eigenes Vorwärtsschreiten zu einem echten Fortschritt der Theologie und des kirchlichen Bewusstseins. Hier liegt wohl die eigentliche Wurzel der erstaunlichen innerkirchlichen Breitenwirkung der fortschrittlichen Theologie Karl Rahners, die Wurzel dafür, dass seine Theologie Schule macht.

Zugute kommt Karl Rahner seine Kunst des Fragenkönnens, seine Fähigkeit zu deuten, die Dinge in ihrer Binsenwahrheit zu sehen, schlummernde Selbstverständlichkeiten innerhalb des theologischen Lehrgutes zu wecken, erstarrte und geronnene Vorstellungen neu zu verflüssigen und etwa einer im Dämmer der Tradition längst verblassten Deutung zu neuer Anschaulichkeit zu verhelfen. Karl Rahner hat zwar seine eigene Theologie betrieben, aber er hat es getan im Angesicht der Fragen, die heute das christliche Glaubensbewusstsein im ganzen betreffen. Eben dadurch hat er vieles von jener christlichen Gemeinsamkeit zutage gebracht, die sich dann einstellt, wenn sich die Theologien der verschiedenen christlichen Konfessionen einer gemeinsam vorgegebenen und aufgetragenen Aufgabe je aus ihrer Sicht stellen.

Von Karl Rahner dürfen wir lernen, dass es im Wesentlichen, im wesentlich Beantwortbaren kein Einfürallemal gibt, dass also zur gottsuchenden Existenz wesentlich das Fragenkönnen gehört. Der Fragende muss stets neu eindringen in den wandlungsmächtigen Abgrund der Dinge, muss für jede Antwort seine Seele wagen. Sein stummes Gebet bleibt immer: «Herr, ich glaube, hilf meinem Unglauben.» Die Wahrheit, die der Suchende findet, ist kein Haben, sondern ein Werden, ein Unterwegs.

Entscheidung

DER ANWESENDE GOTT

Die Gegenwart Gottes in der menschlichen Existenz war das zentrale Thema der deutschen Mystik. Um diese Gegenwart Gottes besser zu verstehen und sie in unsere Zeit zu übertragen, möchte ich mich mit einem der umstrittensten Geister der mittelalterlichen deutschen Mystik, mit Meister Eckhart, beschäftigen. Sein glühendes Leben inmitten von weltlichen und kirchlichen Umbrüchen mag für uns heute von symbolhaftem Charakter sein. Es mag uns sogar als Wegweisung gelten.

Recht spärlich ist die Zahl genauer Daten, die uns vom Leben Meister Eckharts überliefert sind. So ist das Geburtsdatum unsicher: Er wurde um etwa 1260 in Hochheim unweit von Gotha in Thüringen aus ritterlichem Geschlecht geboren. 1304 wurde er der erste Provinzial der sächsichen Dominikanerprovinz. Er starb als Lehrer und Prediger (wahrscheinlich in Köln, nach anderen in Avignon) zwischen 1327 und 1329, nachdem er als Reformator der Dominikanerklöster in Böhmen, als Professor in Paris und als Prediger in Strassburg gewirkt hatte. Eckhart hinterliess ein reiches Schrifttum. Da er in seinen Predigten und Vorträgen mehr Mystiker als Dogmatiker war, in seiner Mystik aber zu hohen Betrachtungen neigte, in seiner Ausdrucksweise (durch die von ihm zum Teil erstmalig vorgenommenen Prägungen in deutscher Sprache) manchmal theologisch ungenau

war, gefährliche Grenzformulierungen liebte und zudem seine Predigten und Vorträge nicht immer exakt mit- und nachgeschrieben wurden, ist seine Lehre wiederholt verdächtigt und einer strengen Prüfung unterzogen worden. Schliesslich kam es in Köln zu einem Inquisitionsprozess gegen ihn. Eckhart verteidigte sich mehrmals, widerrief am 13. Februar 1927 bedingungslos alle Sätze, die etwa einen bedenklichen Inhalt haben sollten, und unterwarf sich dem Urteil des Apostolischen Stuhles, nachdem er vorher an die päpstliche Kurie in Avignon eine Verteidigungsschrift eingereicht hatte. Kurz danach starb er, bevor eine Entscheidung gefallen war. Nach längerer Untersuchung verurteilte 1329 Johannes XXII. 28 seiner Sätze, davon 17 als häretisch, 11 als verwegen und der Häresie verdächtig. Erst eine kritische Gesamtausgabe der Werke Eckharts wird diese Sätze in ihrem Zusammenhang und wirklichen Sinn erkennen lassen. Jedenfalls steht fest, dass Eckhart jederzeit seine Lehren mit dem Dogma in Einklang setzen wollte.
Aus den vielfältigen und reichen Texten der Einigungsmystik von Meister Eckhart möchte ich ein Motiv herausgreifen, das ein uns heute wenig vertrautes Thema der mittelalterlichen Frömmigkeit behandelt: Gott ist unsere Mutter. Dieses Thema erfuhr eine reiche Entfaltung in den mystischen Schriften von Juliana von Norwich, der grossen englischen Mystikerin und Rekluse (die Reklusen wurden damals in eine an die Kirche angebaute Zelle eingemauert, wo sie in strengem Stillschweigen, in Kontemplation und in Handarbeit ihr Leben verbrachten). Nun aber der Text von Eckhart:
«Meister Eckhart spricht, dass Gott nicht allein ein Vater ist aller guten Dinge; er ist auch eine Mutter aller Dinge. Vater ist er deshalb, weil er ja die Ursache aller Dinge ist

und Schöpfer. Und auch Mutter aller Dinge ist er: denn wenn die Kreatur von ihm ihr Wesen empfängt, so bleibt er bei der Kreatur und behält sie ihrem Wesen nach. Ja, bliebe Gott nicht bei und in der Kreatur, wenn sie einmal ihr Wesen von ihm empfangen, so müsste ihr vor Not ihr Wesen bald verlorengehen. Denn was aus Gott herausfällt, das fällt aus seinem eigenen Wesen in die Nichtigkeit. Nicht so ist es mit anderen Sachen, die, wenn sie zu ihrem Wesen gelangen, doch nur aus etwas hervorgehen, was selber verursachtes Ding ist. Wenn das Haus vollends zu seinem Wesen gelangt, so geht der Zimmermann davon. Und das ist deshalb so, weil ja der Zimmermann nicht gänzlich die Ursache des Hauses ist: er nimmt die Materie von der Natur. Nicht so bei Gott: er gibt der Kreatur ganz und gar alles, was sie ist, Form und Materie. Und darum muss er bei ihr bleiben, oder aber die Kreatur fiele bald von ihrem Wesen.»

Da diese Gedanken recht ungewohnt zu sein scheinen, sei mir erlaubt, diesmal ein wenig theoretischer zu werden. Es wird – so glaube ich – der Mühe wert sein. Wie erfährt der Mensch Gott im Geschöpf? Zuweilen ereignet sich bereits in der irdischen Liebe etwas, das man fast nicht auszusprechen wagt: Gott nimmt das Antlitz des geliebten Wesens an; Gott leuchtet geheimnisvoll in einer endlichen Person auf; diese Person ist auf einmal nicht mehr ein Weg zu Gott, sondern das letzte Ziel unserer Hingabe; das Geschöpfliche ist zum Gefäss des Göttlichen geworden; die irdische Vorläufigkeit wird gänzlich durchflutet von der endgültigen Wirklichkeit Gottes; das Geschöpf in seiner geschöpflichen Zerbrechlichkeit, in seinem von Vergänglichkeit bedrohten Wesen wird für einen flüchtigen Augenblick zum erfüllenden Inhalt unseres Strebens ins Unendliche. Da verwirklicht sich – mehr erahnt als wahrgenommen – das Durchscheinen Gottes in der Welt. Erst diese Verflechtung des Göttlichen und Geschöpflichen macht die reine, völlig desinteressierte Gottesliebe möglich, aber auch unausweichlich: Wohin wir uns wenden, finden wir Gott als Ausgang, Inhalt, tragenden Grund und Zielpunkt unserer Hinneigung. Bei diesem Gedankengang möchte ich mit Aurelius Augustinus sprechen: «Gib mir einen Liebenden, er wird verstehen, wovon ich rede.»

In solchen Augenblicken ist die Liebe im Grunde nicht mehr «unsere» Tat: Gott selbst liebt sich in uns. Hier erreicht der Mensch jene Seinsintensität, zu der er von Ewigkeit her berufen war: er wird zur Selbstdarstellung Gottes. Wenn wir nun dieses in der irdischen Liebe flüchtig Erfahrbare in einen währenden Zustand projizieren, erahnen wir, was sich in der ewigen Vollendung (im Himmel) mit uns und mit der Welt ereignen mag. Gott selbst wird für uns wirklich «alles». Nicht, als ob die Dinge, Personen und Ereignisse aufhörten, sie selbst zu sein, sondern weil Gott selbst ihre endliche Wirklichkeit durch seine mächtige Gegenwart übersteigert. Die ganze Schöpfung wird dabei zum Ereignis des liebenden, für alle Wesen offenbar gewordenen Mitseins Gottes mit sich selbst, wobei die Geschöpfe sich nicht in einer Unbestimmtheit und Vermischung auflösen, sondern in ihrem Selbstsein bestätigt, ja noch gesteigert werden.

Vielleicht ist es mir gelungen, im Geiste Meister Eckharts die Linie der Gotteinigung vom Erkenntnisakt in der Liebe bis zur Vollendung im Himmel durchzuziehen. Diesen ganzen Vorgang müssten wir, nach Eckhart, dynamisch denken. Dazu zitiere ich einen wichtigen Text aus der Predigt 58: «Wir erleiden mehr als wir wirken, und wir empfangen ungleich mehr als wir geben. Jede Gabe fördert aber die

Empfänglichkeit für eine neue Gabe, ja, für eine grössere Gabe. Jede göttliche Gabe erweitert die Empfänglichkeit und das Verlangen, Höheres und Grösseres zu empfangen. Und so grenzenlos Gott im Geben ist, so grenzenlos ist auch die Seele im Nehmen und Empfangen.» Hier klingen die Gedanken des Kirchenvaters Gregor von Nyssa und des Aurelius Augustinus wieder an. Alle drei fassen nicht nur das irdische Leben, sondern auch unsere Ewigkeit im Himmel als ein grenzenloses Voranschreiten in Gott hinein auf. Diese Dynamik des Gotteslebens in uns zu bewahren, ja sie in uns noch zu aktivieren, einzig und allein dazu dienen die verschiedenen Übungen der Frömmigkeit. Auch die Kirche und die Lehre der Kirche über die Dogmen haben der Erhaltung dieser Dynamik in der Seele zu dienen.
Das Zärtliche und das Dynamische der christlichen Haltung von Meister Eckhart vermag der heutige Mensch sicherlich zu erfassen. Seine Sehnsucht nach Zärtlichkeit und sein Drang nach dem Unerreichbaren sind seine besten Eigenschaften. Und gerade in diesen Eigenschaften wird er Gott begegnen.

GOTT DER REDLICHKEIT

Oft wurde versucht, die Redlichkeit als Massstab allen echten Denkens hinzustellen. Im älteren, heute wieder zu Ehren kommenden Sprachgebrauch bedeutete Redlichkeit: So sprechen, handeln und sein, dass man darüber jederzeit und jedem gegenüber Rechenschaft ablegen kann. Über einen solchen «redlichen» Menschen sei hier kurz berichtet. Im Jahre 399 vor Christus stand Sokrates vor dem Gericht in Athen. Er wurde (unter anderem) eines der schlimmsten Vergehen angeklagt, das einem Menschen der damaligen Zeit vorgeworfen werden konnte: Der Angeklagte stürze die überkommene Religion. Sokrates wurde verurteilt, sich selbst den Tod zu geben. Zwar öffneten ihm Freunde Wege zur Flucht, doch starb Sokrates gelassen den über ihn verhängten Tod. Dieser Mann war einer der wenigen «Redlichen», deren Leben – und nicht zuletzt deren Tod – die Geschichte des Abendlandes geprägt hat. Was in uns, im Herzen jedes einzelnen von uns, immer noch auszutragen ist, wurde vorausentworfen durch Sokrates. Aus ihm erwuchs das eine Abendland, das bis zum Zerreissen in den Widerspruch gespannt ist, der dem Leben und Tod von Sokrates innewohnt.

Wenn man die Anklage der Gottlosigkeit betrachtet, muss man feststellen, dass Sokrates ein Vertreter der apollinischen Religion war. So fand die delphische Priesterschaft (Apollons) einen starken Anwalt mitten in der Bewegung der Philosophie, die sich sonst der üblichen Religion gegenüber ablehnend verhielt. Sokrates stellte in Delphi die Frage: «Ist einer weiser als Sokrates?» Unter «Weisheit» verstand man damals jene Haltung, die als Impuls die Philosophie («Liebe zur Weisheit») bestimmte. Die verneinende Antwort der Pythia sprach Sokrates den Rang zu, in der philosophischen Bewegung der Weiseste zu sein. Von diesem Gesichtspunkt aus erscheint Sokrates keineswegs als ein «Gottloser», eher im Gegenteil. Weshalb wurde er dennoch wegen Gottlosigkeit verurteilt?

Im Unterschied zur Neuzeit bestand die griechische Gottlosigkeit nicht darin, überhaupt jedes göttliche Wesen zu leugnen, sondern lediglich, den herrschenden Göttergestalten und Legenden nicht verpflichtet zu sein. Von Sokrates wurde auch nicht das «Göttliche» geleugnet. Er erhob dagegen den Anspruch, zutreffender als der überkommene Mythos und seine Kulte das wahre Wesen des Göttlichen zu kennen. Sokrates hatte beides, das Überkommene und das Neue in sich auszutragen und für das Neue durch seinen Tod Zeugnis abzulegen. Wir sehen nun, in welcher Sphäre der «Gotterfahrung» sich der Kampf des Sokrates abspielte und welch ungeheure Kräfte das ganze Drama bestimmten.

Nun möchte ich (kommentarlos) die abschliessenden Zeilen des Dialogs «Phaidon» über den Tod des Sokrates beifügen: «‹Auf welche Weise aber sollen wir dich begraben?› fragte Kriton. ‹Wie ihr wollt›, gab Sokrates zur Antwort, ‹falls ihr mich fangen könnt und ich euch nicht entwische.› Dazu lachte er und sah uns an ... Nach diesen Worten stand er auf und ging in ein anderes Gemach, um dort ein Bad zu nehmen ... Nach dem Bad gab Kriton dem Diener, der in der Nähe stand, ein Zeichen. Der Knabe ging hinaus und kam nach einer Weile mit dem Mann, der das Gift reichen sollte, das er gerieben in einem Becher mit sich brachte. Als Sokrates den Mann sah, sagte er: ‹Also gut denn, mein Bester. Du weisst ja darüber Bescheid. Was soll ich tun?› – ‹Wenn du den Kelch getrunken hast›, sagte dieser, ‹brauchst du nur hin und her gehen, bis deine Glieder schwer werden. Dann musst du dich hinlegen. So wird das Gift schon von selbst wirken.› Zugleich reichte er dem Sokrates den Becher ... ‹Es ist wohl erlaubt und auch notwendig›, sagte Sokrates, ‹zu den Göttern zu beten, dass die Fahrt ins Jenseits glücklich verlaufen möge. Darum bitte ich jetzt: So möge es geschehen.› Mit diesen Worten setzte er an und trank gelassen und heiter aus. Bis dahin waren wir so ziemlich imstande gewesen, die Tränen zurückzuhalten, da konnten wir es nicht mehr, sondern mir selbst drangen mit Gewalt die Tränen in Strömen hervor... ‹Was macht ihr denn, ihr wunderlichen Leute? Ich habe die Frauen nicht zuletzt deshalb weggeschickt, damit sie sich nicht so töricht aufführen›... Nachher ging er hin und her. Dann sagte er, er spüre jetzt, wie seine Glieder schwer würden, und legte sich auf den Rücken... Der Mann fasste ihn wieder an und sagte, wenn es bis zum Herzen fortgeschritten sei, dann werde er scheiden... Auf eine Frage Kritons gab Sokrates keine Antwort mehr. Kurz darauf machte er noch eine Bewegung. Dann deckte ihn der Mann auf. Sein Blick war gebrochen. Als Kriton das sah, schloss er ihm Mund und Augen.»

Das letzte Wort, das zu diesem Tod zu sagen war, lautet im «Phaidon»: «Dies war das Ende unseres Freundes, des Mannes, der unserem Urteil nach von den damals lebenden, mit denen wir es versucht haben, der Trefflichste war und auch sonst der Weiseste und Gerechteste.» Die Haltung des Sokrates strahlt menschliche Redlichkeit aus, eine Tugend, die nicht nur Grundbedingung des menschlichen Daseins ist, sondern auch für uns als die Bedingung ehrlicher Zukunft betrachtet werden muss.

Was hat aber all das mit «Gotterfahrung» zu tun? Die Kirche selbst anerkennt in einer sauberen, redlichen, wahrheits- und seinsoffenen Haltung einen sakramentalen Vollzug der Taufe und spricht von ihr als «Begierdetaufe». Man könnte da sicherlich einen glücklicheren Ausdruck finden und etwa von einer «Taufe der Sehnsucht», oder ganz einfach vom «Sakrament der Redlichkeit» sprechen. Freilich konnte Sokrates noch nicht «unseren Gott» erfahren. Aber viereinhalb Jahrhunderte später, wäre er im gleichen Athen gestanden und hätte dem Apostel Paulus zugehört, er hätte ihn in seiner redlichen Haltung sicherlich verstanden: «Während Paulus in Athen wartete, ward sein Geist aufs tiefste bewegt, da er die Überfülle der Götterbilder in der Stadt sah ... Man nahm ihn mit und führte ihn zum Areopag. ‹Dürften wir erfahren›, so fragten sie, ‹worin die neue Lehre besteht, die du verkündest? Denn manches, was du uns zu hören gibst, mutet uns fremdartig an, und wir möchten erkennen, worauf das hinauswill.› Die Athener mitsamt den zugereisten Fremden bringen nämlich die Zeit mit nichts lieber zu, als wenn sie etwas Neues besprechen und hören können. Da trat Paulus vor den Areopag und sprach: ‹Ihr Athener! Ich sehe, ihr habt ein äusserst lebhaftes Gefühl für religiöse Dinge. Als ich durch die Stadt ging und eure Heiligtümer betrachtete, fand ich unter anderem einen Altar, auf dem die Anschrift steht: Einem unbekannten Gott. Nun denn, was ihr nicht kennt und doch verehrt, das verkünde ich euch›» (Apg 17,16–24). Wenn Sokrates schon für den Gott Apollon sterben konnte, wie viel leichter wäre ihm der Tod für Jesus Christus gefallen, dem er in seiner Redlichkeit so sehr glich?

GOTT DER OFFENHEIT

Geistige Offenheit ist vielfach eine Vorbedingung für die Begegnung mit Gott. Diese Aussage ist für uns heute selbstverständlich, und zwar derart, dass wir versucht sind, nicht nachzufragen, woher diese Selbstverständlichkeit kommt. Sie ist wohl Frucht einer jahrhundertelangen Erziehungsgeschichte des abendländischen Geistes. Es waren grosse Christen am Werk, die uns die geistige Offenheit lehrten und die Haltung der allumfassenden Aufgeschlossenheit vorlebten. Unter ihnen befand sich ein grosser Heiliger: Dominikus.

Am Anfang des dreizehnten Jahrhunderts gründete der heilige Dominikus den Predigerorden, auch Dominikanerorden genannt. Die Dominikaner retteten die christliche Gemeinschaft vor einer grossen Gefahr, vor der Zügellosigkeit des Geistes. Im zwölften und dreizehnten Jahrhundert brach durch die Vermittlung der Araber der Aristotelismus in unser Abendland ein. Eine Gruppe von Denkern folgte den Arabern fast blind bis in alle Verirrungen hinein. Fragen von höchster religiöser und moralischer Bedeutung waren in diesen Kampf verwickelt: Thesen über die Natur Gottes, über seine Beziehung zur Welt, über die Vorsehung. Lehren über den Menschen und die geistige Seele wurden vorgebracht, die der kirchlichen Lehre zuwiderliefen. Gleichzeitig brach das augustinisch-platonisch inspirierte Weltbild des Altertums und des frühen Mittelalters zusammen. Eine geistige Krise ungewohnten Ausmasses brach über das Abendland herein.

Damals vollbrachten die Dominikaner eine unerhörte Tat geistiger Freiheit: Sie haben den verrufenen Aristotelismus von innen her umgeformt, durchdacht und in die Kirche heimgeholt. Dies geschah, indem sie sich betend in die Gefahren des neuen Denkens hineinbegaben, die Wirkungen gleichsam in sich selbst auffingen und nur das Klare, Abgeklärte und Christlich-Durchformte den anderen weitergaben. Darin schufen sie den neuen Geist des Abendlandes, der heute noch unter uns weiterlebt. Ja, was noch mehr ist: Sie schufen eine Haltung der geistigen Offenheit. Sie waren eine bedeutende, grosse Antwort des Heiligen Geistes an die Geschichte.

Das Jahrhundert des Dominikus war eine besonders bedrohte Zeit, die sich gegen zahlreiche Auflösungsbestrebungen zu wehren hatte. Der pflichtvergessene Klerus kam seiner Aufgabe nur höchst mangelhaft nach. Die Priester legten eine schändliche Unwissenheit an den Tag, die ihrem Ansehen schadete. Ohne Bildung, waren sie nicht fähig, dem Anliegen der Kirche Achtung zu verschaffen. Hand in Hand mit ihrer Unkenntnis ging ein anmassendes Auftreten, welches die Unfähigkeit verdecken sollte. Noch schlimmer als der krasse Mangel an Bildung war der unchristliche Lebenswandel, dem viele Kleriker frönten und der das Volk an den kirchlichen Lehren irremachte. Die dadurch bedingte Verweltlichung der Kirche war die Hauptursache für den Abfall des Volkes, der namentlich in Südfrankreich aufsehenerregendes Ausmass annahm.
Im Jahre 1206 unternahm Dominikus mit einer kleinen Gesellschaft die Reise von Spanien nach Rom. Der spanische König Alfons VIII. hatte die Gesellschaft gebeten, einen Umweg zu machen, um in Frankreich seine mit dem dortigen Kronprinzen verheiratete Tochter zu besuchen. Die Reisegesellschaft kam dem Auftrag ihres Prinzen bereitwillig nach, und dieser scheinbar zufällige Abstecher liess Dominikus' Fahrt zu einem Ereignis von unerwarteter Auswirkung werden. Während seines Aufenthaltes in Südfrankreich machte er eine überraschende Beobachtung, auf die er in keiner Weise vorbereitet war. In seiner spanischen Heimat herrschte eine geschlossene kirchliche Front. Sie war zusammengeschweisst durch die schweren Abwehrkämpfe gegen den Islam, die jahrhundertelang der spanischen Geschichte das Gepräge gaben. In Südfrankreich dagegen trat Dominikus einer völlig umgekehrten Situation entgegen. Eine bleierne Gleichgültigkeit bewirkte ein darniederlie-

gendes kirchliches Leben, das nahe daran war, den letzten Atemzug zu tun. Dominikus kam zur Überzeugung, dass er in dieser Gegend eine Sendung zu erfüllen habe.
Dominikus wurde bereits in der ersten Nacht, die er auf südfranzösischem Boden zubrachte, unversehens bei einem Ketzer einquartiert. Wie von selbst geriet er mit dem Manne in ein Gespräch, das die ganze Nacht hindurch dauerte, und als der Morgen heraufdämmerte, war jener für die Kirche zurückgewonnen. Diese Erfahrung betrachtete Dominikus als einen Fingerzeig. Eifriges Nachdenken führte zur Geburt der Idee des Predigerordens. Wie dieser Plan im einzelnen zustande kam, kann nicht gesagt werden, denn die Nachwelt besitzt kein Dokument, woraus die Überlegungen des Dominikus zu ersehen wären. Der ganze Vorgang spielte sich in einer beinahe lautlosen Stille ab, wie es für den schweigsamen Dominikus charakteristisch ist. Dominikus schuf bewusst den ersten Priesterorden, der in die Geschichte des Mönchtums einen neuen Akzent hineinbrachte. Zur Ausführung seines Planes bedurfte er der Priester. Mit Laien war ihm nicht gedient. Denn die Grundlage des neuen Ordens war die Predigt, um derentwillen die neue Gemeinschaft den Namen erhielt. Um der Zweckbestimmung der seelenrettenden Predigt nachkommen zu können, brauchte Dominikus gebildete Menschen und erklärte deshalb das Studium zur Pflicht. Dominikus legte ein für die damalige Zeit ganz ungewöhliches Gewicht auf die Notwendigkeit der gründlich betriebenen Studien, was nicht nur eine unerhörte Neuerung, sondern auch ein gewaltiger Schritt über die alten Orden hinaus war. Ausserdem bestimmte Dominikus den Predigerorden zum Bettelorden. Predigt, Studium und Armut sind die Grundsäulen des Ordens von Dominikus. Der heutige Mensch macht sich keine

Vorstellung, wie umstürzend sich diese Ordensstiftung für das dreizehnte Jahrhundert ausnahm. Die radikale Neuheit bedeutete eine wahre Revolution in der Geschichte des Mönchtums.

Die Lebensdaten des heiligen Dominikus sind leicht zusammengefasst: Geboren wurde er in Caleruega (Kastilien) um 1170. Gestorben ist er in Bologna am 6. August 1221. 1207 übernahm er die Leitung der Missionsstation Prouille bei Toulouse, die 1217 in das erste Dominikanerkloster umgewandelt wurde. 1215 gründete er in Toulouse ein Ordenshaus zur Bekehrung der Albigenser, aus dem 1216 der sich rasch ausbreitende Dominikanerorden entstand. Bedeutende Gelehrte und Prediger, wie Albertus Magnus, Thomas von Aquin, Eckhart, Tauler, Seuse gehörten dem Orden an, auch bedeutende Künstler, vor allem in Italien.

Von Dominikus wird zu seinen Lebzeiten kaum ein Wunder berichtet. Sie traten bei seiner sachlichen Einstellung völlig hinter seinem Werk zurück, welches das Wunder seines Daseins war. Um seiner Studien willen nahm der Predigerorden schon früh mit den damals aufkeimenden Universitäten Kontakt auf, und nach anfänglichem Widerstand eroberte er schliesslich zahlreiche Hochschulen und besetzte mit seinen Mitgliedern wichtige Lehrstühle. Die Verdienste der Söhne des Dominikus um das mittelalterliche Universitätsleben sind nicht zu übersehen. Sie prägten das ganze Abendland.

Das Christentum würde eine Neubelebung erfahren, wenn es heute auf die Nöte der Zeit mit jener Unvoreingenommenheit einginge, mit der Dominikus einst die darniederliegende Situation seines Jahrhunderts durch seine neue Antwort gemeistert hat. Das Christentum könnte dann eine neue Stunde erleben. Dann würde Gott im Geiste der

Menschheit wieder als der strahlende, gütige und geistige Offenheit zulassende Gott dastehen, den Dominikus und sein Orden uns immer wieder gepredigt haben.

GOTT DES UMBRUCHS

Wir leben heute in einer Zeit des Umbruchs. Romano Guardini behauptete in seinem bemerkenswerten Buch «Ende der Neuzeit», dass die Geschichtsepoche, die wir Neuzeit nennen, heute zu Ende geht. Eine grundsätzlich neue Weltepoche hebt an, der wir noch keinen richtigen Namen geben können, deren Grundzüge sich uns aber heute schon klar zu erkennen geben. Wie bewältigen wir diese Zeit des Umbruchs? Finden wir im Umbruch selber Gott? Auf diese Frage können wir vielleicht eine Antwort geben, wenn wir die geschichtliche Bedeutung eines Heiligen bedenken, der auch in einem allumfassenden Umbruch lebte, des Ignatius von Loyola.
Welches war die geschichtliche Stunde des Ignatius von Loyola? Als Ignatius im Jahre 1491 geboren wurde, endete eine Epoche der Geschichte, die wir Mittelalter nennen. Eine neue Zeit der Geschichte hob an, die Neuzeit, die Zeit der modernen Welt. Das Mittelalter ging im Jahre 1453 zu Ende, im Jahre der Eroberung Konstantinopels durch die Türken, beim Untergang des östlichen Imperiums, dem es gelang, das römische Imperium des Westens tausend Jahre zu überleben. Auf der einen Seite wird Europa zwar von Asien abgeschnitten, auf der anderen Seite tut sich jedoch vor ihm eine vollkommen neue Welt auf: Amerika.
In Spanien gewinnen die katholischen Könige, Ferdinand

und Isabella, im Jahre 1492 Granada zurück und vollenden die Rückeroberung Spaniens von den Arabern. Im selben Jahr entdeckt Christoph Columbus die neue Welt, Amerika. In den Jahren 1519–1522 umsegelt Magellan Amerika, entdeckt den Pazifischen Ozean und stellt die Verbindung mit Asien her. Zur gleichen Zeit eroberte Cortez Mexiko. 1532 wird Peru von Pizarro unterworfen. 1535 segelt Jacques Cartier den Saint-Laurent-Fluss hinauf. Unterdessen, eine neue Verbindung mit Asien suchend, umsegelt Vasco da Gama bereits im Jahre 1498 das Kap der Guten Hoffnung. Europa sprengt den Rahmen der alten Geographie und eröffnet das neue Zeitalter der internationalen Kommunikation.

Auch die Forschung erobert neue Gebiete. Die exakte Wissenschaft fängt an, das Leben zu gestalten. Mercator schafft die moderne Kartographie. Ambroise Paré begründet die neuzeitliche Chirurgie. Gutenberg veröffentlicht im Jahre 1457 das erste gedruckte Buch, die Bibel. Die Folgen dieser Tat werden unabsehbar sein für Wissenschaft, Literatur und nicht zuletzt für die Religion. Eine geistige Renaissance ergreift die Menschen. Dies ist die Zeit von Rabelais, Cervantes, Shakespeare. Die Zeit auch von Leonardo da Vinci und Michelangelo.

Es ist aber auch die Zeit der grossen Kirchenspaltung. Im Jahre 1517 greift Luther die Ablässe an und wird exkommuniziert. 1530 verfassen die in Augsburg zusammentreffenden Protestanten ein Manifest, das Augsburger Bekenntnis. Deutschland zerfällt in zwei Teile. 1540 veröffentlicht Calvin sein Buch gegen die Katholiken. 1541 wird er praktisch Diktator von Genf. 1533 gerät Heinrich VIII., König von England, in Streit mit dem Papst, der sich weigert, ihn von seiner Frau zu trennen. Im nächsten Jahr reisst

Heinrich die Kirche von England in das Schisma hinein. Dies ist auch die Zeit der grossen Religionskriege. In Deutschland dauert der Kampf mit den Waffen von 1522 bis 1555, in Frankreich von 1562 bis 1598.

Es ist aber auch die Zeit der katholischen Gegenreformation, die Zeit des Konzils von Trient, die Zeit der grossen Karmeliterreformer, der heiligen Theresia von Avila und des heiligen Johannes vom Kreuz, die Zeit auch der grossen katholischen Reformatoren, eines heiligen Karl Borromeo und Philipp Neri. Wir sehen also: Das war die Zeit, die geschichtliche Stunde, in der die Gesellschaft Jesu, der Jesuitenorden, im Jahre 1540 gegründet wurde. In diese neu anbrechende Weltepoche sprach der Heilige Geist durch Ignatius von Loyola, und gab durch diesen Heiligen der modernen Zeit eine neue Antwort des Heils.

Fragen wir nun, im Lichte dieses – leider sehr kurzen – historischen Überblicks: Welcher war der Gott von Ignatius? Wir wissen, dass ein Jesuit wesentlich durch die sogenannten «Geistlichen Übungen», in den zu Anfang und in der Mitte seiner Ausbildung stattfindenden dreissigtägigen Exerzitien geprägt wird. Ich möchte nun versuchen, einen Grundgedanken aus dem ignatianischen Exerzitienbüchlein herauszuschälen und so in die Seele des Ignatius und des echten Jesuiten hineinzuhorchen.

Auf dem Höhepunkt der Exerzitien (Nr. 230–247) stellt uns Ignatius von Loyola vor die allerorts gegenwärtige Liebe Gottes. Überall, in allen Dingen und Ereignissen, kommt uns Gott selbst entgegen. Wir sehen, welche dynamische Mystik diese Betrachtung in sich schliesst. Ein unstillbarer Drang wird geweckt, Christus zu dienen, auf dass sein Reich aufgerichtet werde in jeder Seele, in jedem Lande, mit jedem Opfer und – vielleicht auch – mit dem Blutpreis des eigenen Lebens. Freilich hat diese dynamische Mystik etwas Kampflustiges in sich. So kommt es, dass die Gesellschaft Jesu auf ihre Gegner den Eindruck des Aggressiven macht. Sehr viele Vorwürfe, die gegen sie erhoben werden, führen schliesslich auf diesen einen zurück: Dieser Orden kann die Welt aber auch gar nicht in Ruhe lassen!

In der Tat war Ignatius von der ganzen Ruhelosigkeit des Christentums beherrscht, das sich ja auch niemals mit der vorhandenen Situation der Welt zufrieden gibt oder zufrieden geben kann, sondern sie von Grund aus auf ein höheres Niveau heben möchte. Mit der ganzen herausfordernden Kühnheit der christlichen Existenz ging Ignatius von Loyola daran, die Menschheit und das Menschsein aus ihrer Lage hinauszuheben. Es gab für ihn keinen Lebenszweck, der auf seinen individuellen Lebenskreis beschränkt gewesen wäre. Er hat sein Leben als verloren erachtet, wenn und sofern es nicht über die eigenen Grenzen hinausgewirkt hätte. Genau dasselbe bemerken wir auch bei den einzelnen Jesuiten noch heute: Das herbste Leid in der Gesellschaft Jesu, die bitterste Not, die ein Jesuitenleben martern kann, ist das Bewusstsein der eigenen Arbeitsunfähigkeit und Unbrauchbarkeit. Und der einzige Trost in Krankheit und Alter kann nur der Glaube sein, wenigstens durch Gebet und Opfer beitragen zu können zur grossen Ordensarbeit im Dienste Christi.

Ein letztes noch. Heute vollzieht sich eine wichtige Richtungsänderung innerhalb der Kirche selbst. Die Kirche ist heute im Begriff, sich aus einer Kleruskirche in eine Kirche des Kirchenvolkes umzubilden. Die Spiritualität des Ignatius von Loyola, ihre auf christliche Weltdurchdringung und nicht auf Weltflucht ausgerichtete Haltung bietet vielleicht die erforderlichen geistlichen Grundlagen und Vor-

aussetzungen für die christliche Laienarbeit in der Welt. Wie der Jesuitenorden als Ganzes einst den innerkirchlichen Feudalismus gebrochen hat, so ist er – wir wollen es hoffen – auch dazu bestimmt, heute im Christentum dem christlichen Laien zu dem ihm zustehenden Platz in der Kirche, gegen einen einseitigen und noch in überholten Kategorien denkenden Klerikalismus zu verhelfen.
Ignatius von Loyolas Gott war ein Gott, der dem Menschen äusserste Beweglichkeit garantiert, der uns gerade auffordert, uns immer und überall anzupassen und sein Bild mit allen erlaubten Mitteln in der Welt aufleuchten zu lassen.
Ignatius von Loyolas Gott ist auch unser Gott.

GRUPPIERUNG NACH EPOCHEN

NAMENVERZEICHNIS